# 导游基础知识

（贵州智媒体版）

主　编　谢雪梅

副主编　刘　晴　姜　雪　廖　颖

数字资源

西南交通大学出版社

·成　都·

图书在版编目（CIP）数据

导游基础知识：贵州智媒体版 / 谢雪梅主编. —
成都：西南交通大学出版社，2022.5（2025.6 重印）
ISBN 978-7-5643-8658-0

Ⅰ. ①导… Ⅱ. ①谢… Ⅲ. ①导游 – 高等职业教育 –
教材 Ⅳ. ①F590.633

中国版本图书馆 CIP 数据核字（2022）第 068842 号

Daoyou Jichu Zhishi （Guizhou Zhimeiti Ban）
导游基础知识（贵州智媒体版）
主编　谢雪梅

| | |
|---|---|
| 责任编辑 | 罗爱林 |
| 封面设计 | 曹天擎 |
| 出版发行 | 西南交通大学出版社<br>（四川省成都市金牛区二环路北一段 111 号<br>西南交通大学创新大厦 21 楼） |
| 发行部电话 | 028-87600564　028-87600533 |
| 邮政编码 | 610031 |
| 网　　址 | http://www.xnjdcbs.com |
| 印　　刷 | 四川森林印务有限责任公司 |
| 成品尺寸 | 185 mm × 260 mm |
| 印　　张 | 15 |
| 字　　数 | 329 千 |
| 版　　次 | 2022 年 5 月第 1 版 |
| 印　　次 | 2025 年 6 月第 3 次 |
| 书　　号 | ISBN 978-7-5643-8658-0 |
| 定　　价 | 48.00 元 |

课件咨询电话：028-81435775
图书如有印装质量问题　本社负责退换

# 前 言

进入“十四五”，贵州省委省政府坚持以高质量发展统揽全局，立足新发展阶段，贯彻新发展理念，融入新发展格局，围绕“四新”主攻“四化”，即新型工业化、新型城镇化、农业现代化、旅游产业化。

高质量发展离不开人才保障。导游作为旅游专业人才队伍的重要组成部分，是旅游接待服务中的关键一环，代表着一个地方的旅游形象，不仅是优质服务的体现者，更是旅游文化的阐释者和传播者。

本书以行政区划为逻辑主线展开，主要内容包括全省和各市州的基本情况、历史沿革、旅游资源及主要景区，在 2015 年版《贵州导游基础知识》的基础上，进一步修订完善，并加入数字资源，适用于普通高等学校、高等职业院校旅游管理专业的学生及旅游爱好者使用。

本书第 1 章、第 2 章由谢雪梅老师编写，第 3 章、第 7 章、第 9 章由姜雪老师编写，第 4 章、第 5 章、第 6 章由刘晴老师编写，第 8 章、第 10 章由廖颖老师编写。

本书修订过程中得到了各市州旅游部门的大力支持，向大家致以崇高敬意和真诚谢意！

**编 者**

2022 年 4 月

# 目　录

# 第一章　贵州概况

## 第一节　自然环境与经济社会发展

### 一、地理概况

贵州简称“黔”或“贵”，地处中国西南部，东毗湖南省，西连云南省，南接广西壮族自治区，北邻重庆市和四川省，是一个内陆省份。全省境内东西长 570 千米，南北宽 510 千米，辖区面积 17.61 万平方千米。全省平均海拔 1 000 米，是一个隆起于四川盆地和广西丘陵之间的亚热带喀斯特高原山区。境内山峦起伏，地貌类型复杂，气候类型多样，自然景观独特。它是一个山川秀丽、气候宜人、资源丰富、少数民族聚集、人民勤劳、发展潜力很大的欠发达、欠开发省份，是中国实施西部大开发战略的 12 个省（自治区、直辖市）之一。

#### （一）地貌

贵州地处云贵高原东斜坡，地势西部高，向北、东、南三面倾斜，河流顺地势由西部、中部向北、东、南三面分流，西部海拔多为 1 500 ~ 2 900 米，最高点在赫章县珠市乡韭菜坪，海拔 2 901 米，中部 1 000 米左右，北、东、南三面边缘河谷地带在 500 米左右，最低点在东南部黎平县水口河出省处，海拔只有 148 米，最高点与最低点海拔相差达到 2 753 米。

贵州高原分布着脉络清晰、绵延展布的四大山脉：北部的大娄山、东部的武陵山、西部的乌蒙山和横亘中部的苗岭，构成了贵州高原的地形骨架。

贵州的地貌类型复杂，有高原、山原、山地、丘陵、台地、盆地（俗称坝子）和河流阶地。

贵州喀斯特地貌占全省总面积的 61.9%,是世界上喀斯特地貌发育最典型的地区之一。分布广泛，形态类型齐全，地域分异明显，形成了一种特殊的生态系统，对区域自然条件的土地资源、水力资源、矿产资源、旅游资源等产生了多方面的影响。

贵州北部、中部和西部均有丹霞地貌分布，但以北部的赤水和习水分布最集中，发育最典型。

#### （二）气候

贵州属亚热带湿润的季风气候区，地势较高，因此夏无酷暑。从最热月（7 月）平均气温来看，全省大部分地区7月平均气温为24°C～28°C，南部和赤水河下游谷地两个高温区7月平均气温也未超过34°C。西部地势较高地区，夏季更是凉爽。由于贵州属低纬度的亚热带地区，因此冬无严寒。省内大部分地区最冷月（1月）平均气温为3°C～6°C，除西部“高寒山区”外，大部分地区极少看到冰雪。年平均气温15°C，夏无酷暑，冬无严寒，形成了贵州的旅游季节较长这一特点。

从降水量看，贵州年均降水量的多年平均值为1 000～1 400毫米，是国内降雨较充沛的地区。贵州降雨虽多，但多夜雨，约有70%的降雨是在夜间，而白天仍以多云天气为主。夜间下雨，减少了白天尘土的飞扬，使白天的空气更为清新，这是一个宜于旅游的降雨特征。

从风速看，贵州各地年平均风速均较小，风速超过2米/秒（2级风）的地区不多。中部的贵阳市，7月平均风速为2.3米/秒，相当于蒲福风力等级的2级风，即“轻风”，比北京的平均风速1.8米/秒大，但是最大风速只有11米/秒（相当于6级“强风”），比杭州、桂林小。这种大风少、小风多的特点，对于旅游出行十分有利，游客在风景区中漫步，轻风拂面，使人备感凉爽舒适。

研究表明，最适合人类生存的海拔高度是500～2 000米。500米以下因气压较高，空气密度较大，使人体机能负担较重；高于2 500米，因气压较低，空气中氧气含量减少，易使人呼吸困难而出现高原反应。另据专家研究，人的心脏最适合的海拔高度是950～1 800米，在海拔几十米的地区，人的心脏负荷较轻松，但容易衰老；海拔过高则心脏又不能承受。贵阳市的大部分地区和安顺市的大部分地区位于1 000～1 300米这样一个“黄金海拔高度”上，因而贵阳市被誉为“中国避暑之都”和“爽爽的贵阳”。安顺市的大部分地区具有优越的和最宜于旅游的气候条件。六盘水市平均海拔1 800米，夏季更是凉爽，有“中国凉都”之称。

综上所述，从旅游地理学的角度看，贵州气候的特点是：夏无酷暑，冬无严寒；夜雨较多，轻风拂面；气候复杂多样，垂直差异明显，“一山有四季，十里不同天”；旅游季节长，全年可游览。

### （三）河流

贵州的河流都是山区雨源型河流，由降雨补给河川径流，亦即人们常说的“易涨易退山溪水”。贵州河网密布，长10千米以上的河流共有984条。贵州境内的河流分属长江和珠江两大水系。以贵州著名的乌蒙山、苗岭为分水岭，乌蒙山、苗岭以北属长江水系，以南属珠江水系。

贵州是我国水资源较丰富的省份，年平均水资源总量达1 216亿立方米，其中地表水资源为1 035亿立方米。因此，贵州境内河流众多，流域面积达1万平方千米以上的有乌江、六冲河、清水江、赤水河、北盘江、南盘江、红水河和都柳江8条。除清水江发源于中部、都柳江发源于南部外，其余河流多发源于西部。河流皆顺着地势向东、南、北三面迂回曲折进入邻省，呈放射状。由于地势高低悬殊，河流天然落差大。

各主要河流上游大都河谷开阔，耕地集中，人烟稠密，河流比较平缓；中游河谷束放相间，水流湍急，水资源丰富；下游河谷深切狭窄，水流量大，具有通航与放牧之利。一些河流穿行于喀斯特地区，形成多段伏流。伏流落差明显，大的常达 100 米以上。有些河段由于河床岩体的差异，形成多级瀑布。有的河流由于伏流段通道堵塞，形成常年性或季节性的湖泊，有的河流及其大小支流以其水急、水清和湾多、滩多等特点形成可供漂流旅游的丰富资源。

## 二、行政区划和人口

贵州现辖贵阳市、遵义市、六盘水市、安顺市、毕节市、铜仁市 6 个地级市，黔东南苗族侗族自治州、黔西南布依族苗族自治州、黔南布依族苗族自治州 3 个自治州，共 88 个县、市、区和特区，1 381 个乡、镇、街道。

贵州是一个多民族聚居的省份，根据国家统计局反馈的贵州省第七次全国人口普查数据结果，截至 2020 年全省常住人口 3 856.21 万人，城镇常住人口 2 049.59 万人，城镇化率达到 53.15%。全省有民族 49 个，世居少数民族有苗族、布依族、侗族、土家族、彝族、仡佬族、水族、回族、白族、壮族、瑶族、畲族、毛南族、仫佬族、蒙古族、满族、羌族，共 17 个。其中，超过 10 万人口的少数民族有苗族、布依族、侗族、土家族、彝族、仡佬族、水族、回族、白族，共 9 个，人口在 1 万至 10 万的有壮族、瑶族、畲族、毛南族、仫佬族、蒙古族、满族，共 7 个。少数民族人口占全省总人口的 36.44%。长期以来，各族人民和睦团结，勤劳奋斗，为全省经济社会的稳定发展和中华民族的繁荣进步做出了重要贡献。

## 三、交通与邮电通信

### （一）交通

#### 1. 铁路

贵州是西南地区的铁路交通枢纽。湘黔、贵昆、川黔、黔桂 4 条铁路干线在贵阳交会，贯穿全省；南宁—昆明铁路穿越贵州西南部。新建成的贵广高速铁路、株六复线贵州段、内昆铁路贵州段、水柏铁路和渝怀铁路已投入运营。

省会贵阳通往全国 7 小时高铁交通圈已经形成：2014 年 12 月 26 日，贵广高铁建成通车，贵州正式跨入“高铁时代”；2015 年 12 月 28 日，沪昆高铁正式开通；2019 年 12 月 16 日，成贵高铁全线通车。贵南高铁、盘兴高铁、铜吉高铁等铁路工程也在建设之中。

#### 2. 公路

贵州省通过高速公路三年“大会战”，于 2015 年年底实现了县县通高速。截止到 2020 年年底，贵州高速通车里程达 7 607 千米。《贵州省高速公路网规划（加密规划）》指出到 2022 年，贵州高速公路将形成“6 横 7 纵 8 联”及 4 个城市环线网。

3. 航空

贵阳龙洞堡国际机场距市中心 11 千米，占地面积约 6 000 余亩（4 平方千米），机场跑道长 3200 米、宽 62 米，3 条快速脱离道和两条端联络道，可接受波音 747、空客 330 等同类及其以下机型的全重起降，具有先进导航系统和设施的 4E 级最高等级现代化机场。T1 号航站楼建筑面积 3.4 万平方米，年旅客吞吐能力 500 万人次；2013 年建成 11.2 万平方米 T2 航站楼，扩建停机坪 26.5 万平方米，机位总数达到 46 个，新建货运站 2.1 万平方米，停车场 10.5 万平方米，年旅客吞吐能力 1 550 万人次。2014 年，旅客吞吐量 1420.39 万人次，列全国机场第 22 位。2018 年完成三期建设，拥有 400 米×45 米，3600 米×45 米的跑道各一条，满足 F 类飞机（如 A380）备降要求，航站楼面积增加到 40 万平方米，停机位增加到 99 个，年旅客吞吐量将达到 3 000 万人次，构建起通往各中心城市的“快速空中走廊”和覆盖全国主要机场的航空线网络。

自 2010 年起，贵州加快了支线机场建设的步伐，“十四五”将形成“一枢纽十六支”的机场格局。“一枢纽”即贵阳龙洞堡国际机场。“十六支”即遵义新舟机场、安顺黄果树机场、铜仁凤凰机场、兴义万峰林机场、六盘水月照机场、毕节飞雄机场、黎平机场、荔波机场、凯里黄平机场、茅台机场、黔北机场、威宁机场、罗甸机场、独山机场、天柱机场、都匀机场。目前已通航的机场有遵义新舟机场、安顺黄果树机场、铜仁凤凰机场、兴义机场、毕节飞雄机场、黎平机场、荔波机场、凯里黄平机场、六盘水月照机场、遵义茅台机场、六盘水盘州机场等 11 个支线机场。

4. 内河航运

虽然贵州河流众多，但具有较大航运价值的河段主要集中在乌江、赤水河和南、北盘江等少数河流上。目前，西南水运出海通道中线起步工程（贵州段）主体工程完工，涪陵贵州货运码头基本建成，赤水河航运工程加快实施。贵州水运通航里程 2020 年年末达到 3 957.80 千米，北可达长江，南可顺珠江出海。

### （二）邮电通信

贵州邮政电信业持续快速发展。全省移动电话用户、互联网用户大幅度增长，固定电话用户有所下降。2020 年年末，快递业务收入 52.21 亿元，增长 13.2%，移动电话用户 4 386.92 万户，互联网出省带宽 1.70 万 Gbps，增长 41.7%；光缆线路长度 123.05 万千米，增长 7.8%；5G 基站数量达到 20 721 个。

## 四、经济发展

新中国成立前，贵州长期处于封闭状态，生产力水平低下，经济文化落后，人民生活贫困。新中国成立后，全省各族人民在中国共产党的领导下，经过 60 多年的艰苦奋斗，经济社会建设取得巨大成就，使贵州贫穷落后的面貌有了很大改变。

改革开放以来，全省人民在省委、省政府的正确领导下，以解放思想、改革开放为强大动力，推动各项事业取得了巨大成就。1978 年，安顺关岭县创造了定产到组的“顶云经验”，这是全国农村改革的超前探索，“北凤阳、南顶云”成为我国改革开放之初的农村土地制度变革的两面旗帜。在胡锦涛同志亲自倡导推动下，1987 年湄潭成为全国最早的农村改革试验区之一。1988 年 4 月建立了安顺“深化改革促进多种经济成分共生繁荣加快发展”试验区，1988 年 6 月建立了毕节“开发扶贫、生态建设”试验区，对贫困地区的科学发展之路进行了超前探索。1992 年春，邓小平同志南方谈话及党的十四大召开以后，省委、省政府提出了“南下、北上、西进、东联”全方位开放的战略，鼓励非公有制经济的发展，在全省形成了大开放、大发展的共识。世纪之交，中央作出西部大开发的决策前后，全省开展了“西部大开发、我们怎么干”大讨论活动，明确了贵州省实施西部大开发战略的重点和关键环节，积极加快产业结构调整，大力发展西电东送和能源产业。“十一五”期间，省委、省政府深化省情认识，作出了“欠发达、欠开发”的基本判断，建设贵广高速通道，推动与珠三角的合作发展，解决制约贵州省发展的基础性设施瓶颈迈出了实践性的步伐。

“十二五”期间，面对新一轮全国竞相发展的大潮，贵州仍然处于落后的地位，贫穷和落后仍然是贵州的主要矛盾，加快发展和加快转型是贵州的主要任务。2010 年 10 月召开的中共贵州省委十届十次全会提出将“加速发展、加快转型、推动跨越”作为“十二五”时期发展的主基调，重点实施“工业强省”和“城镇化带动”两大战略，使全省经济发展速度明显高于以往历史时期，高于西部地区同期水平，高于全国同期水平。到“十二五”期末，确保生产总值达到 8 000 亿元，力争翻一番、突破一万亿元，人均生产总值接近 3 000 美元。2012 年 1 月，国务院出台了扶持贵州又好又快发展的政策措施，使贵州的发展获得了前所未有的政策支持。2012 年 4 月召开的中共贵州省第十一次代表大会提出：全面贯彻落实党的十八大精神，紧紧抓住重大历史机遇，坚持科学发展、奋力后发赶超，以转变经济发展方式为主线，牢牢把握“加速发展、加快转型、推动跨越”主基调，同步推进工业化、城镇化、农业现代化，深化改革、扩大开放，努力实现经济提速转型。奋战五年，努力冲出“经济洼地”，综合实力跃上新台阶，每年经济增长速度高于全国、高于西部、高于贵州省以往平均水平，生产总值、公共财政收入、固定资产投资、城镇居民可支配收入、农民人均纯收入比 2011 年翻了一番以上。省委、省政府还推出了守住发展和生态保护两条底线，打造 100 个产业园区、100 个旅游景区、100 个示范小城镇、100 个现代高效农业示范园区、100 个城市综合体建设等“5 个 100”工程，培育能源工业、现代物流、矿产资源开发、生物资源和特色农业、旅游资源开发和高新技术产业“六大特色产业”，做好烟、酒、茶、多彩贵州旅游和中药材产业“五张名片”，实施煤电磷、煤电铝、煤电钢和煤电化“四个一体化”项目等重大举措。贵州经济和社会发展进入了加速发展、加快转型、后发赶超的新阶段，主要经济指标增速连续几年在全国名列前茅。

进入“十三五”时期，面对国内外风险挑战和不稳定不确定因素明显增多的复杂局势，省委省政府团结带领全省各族人民，坚持新发展理念，坚持稳中求进工作总基调，坚持以脱贫攻坚统揽经济社会发展全局，打好三大攻坚战，推进三大战略行动，建设三大国家级试验区，“十三五”规划主要目标任务顺利完成，为开启全面建设社会主义现代化新征程奠定了坚实基础。

五年来，贵州全省上下凝心聚力、攻坚克难，干成了事关全局、影响深远的三件大事。① 撕掉了千百年来的绝对贫困标签。66 个贫困县全部脱贫摘帽，五年减少贫困人口 507 万人，累计实施易地扶贫搬迁 192 万人，减贫人数、搬迁人口全国最多，全面解决和巩固提升 741 万农村人口饮水安全问题，建成农村“组组通”硬化路 7.87 万千米，国家脱贫攻坚成效考核连续四年综合评价为“好”，在贵州大地书写了中国减贫奇迹的精彩篇章。② 夺取抗击新冠肺炎疫情重大战略成果，坚决落实“四早”“四集中”等措施，率先实现重点人群核酸检测全覆盖，率先放开省内交通管制，率先复工复产复学，贵州省成为疫情防控好、经济恢复好的省份之一。③ 保持十年全国领先的经济增速。经济增速连续十年位居全国前 3，地区生产总值在全国的排名从第 25 位上升到第 20 位，人均地区生产总值从第 29 位上升到第 25 位，实现赶超进位的历史性跨越，创造贵州发展“黄金十年”。

## 第二节 历史沿革

### 一、先秦两汉时期

贵州是中国古人类发祥地之一，远古人类化石和远古文化遗存发现颇多。早在五六十万年以前，就有人类在这块土地上生息繁衍。

春秋以前，贵州为荆州西南夷，属于“荆楚”或“南蛮”之一。至春秋时代，境内部族林立，著名的有牂牁国，其政治中心叫夜郎邑（今安顺一带）。牂牁国辖境有今贵州乌江以南地区和广西、云南部分地区。春秋末年，牂牁北部领土仍以夜郎邑为中心，定国号为“夜郎”。从战国后期到西汉初年，夜郎是西南夷各部中最强大的地方割据政权，其所控制区为今贵州境内沿河到榕江一线以西的广大地区。

秦统一中国后，今黔西、大方、毕节一带属蜀郡，今道真、务川、德江等地属巴郡，今贵州东部地区属黔中郡，其余大部分地区为古夜郎国辖地。

汉初，今贵州绝大部分地区仍为古夜郎国。元朔三年（公元前 126 年），汉在夜郎地区设置夜郎县（今安顺一带）和且兰县。公元前 122 年，汉武帝派王然于、吕越人等出使滇国和夜郎。滇王向使者询问汉之疆域曰：“汉孰与我大？”汉使到了夜郎，夜郎王也问了同样的话，惹得汉使捧腹大笑，这便留下了“夜郎自大”的典故。

### 二、三国至宋元时期

三国时，西南大部分地区为蜀汉政权所占有。公元 225 年诸葛亮征南中以后分设了七郡，其中牂牁郡在贵州境内，朱提、兴古两郡辖今贵州西部部分地域。此外，江汉、涪陵二郡辖今贵州北部部分地域。

两晋南北朝时期，政权更迭频繁，今贵州境内，除置牂牁郡外，边缘地区又分属朱提、江汉等郡。

隋朝，在贵州置牂牁郡，辖地有今桐梓、遵义、息烽、开阳、施秉、黄平、福泉、罗甸和荔波等地。置明阳郡，辖今道真、正安、绥阳和湄潭等地。此外，治所分别在今四川彭水和湖南沅陵的黔安郡、沅陵郡，辖有今贵州东北地区。

唐代，从贞观元年（627 年）起全国划分为 10 道（后增为 15 道），今贵州地域分属黔中道、剑南道和岭南道管辖。至五代，中原战乱不息，边远地区豪强大姓、土著首领纷起割据，贵州地域实际上成了羁縻之地。

宋代，大行政区称路，路下设府、州、军、监、县等建置。今贵州地域分别隶于夔州路、广南西路、剑南东、剑南西路、潼川府路、荆湖北路等，而主要属夔州路。"贵州"名称始于宋朝。北宋开宝七年（974 年），土著首领普贵以所领矩州（今贵阳及近邻地区）归顺，土语言"矩"曰"贵"，朝廷就其所语，敕书说："予以义正邦华夏，蛮貊罔不率服。惟尔贵州，远在要荒。"这是"贵州"名称在史书上的首次出现，但当时的"贵州"只限于今贵阳及其周围地区。

元代，在全国置 11 行中书省，简称行省。行省下设路，一般边远的少数民族地区的路因时地不同而称宣慰司、安抚司和招讨司等。元代在今贵州境内的建置主要有：八番顺元等处宣慰司都元帅府、播州宣慰司、思州宣慰司、新添葛蛮安抚司、乌撒乌蒙宣慰司、庆远南丹安抚司、普定路和普安路等，分别隶于湖广、四川和云南三行省。

## 三、明清时期

明代，明洪武十五年（1382 年），贵州始置都指挥使司，在贵州历史上首次建立了省一级的军事机构。明永乐十一年（1413 年）建立了贵州布政使司，从此，贵州成为行省。

清代，贵州的行政建制有较大的变化。首先在四邻疆界上做了较大的调整。清康熙四年（1665 年），清王朝平水西、乌撒，以水西地置黔西府，比喇地置平远府，大方地置大定府。第二年改乌撒府为威宁府，又将曾一度划归湖广的黎平府再隶贵州。清雍正五年（1727 年），将四川所属遵义府（包括所属县）改隶贵州，遵义府面积约 3 万平方千米，遵义府的划拨使贵州的面积增加了近 1/5，对贵州经济发展产生了积极作用。另外，还划毕节以北的永宁全境隶四川，将广西红水河、南盘江以北之地置永丰州（后改为贞丰州），把广西的荔波，湖广的平溪、天柱均划归贵州管辖，至此，今贵州的疆域基本形成。

## 四、民国时期

民国以后，贵州地方政区又有了一些变动。1913 年整定名称，以前的府、厅、州一律改为县。省行政首脑称民政长。1914 年改民政长为巡按使，省城贵阳县，并建立了一套行政机构，设立省政府委员会。1936 年合并为 8 个行政督察区，1937 年则合并为 6 个行政督察区。1941 年设贵阳市。1949 年 11 月 15 日贵阳市解放，12 月 26 日，贵州省人民政府宣告成立。

## 第三节　自然资源

贵州是一个资源富集的省份，资源种类多、数量大、品位高，具有不可替代的独特性。

### 一、生物资源

贵州丰富的生物资源，是人们赖以生存与发展不可缺少的条件，也是美化环境的主要物质基础，以其千姿百态的形态美、色彩美和动态美深深地吸引着旅游者。

#### （一）植物资源

从亚热带到暖温带的植物在贵州几乎都能生长，主要植物资源如下：

1. 农作物与经济作物

贵州农作物品种丰富，栽培的粮食作物、油料作物和经济作物近 600 种。粮食作物禾谷类有水稻、玉米、大麦、小麦、高粱、黍、荞等，豆类有大豆、蚕豆、豌豆、绿豆、小豆和四季豆等，薯芋类有甘薯、马铃薯、山药、蕉芋等。油料作物有油菜、花生、芝麻、向日葵等。经济作物有烟草、茶、甘蔗、蚕桑等。

2. 森林资源

贵州森林植被完好，“十三五”期间，贵州累计完成营造林面积 19 920 平方千米、低质低效林改造 3 533.33 平方千米、中幼林抚育 20 000 平方千米，全省森林覆盖率达到 60%，森林蓄积量达到 5.7 亿立方米，2020 年全省林业总产值达 3 378 亿元。

用材树种有杉木、华山松、马尾松、柳杉等，林木、林果种类也比较多。木本油料植物主要有油桐、油茶、乌桕等。特种经济树种有漆树、杜仲、盐肤木、棕榈等。干果类树种有核桃、板栗等。

3. 牧草资源

贵州野生饲用灌木和草本有 1 400 多种，优良牧草资源 200 余种。近年来，贵州已开发草地 0.066 6 平方千米；有 16 个县（市）建设人工草地、半人工草地和牛、羊饲草生产基地。

#### 4. 野生植物

贵州野生维管束植物有 6 000 种以上，可分为药用野生植物、野生经济植物和珍稀植物等几大类。

（1）药用野生植物。

贵州药用野生植物资源主要有天麻、杜仲、桔梗、天冬、龙胆草等 3 700 余种，占全国中草药资源的 80%。贵州是全国 4 大中药材产区之一，许多中药材被誉为“地道的中药材”而畅销国内外。在国内外占有重要地位的有天麻、石斛、杜仲、黄连、厚朴、茱萸、黔党参、何首乌、灵芝等 30 多种。

（2）野生经济植物。

野生经济植物中，以纤维、鞣料、芳香油为主的工业用植物主要有杉木、松木、泡桐、青冈、栎类等约 600 种；以维生素、蛋白质、淀粉、油脂植物为主的食用植物有栗类、胡桃、刺梨、食用菌等 200 余种，其中刺梨、猕猴桃、食用菌等具有较高的营养价值和开发价值。

（3）珍稀植物。

贵州列入国家重点保护植物名录的珍稀植物有 69 种。其中，国家一级重点保护植物有银杉、银杏、梵净山冷杉、红豆杉、南方红豆杉、云南穗花杉、贵州苏铁、单性木兰、珙桐、光叶珙桐、伯乐树、异形玉叶金花、辐花苣苔、掌叶木和宽叶水韭 15 种；二级重点保护植物有桫椤、秃杉、鹅掌楸、水青树、闽楠等 54 种。

### （二）动物资源

贵州动物资源主要有畜禽资源和野生动物。

#### 1. 畜禽资源

贵州饲养性畜禽有 45 种，其中主要有牛、马、猪、羊、鸡、鸭、鹅、兔等。

#### 2. 野生动物

贵州的野生动物十分丰富，已列入国家重点保护的珍稀野生动物有 86 种。其中一级保护动物有黔金丝猴、黑叶猴、华南虎、云豹、豹、白鹳、黑鹳、黑颈鹤、中华秋沙鸭、金雕、白肩雕、白尾海雕、白颈长尾雉、白头鹤、蟒等 15 种；二级重点保护动物有猕猴、短尾猴、金猫、林麝、穿山甲、白冠长尾雉、鸳鸯、大鲵等 71 种。

## 二、矿产资源

贵州矿产资源富集，已发现矿产 110 多种，其中有 76 种探明了保有储量，有 41 种矿产保有储量列全国前 10 位，其中居前 5 位的有 28 种，居前 3 位的有 21 种。铝土矿质储量大，保有储量 3.95 亿吨，占全国总量的 17.2%，位列全国第二。磷矿储量占全国磷矿总量的 44%，位居第一。全国 1/3 的重晶石集中在贵州，为建成亚洲最大的钡盐基地提供了资源保证。金矿位居全国第十位，贵州已成为新崛起的黄金生产基地。

### 三、能源资源

贵州独特的地质环境和高原山地的地貌特点形成了贵州丰富的水能资源。贵州省水能蕴藏量 1 874.5 万千瓦，列全国第六位，可开发量 1 683.3 万千瓦，占全国总量的 4.4%。

贵州素以“江南煤海”著称，全省 88 个县市中就有 74 个县市产煤，预测资源量 2 400 多亿吨，保有储量 535 亿吨，超过江南 12 个省（区、市）的总和，位列全国第五。能源资源开发成本低和水煤结合形成的优势，使贵州成为“西电东送”的重点省区之一。

## 第四节　少数民族

贵州是一个多民族的省份，各族人民和睦相处，共同建设和谐贵州，共同创造了贵州的灿烂文化。

### 一、民族分布

截至 2020 年，贵州少数民族人口占全省总人口的 36.44%，少数民族人口占全省总人口的比重位列全国第四。少数民族中，人口超过 10 万的有苗族、布依族、侗族、土家族、彝族、仡佬族、水族、回族、白族，共 9 个少数民族。

汉族人口遍布全省各地，但集中分布在贵阳、遵义、安顺、六盘水等市。

苗族主要分布在黔东南苗族侗族自治州、黔南布依族苗族自治州、黔西南布依族苗族自治州、安顺市、贵阳市郊区、毕节市、六盘水市和松桃苗族自治县。

布依族主要分布在黔南布依族苗族自治州、黔西南布依族苗族自治州、安顺市、六盘水市、铜仁市和贵阳市郊区。

侗族主要分布在黔东南苗族侗族自治州和铜仁市。

土家族主要分布在铜仁市和遵义市。

彝族主要分布在毕节市和六盘水市。

仡佬族主要分布在遵义市、安顺市、铜仁市、六盘水市和毕节市。

水族主要分布在三都水族自治县、荔波县、都匀市、独山县、榕江县等县市。

回族主要分布在威宁彝族回族苗族自治县、兴仁县、平坝区、普安县、六盘水市和贵阳市。

白族主要分布在毕节市和六盘水市。

瑶族主要分布在荔波县、榕江县、从江县、望谟县和丹寨县等县。

壮族主要分布在从江县、黎平县、独山县和荔波县等县。
畲族主要分布在麻江县、凯里市、都匀市和福泉市等县市。
毛南族主要分布在平塘县、独山县和荔波县等县。
蒙古族和满族主要分布在毕节市。
仫佬族主要分布在麻江县、凯里市、黄平县、福泉市、都匀市和瓮安县等县市。
羌族主要分布在石阡县和江口县。
其他民族的人数较少，他们大都是迁居贵州的干部、职工和农民工。

## 二、民族语言文字

全省17个世居少数民族,除回族和土家族较早使用汉语外,其余的都有自己的语言。

### （一）少数民族语言使用情况

贵州的少数民族语言均属汉藏语系，分属不同的语族和语支，苗语属苗瑶语族苗语支，布依语属壮侗语族壮傣语支，侗语属壮侗语族侗水语支，彝语属藏缅语族彝语支，水语属壮侗语族侗水语支，白族语属藏缅语族彝语支，壮语属壮侗语族壮傣语支，瑶族语中盘瑶支系语属苗瑶语族瑶语支，其余的属苗瑶语族苗语支。仡佬语的系属因其内部各支系语言差异较大，且深受其他民族语言的影响、渗透，其语言系属至今尚难断定，但也有人把它归为仡佬语族。畲族语属苗瑶语族苗语支，毛南语属壮侗语族侗水语支，仫佬语属壮侗语族水语支。

历史上，由于贵州的少数民族居住偏僻，社会封闭，对外交往少，交际语言主要以本民族语言为主。中华人民共和国成立后，随着少数民族和民族地区社会经济的发展，文化水平不断提高，与外地、外民族的交往日益频繁，掌握汉语的人数逐渐增多。但是，在日常生活中，少数民族仍主要以本民族语言为交际工具，并且还有不少少数民族群众不通汉语。

中华人民共和国成立后，“各民族都有使用和发展自己的语言文字的自由”被写进了《宪法》中，随后又颁布了《民族区域自治法》等一系列法律法规，对语言运用和语言权利问题作出了明确的规定，少数民族充分拥有了使用和发展自己民族语言文字的权利。

### （二）民族文字创制情况

新中国成立后不久，随着少数民族政治、经济、文化的发展，群众迫切要求为他们创制、改进文字。党和政府对此问题十分关心、重视，国家民族语言文字研究指导委员会随之成立，并在全国范围内对少数民族语言进行调查和研究，开始少数民族文字的创制和改革。

20世纪50年代，以拉丁字母为基础，政府相关部门为苗族、布依族、侗族、彝族等民族创制了拼音文字。这些民族文字在各少数民族地区得到了试验、推行，主要工作一是逐步建立民族语文工作机构；二是培训师资力量和民族语言工作者；三是大力开展民族文字推行和双语教学；四是加快少数民族语言文字的教材和读物的编写出版；五是对新创制的文字方案进行进一步修订、完善。此外，为加强对民族语文工作的管理，民族自治地方各级人大、政府还依据国家有关法律、法规，制定自治条例和地方性法规，就《宪法》和《民族区域自治法》中关于保障各民族语言平等的条款进一步细化、具体化。

民族文字的推行对少数民族和民族地区社会发展起到了积极的促进作用。民族文字推行体现了国家的民族平等政策，有力地促进了民族教育的发展，加快了农村扫盲教育的进程，使少数民族优秀传统文化得到了更好的继承和发展，促进了少数民族和民族地区的文化建设。

## 三、部分少数民族介绍

### （一）苗族

#### 1. 概况

苗族历史源远流长，和远古时代的“九黎”“三苗”“荆蛮”有着密切的联系，他们之间是一种一脉相承的渊源关系。黄帝时代的“九黎”、尧舜禹时代的“三苗”，商周时期的“荆蛮”，是苗族不同时期的先民。苗族是一个古老的民族，根据文献记载和苗族口传资料，苗族先祖最先居住于黄河中下游地区，“三苗”时代又迁移至江汉平原，后又因战争等原因，逐渐向南、向西大迁徙，进入西南山区和云贵高原。苗族主要分布在我国的贵州、湖南、湖北、四川、广西、海南等省区。

贵州的苗族人口占全国苗族人口总数的一半，是省内人口最多的少数民族。贵州苗族集中反映了全国苗族主要的文化特征，如较多的方言、次方言和多数土语，主要的服饰类型，重要的工艺美术，基本的风俗习惯，基本类型的耕作文化等。

苗族盛行祖先崇拜，也有信仰其他宗教的。丧葬一般是土葬。入殓之后，根据死者年龄、性别及死因不同而采取不同的安葬方式。

#### 2. 建筑

苗族素来聚族而居，形成大小不同的村寨。村寨多依山建筑，有的靠近河溪山脚，有的在山腰，有的则靠近山顶。一般来说，村寨周围绿树成荫、梯田相叠。住房以木结构为主，在山腰上的多为吊脚楼式，两层或三层，三楼通常用于存放粮食和杂物。

#### 3. 饮食

饮食以大米、苞谷为主，有的高寒山区不产水稻者则以杂粮为主，喜欢食酸辣味食物，如酸汤、酸菜、酸萝卜、酸豇豆、酸鱼、酸虾、牛骨酸等，当地有“三天不吃酸，走路打转转”的说法。家家有酸，餐餐有酸。辣味食品更是不可缺少，每菜都放辣椒。苗家喜酒，户户酿酒，“无酒不成席”，婚丧嫁娶，迎宾送客，都离不开酒，就是平时劳动之余也要饮酒。饮酒还要猜拳、行令、唱歌、敬酒。苗族人民非常好客，重情义，讲信用，在苗家做客备受优待。客人至，主人常慷慨地以美酒好菜待客。酸汤鱼、长桌宴最具特色。

苗家人民的主要饮料是茶，茶叶多为自己种植或山间采摘的野茶。

4. 服饰

贵州的苗族服饰有100多种，各地差异较大。一般说来，男子蓄发包头巾，身穿无领、大袖宽裤脚服装，腰带束身，冬天缠裹腿；女子头顶束髻，包头巾，戴手钏、耳环和项圈，穿裙子，颜色以青、蓝二色为主，也有其他颜色。上衣开襟，一般不用扣，多以花带束腰。其中黔东南苗族妇女多穿百褶裙，百褶裙长短不一，长的可及脚背，也有过膝、过小腿的；短的仅一尺许，用包布拼镶做成，色彩绚丽，工艺精湛，尤其喜欢佩戴银饰，如银项圈、银手镯、银耳环、银扣、银花、银冠、银戒指、银梳子等，盛装时可戴四五个项圈、八九对手镯。

5. 音乐歌舞

苗族乐器最著名的是芦笙。雷山县排卡村和凯里市新光村是远近闻名的芦笙制作专业村寨。另外还有芒筒、唢呐、大号、直箫、竹笛、口弦、古瓢琴、二胡、四胡、木鼓、铜鼓、皮鼓、大筛锣、大锣、包包锣、大镲、小镲、木叶等乐器。

苗族的歌曲可分为飞歌、游方歌、风俗歌、叙事歌、祭祀歌等几种。“飞歌”是苗族音乐中颇富特色的体裁，多在山冈林野和田间地头演唱。特点是音调高昂，气势雄浑，节奏舒广自由，旋律起伏大。一些地区分男声飞歌和女声飞歌，并分为高腔和平腔两种腔式。飞歌题材内容极为广泛，堪称苗族歌唱艺术的瑰宝。

芦笙舞是苗族流行最广、最具特色的一种舞蹈形式，除铜仁市外，其余地区均很流行。芦笙舞多在节日中表演，以集体舞为主。黔西北的芦笙舞除集体舞外，也有一人或数人表演的。有的芦笙舞表演者能做出许多惊险的高难度动作，集舞蹈、杂技、体育和音乐于一体。鼓舞也是苗族中比较流行的舞蹈，尤其以松桃一带的花鼓舞最为著名，有男子舞、女子舞、男女混合舞、单人舞、双人舞、四人舞、八人舞等形式。从乐器数量看，则有单面鼓、双面鼓、四面鼓等。舞姿可表现社会生活的各个方面。台江反排木鼓舞的动作热情奔放，被誉为“东方迪斯科”。丹寨的“锦鸡舞”也很有特点，这是一种男女混合的集体舞，数名男青年排成数行在前面吹芦笙做引导，数十名乃至上百名青年妇女排成长蛇阵紧跟其后，沿逆时针方向转圈，边转边舞。舞蹈以脚步动作为主，腰膝自然摆动，双手则垂直放松于裙边，舞步舒缓有致，在独具特色的服饰的衬托下，整个舞蹈就犹如锦鸡觅食，富有浓郁的生活气息。此外，在黔东南、黔南和黔西南的一些苗族地区还流行板凳舞、铜鼓舞等。

6. 节日

苗族的节日很多，主要有：四月八、苗年、祭鼓节、姊妹节、龙船节、吃新节等。

（1）四月八。

每年农历四月初八，是贵州一些地区苗族群众的传统节日。其中以贵阳市最为隆重。相传，古代苗族英雄亚努率领苗族同胞与统治阶级做斗争，不幸于农历四月初八壮烈牺牲，葬于今贵阳市喷水池附近。之后每年这天，当地民众都要汇集于喷水池旁，着盛装，献歌舞，以示纪念。

贵阳“四月八”发展至今，内容逐渐增多，它已不仅是苗族的传统节日，而且有其他民族的共同参与，是由政府有关部门扶持的各民族大团结的狂欢盛会。节日当天，参与集会的各少数民族群众，穿金戴银，盛装打扮，从贵阳郊区及黔南龙里、惠水等近邻县乡，奔赴贵阳街头，或歌舞，或奏乐，或购物，或游玩，或观看文艺演出，到处欢歌笑语，喜气洋洋。其间，各家商店也竞相推出民族商品，使“四月八”俨然成了民族服饰展示会和民族商贸交易会。

黄平飞云崖附近每年也过“四月八”，当地的苗族同胞聚集在一起，以跳芦笙、对山歌等形式欢庆“四月八”。

（2）苗年。

苗年是苗族祭祀祖先和庆祝丰收的节日，无统一固定日期，一般是在农历十月至十一月的卯日，也有的地区在寅日、丑日等日子过。

苗年包括“小年”“大年”和“尾巴年”3个时段。小年一般不走亲访友，过得较为简单。大年持续3～5天，有的地区持续10多天。其活动内容包括：家家户户都要准备丰盛的食品，还要祭祖，全家欢聚酒宴。入夜守岁时，众人围在火塘边，吟唱古歌、酒歌，谈新论旧。从第二日起，老人们轮流宴请宾朋，青年们收拾打扮，参加跳芦笙、斗牛、赛马、“游方”（谈恋爱）等聚会。

苗族的迎亲嫁女、建房造屋等活动，也喜欢选择在苗年期间进行，因而更增添了节日的欢乐气氛。许多地区还在苗年期间举行民间文艺会演或体育运动会。

（3）祭鼓节。

祭鼓节又称为“吃牯脏”“鼓藏节”，是苗族同胞祭祀祖先的传统节日，常在秋收后举行。苗族祭鼓活动有定期和不定期两种，不定期的规模较小，程序也较简单；定期的有3年、5年、7年、9年和13年举行一次，其中13年一次的最为隆重。祭鼓节到来之前，首先由群众选出本届“鼓头”数人，主持祭鼓事务。

祭鼓仪式的重要庆祝活动有斗牛和盛装歌舞。每个苗族村寨都喂养一头专用于比赛的大水牯牛。斗牛经过“精心打扮”，威武雄壮。斗牛时，铁炮震天，锣鼓齐鸣。获胜一方的村民要给水牛披红挂彩，以示庆贺。斗牛以后，即行祭鼓。各寨将早已备好的作为祭奠的牛当场宰杀，由主持人诵念祭祀祖先恩德的唱词，然后礼邀亲朋和过路行人、观光客人一同享用酒肉。盛装歌舞的场面热闹壮观，延续好几天。

（4）姊妹节。

姊妹节又称“姊妹饭”节，是黔东南清水江流域一带苗族的传统节日。有的地区自农历二月十五开始过节（如施秉县一些地区），有的地区自三月十五开始过节（如台江县一些地区），历时2～3天。

相传，古时清水江边苗寨有一群聪明、美丽的姑娘，因居住偏僻，虽已成年却还未出嫁成婚。于是，其父母们商定，让姑娘们捕鱼虾做菜，蒸花糯米做饭，吸引外地小伙子前来讨花米饭吃。由此，男女双方建立感情，不久都找到了心爱的人。时间一久，相沿成习，便演变为节日。节日期间，每户都要做姊妹饭。姊妹饭是一种经过染色、分甑蒸后再捏合在一起的彩色糯米饭团。红色象征爱情，黄色表示富裕，白色表明纯洁，绿色祈盼长寿，蓝色以示友谊，紫黑色则显示坚贞不屈。饭团晶莹透亮，香软可口，除自己食用外，还用以选择佳偶和招待亲友。姑娘们都会在饭团里面埋藏“小秘密”：藏着小竹钩的，意味着可与小伙子交朋友；藏着一双筷子或两朵花瓣的，表示愿结连理；藏着辣椒、姜蒜的，则表示姑娘不愿与小伙子再交往下去……节日期间，青年男女谈情说爱、行歌互答，并有许多文体活动。外地朋友和远方游客至此，主人也会敬酒献歌，赠送彩色糯米饭团。

（5）龙船节。

每年农历五月下旬，清水江流域的苗乡都要举办龙船节。台江施洞一带的龙船节最为壮观。相传，苗族英雄久保斩杀清水江上的恶龙，为民除害，后人为纪念这位英雄，制成龙船巡江游弋，以祝愿风调雨顺、国泰民安。

龙船由独木雕制的一只母船和两只子船捆扎而成，名为“子母船”，龙头长约 2 米，除龙角外，还有一对巨大的牛角。参加龙船竞赛的人由鼓头、鼓手和水手组成。竞赛前，龙船会沿江接受鼓头亲朋好友赠送的鸭、鹅等礼品，并挂置在龙船颈脖，以显示其亲友众多和富有。竞赛时，鼓乐喧天，热闹非凡。

（6）吃新节。

每年农历六至八月间新谷成熟时，贵州各地苗族都有“吃新节”的传统。具体时间虽不统一，但节日内容却大同小异。吃新节一般是 1～3 天。届时，家家户户要以新米饭祭祀祖先，庆祝丰收并祝来年丰收。斗牛、跳芦笙、对歌等文体活动也同时进行。

除苗族外，侗族、仡佬族等少数民族也过“吃新节”。

7. 婚恋

苗族的婚姻多数是本人自愿与父母同意相结合，男女社交公开。这种社交活动方式黔东南称为“游方”，黔西北称为“踩月亮”，松桃称“会姑娘”。每逢节假日，青年男女便谈情说爱唱情歌。黔东南的苗寨都有固定的“游方坡”或“游方坪”，供本寨女子和外寨男子游方之用。游方多以对歌的形式互相表达爱慕之情。这种公开的恋爱只要征得父母同意即可结婚。婚姻缔结一般须经过说亲、定亲、结婚等过程，办完喜酒后新娘回家过“坐家”生活。在相当一段时间，新娘居住在娘家，只有农忙或过节时，才到夫家住很短时间。

### （二）布依族

1. 概况

布依族历史悠久，名称繁多，古代称“濮”或“僚”“都匀蛮”；唐代史称“西南蛮”，宋以后称“蕃”“仲家蛮”；元、明、清称“八番”“仲苗”“青仲”“仲家”“水户”“仲蛮”。1953 年后，统称布依族。布依族早在上古时期就生活在贵州地区。布依族与壮族同源，由古代的“僚”“百越”“百濮”等部族演变而来。布依族主要分布在贵州、云南、四川等省，以贵州的布依族人口最多。据全国第六次人口普查统计，贵州布依族有 251.06 万人，主要居住在黔南和黔西南两个布依族苗族自治州，安顺市的镇宁、关岭两个布依族苗族自治县及紫云苗族布依族自治县。

2. 建筑

布依族民居多为干栏式建筑，房子一般为三层，底层饲养牲畜，堆放农具、杂物，二层住人，三层储存粮食等。安顺、贵阳以及黔西南自治州等地许多布依族同胞就地取材用石块筑墙，石板当瓦，修建石头房、石头寨、石头村，形成一道特殊的民族建筑风景线，也有部分布依族同胞居住干栏式的房子。

3. 饮食

布依族以大米、苞谷为主食，尤喜食糯米。副食喜吃酸菜汤、酸鱼等，也喜欢喝酒和吃狗肉。

4. 服饰

布依族服饰，男性式样简单，包头帕，穿对襟衣，女性则具有浓厚的民族特点。大多数穿裤子，也有穿裙子的。喜欢蜡染，领、肩、襟、袖、衣摆处都镶有花边。地区不同，服饰也有一定的差异。妇女讲究头饰，喜欢佩戴各种银饰。

5. 音乐歌舞

布依族的乐器有铜鼓、唢呐、勒友、勒浪、笔管、姊妹箫、对箫、牛骨胡、葫芦琴、笛子、月琴、皮鼓、大锣、小马锣、芒锣、小钹、小镲、木叶等。其演奏形式有独奏、重奏、合奏、吹打等。

音乐有声乐和器乐两大类。布依族民歌根据歌词使用情况，可分为布依语民歌和汉语民歌两种。根据内容和演唱场合，可分为情歌、生产劳动歌和风俗歌等。

舞蹈有模拟鸟类和兽类的鸟兽舞，有在祭祀仪式上表演驱邪逐魔、祈福禳灾的祭祀舞，还有表现生产、生活、斗争以及风俗等民俗舞等。其中，祭祀类的舞蹈占有较大比重。如铜鼓刷把舞、回旋舞、转场舞等都是在丧葬仪式上表演的。布依族舞蹈以男女共舞为多，表演人数大多为偶数。舞蹈音乐以打击乐为主。道具在舞蹈中的普遍运用，构成了布依族舞蹈的显著特征之一。

6. 节日

布依族的节日主要有六月六、三月三等。

（1）六月六。

农历六月六，是贵州多数地区布依族祭祀灶神、山神、田神的节日。有的地方甚至把过春节叫做“大年”，而把过“六月六”叫做“小年”。

“六月六”的活动内容各地不尽相同。独山、平塘一带的布依族是祭“天王石”以“消灾灭难”。贵定、安顺一带的布依族是用鸡血、猪血染红的小旗子，去田里驱除蚂蟥。望谟许多布依村寨借祭社神机会，用“议榔”（古代布依的基层社会组织）形式制定乡规民约，还要举行大规模的玩山唱歌活动。镇宁、关岭交界的扁担山区，初六祭灶神，初七唱歌玩山，参加者在万人以上。惠水等地的布依人在董郎河边，形成一年一度的董郎桥歌节。男女青年们成群结队，吹木叶、筒箫，进行对歌、“浪哨”（交友）、丢花包等活动，借此结识意中人。

（2）三月三。

贵州布依族、苗族、侗族、彝族都有过“三月三”的传统。惠水县的苗族称“三月三”为“射花节”；镇远、天柱、从江等县的侗族称“三月三”为“播种节”；黔西北一些地区的彝族群众称“三月三”为“祭山节”；贵阳市郊区的布依族则称“三月三”为“地蚕节”。人们边走边唱，可以堵住地蚕的嘴，保证五谷丰收。其他地区的布依族群众也过“三月三”，内容虽有变化，但玩山对歌却是一致的。

7. 婚恋

布依族有同宗同姓不婚的习俗。一般来说，布依族的婚姻比较自由，先经过“赶表”，对唱山歌表达互相爱慕之情，情投意合后再请父母求亲，也有请媒人去说亲的。定亲要先吃定亲酒，待一切都办妥了，才能择日接亲。仪式因居住地区不同，方式也不尽相同。

“赶表”是布依族男女青年交朋友、找对象、谈恋爱的一种社交形式，又称“浪哨”“朗绍”“玩表”等，一般是在赶场天、节日期间或走亲访友的时候进行。青年男女相遇时，相互对唱情歌以试探对方是否已有配偶，如果一方已有配偶，只是显显歌才或活跃一下场合而已。如果双方都没有配偶，便可以通过“浪哨”，建立感情。每逢赶场天，布依族青年男女趁机寻找意中人。一个姑娘若被某个小伙看中后，男方便主动接近，攀谈唱歌。姑娘如果认为对方不称心，便以歌词婉言谢绝而各奔西东。若两人一见钟情，便相约在路边田头，或立或坐，你唱我和地继续唱歌。浪哨中，对歌占重要地位。贵州各地布依族的浪哨歌，内容包括“问姓歌”“盘问歌”“爱慕歌”“盟誓歌”“思念歌”等。不同内容的浪哨歌，联成一条红线，系住了成双成对的青年男女。

## （三）侗族

1. 概况

侗族是一个古老的民族，有些学者认为起源于“骆越”，有些学者认为起源于“干越”，因无历史记载，已无从考证。自唐朝以后，侗族开始纳入中原王朝的管辖，朝廷或派驻官员或任命当地开明土著为地方官员，这些官员后来均成为侗族世袭的统治者。随着生产力的发展、土地的占有，在侗族社会中出现了一种叫“款”的组织，其首领叫“款首”。“款首”是军事首领，凭借其政治、经济实力和军事权柄逐步成为统治者。清初实行“改土归流”政策，土司被废除，直接受中央管辖，汉族的经济文化对侗族有了很大影响。侗族主要生活在贵州、湖南和广西交界一带，有近 200 万人口，贵州最多，近 163 万，约占整个侗族的 55.7%，形成大聚居、小杂居的特点。

侗族地区盛产以杉木为主的木材，油桐、油茶和楠竹也很多。

2. 建筑

侗族多依山傍水而居，村前寨后古树参天，风景十分优美。溪流上建有桥梁，以风雨桥（花桥）最为出色，村寨中建有宝塔式的鼓楼，是侗族地区最具特色的建筑。

鼓楼与风雨桥是侗族村寨的标志，尤其在黔东南南部，几乎寨寨都有。一般是一个族姓建一座鼓楼，有的大村寨就有四五个鼓楼之多。侗寨鼓楼是杉木结构的塔形建筑物，底为四方形，上面为多边形。鼓楼突兀高耸，最上面是造型别致的楼顶，有尖顶、歇山顶、悬山顶等式样，顶上还有象征吉祥的宝葫芦、千年鹤等雕饰物。鼓楼的梁柱瓦檐均有彩绘，精致华美。鼓楼是侗家集会、议事的场所，也是人们休息、娱乐和青年们谈情说爱的地方。

风雨桥，也叫花桥，分为亭阁式和鼓楼式两种。亭阁式风雨桥，桥面上亭阁耸立，雅致玲珑。鼓楼式风雨桥建在较宽的河面上，大桥长廊之上，加盖几座鼓楼式建筑，十分美丽壮观。桥廊里设有长凳，供人歇息、凭眺。有的还备有茶水，供过往行人解渴自饮。风雨桥不仅便利了交通，还是侗家人欢唱歌舞、吹笙弹琴、娱宾迎客的游乐场所。

侗家的住宅一般是木结构的外廊式干栏式建筑，楼上住人，楼下圈牲畜。居住在平坝地区的侗族多住楼下，牲畜另圈。房屋鳞次栉比，朝向不一。小巷曲径迂回，陌生人很难辨别方位。

3. 饮食

侗族以大米为主食，喜食糯米，也吃杂粮。副食喜食酸和腌制品，腌肉、腌鱼是待客佳肴，油茶享有盛名。侗族爱饮酒，糯米酒颇具特色。

4. 服饰

侗族人常穿青、紫、白、蓝等颜色服装。女装因地区不同而各异，多数穿青色百褶裙，打绑腿；有的地方穿长裤，束围腰，系飘带，足穿卷鼻云钩鞋；冬春穿右衽无领衣，夏秋改着开襟衣；头盘髻，喜银饰。

5. 音乐歌舞

侗族以锦屏县为界分为南、北两个方言区。两个方言区的音乐风格有很大差异。北侗的民歌有山歌、玩山歌、河边歌、好事歌（酒歌）、伴嫁歌等。山歌题材广泛、内容丰富，多以对唱、互相盘歌的形式进行。玩山歌是青年男女交流思想感情、倾吐爱慕之情的歌。这种歌曲曲调高亢辽阔、热情奔放、音域较宽、节奏自由而富于变化。好事歌是在酒席上唱的歌，曲调各地不尽相同，旋律舒畅优美。伴嫁歌是姑娘出嫁前一个月或更长的时间里，同房族、同寨子的姑娘陪伴新娘时唱的歌。南侗保留的侗族传统文化更为完整，因而其音乐就更具有浓郁的民族特色。这一地区的音乐大致可分为大歌、小歌、礼俗歌和叙事歌几种。大歌的合唱形式是领唱（独唱）与众唱相结合，它与普通的合唱概念有所不同。大歌的主旋律是在低声部，高声部是派生的。低声部是众唱的，声音大；高声部由 1 个、2 个或 3 个歌手在低声部旋律的基础上创造性地即兴变唱。但有时高声部也可为主旋律，即当低声部唱一个漫长的持续低音时，唱高声部的歌手以自己较为鲜明的旋律线，形成了相对独立的变体。它虽源出低声部，但都超过了低声部的地位，而形成了主旋律。大歌的结构严谨，有较为固定的曲式。大歌的种类很多，主要有鼓楼大歌、叙事大歌、童声大歌、女声大歌、混声大歌等。多声部无伴奏大歌是侗族最具特色的音乐形式，曾多次出国表演，蜚声海外。小歌的内容主要是情歌。这类歌曲结构短小，歌词含蓄深情，曲调委婉缠绵，大都由青年男女轻声慢唱。侗族乐器主要有琵琶、牛腿琴、芦笙、侗笛、唢呐、二胡、锣鼓、镲、木叶等。演奏方式有独奏、伴奏和重奏等。

舞蹈有“多耶”、芦笙舞、“龙喘”、舞龙、舞狮等。“多耶”主要流行于从江、榕江和黎平等地。表演时，或男或女，或男女混合，围成圆圈，手牵手，踏着整齐的步伐边跳边唱，同时甩手为拍，气氛热烈。芦笙舞由舞者自己吹芦笙伴奏，多为集体舞，人数多时可达上百人，也有独吹独舞。芦笙舞模仿人们的社会生产和生活，模仿人和动物的动作，表现力极强。侗族中还有一种较有民族特色的舞蹈形式“龙喘”。表演时，青年男女分成两路纵队，先由外向里绕，再由里向外旋，盘成螺圈状，犹如长龙迂回。舞龙和舞狮多在春节期间举行，与其他民族的舞龙、舞狮大同小异。

6. 节日

侗族的节日主要有侗年、三月三、吃新节等。

侗族大部分地区因受汉文化影响，侗年已被春节代替，但在榕江等县仍依古俗过侗年。榕江七十二侗寨于农历十月底到十一月初过侗年，各寨具体时间不尽一致。节日期间，主要活动内容有祭祖、吃团圆饭、请客访友、踩歌堂、吹芦笙和斗牛等。剑河、锦屏两县一些侗寨，于每年农历十一月底到十二月初过侗年，家家必做糍粑、甜酒，杀猪羊，煮油茶。这些地区除过侗年外，还过“陪年”，即陪同附近的汉族一起过春节，或是陪同本民族过不同时间的侗年。“陪年”也很隆重，它是增进民族团结、增进各村寨友谊的节日。

南部侗族在过侗年时要在“祖母祠”祭祀（称为“祭萨”），进行结队“多耶”（即踩歌堂）和“抬官人”（一种化装的诙谐游戏）等活动，把节日推向一个又一个的高潮。

7. 婚恋

侗族男女社交公开，自由恋爱，但同姓同宗不婚。青年男女谈情说爱，家长不加干涉。男女情投意合，先交换一件喜爱的东西作信物，经过一段时间的交往，征得双方父母同意方可结婚。一般来说，父母大多尊重儿女的感情，让有情人终成眷属。

行歌坐月又叫“行歌坐夜”，是侗族青年男女自由恋爱的一种社交活动。空闲时，一般是男女青年围坐在鼓楼里的火塘周围，女的唱歌，男的以琵琶或牛腿琴伴奏，谓之“行歌坐月”。黔东南州南部侗乡的“行歌坐月”一般在晚饭后进行。小伙子弹着琵琶，拉着牛腿琴，唱着侗歌，姑娘们则坐在旁边一边纺纱、绣花，一边清唱。对歌时，先是个人表示谦让的独唱，然后进行盘歌，其内容多是天文地理、历史事件、地方故事、风土人情等。其间，要是双方产生了爱慕，便悄悄离开“月堂”集体，单独寻找地方“行歌坐月”。黔东南北部侗族的“行歌坐月”与南部侗族略有差异。节日或赶场天里，只要双方都有好感，便可相约去“行歌坐月”。时间不一定是晚上，地点也不必是“月堂”。但第一次约会时，男女双方仍是随群体活动，待情投意合后，才彼此单独行动。

### （四）土家族

1. 概况

土家族自称“毕兹卡”或“密基卡”，主要分布在湘西和贵州印江、沿河、德江、思南等县。土家族历史悠久，宋代以前，居住在武陵地区的土家族与其他少数民族一起，被称为“武陵蛮”或“五溪蛮”。宋代以后，土家族被单独称为“土丁”“土人”“土民”或“土蛮”等。改土归流后，随着汉族移民的增加，对武陵地区的土家、汉、苗三族进行区分。“土家”作为族称，是在较晚时期出现的。民国时期的《咸丰县志》将土司后裔的“支庶之家”称为“土家”。中华人民共和国成立后，通过民族识别，土家族被确定为单一民族。

土家族极重丧事，认为人的一生有两件大事，即“在生一栋屋，在死一口木”。人到半百后就为自己准备棺木、寿衣等，为寿终下寝之用。人死后洗澡穿衣，“唱丧歌”，一唱几日，敲锣打鼓，通宵达旦。出殡那天，全寨子的人都来帮忙，不供饭也不要报酬，垒好坟，栽上松柏树即可。

土家族信仰多种，表现为熊崇拜、图腾崇拜、祖先崇拜等。

2. 建筑

土家族多依山傍水而居，房前屋后喜植果木花草，茂林修竹，环境优美。每个自然村寨多为同姓同宗，一户人家居住一栋房子。住房喜坐北朝南或坐南朝北，不喜东西向，房屋有吊脚楼式，也有一般平房式楼房，式样不一。

3. 饮食

土家族以大米、苞谷为主食，辅以杂粮和薯类，爱吃辣椒、酸菜、腊制品和糯米。逢年过节有自己的节日食品，如除夕吃公鸡，“四月八”吃粉蒸肉等。土家族人民朴实、诚恳、好客、待人热情，若有客人来留宿留餐，吃饭时要大碗酒、大块肉，以示对客人的尊重。

4. 服饰

土家族服饰男女有别，妇女穿左襟大褂，滚花边，衣长而肥，袖大而短，无领，身着围腰，裤脚大，滚花边，脚穿尖尖花鞋，喜包白色头帕，着银饰。男子穿有领大襟衣，右衽。青年人喜欢对襟短衣，排扣很多，青布裤子，白布裤腰，裤脚短，头包白帕或花帕。

5. 音乐歌舞

土家族乐器有唢呐、二胡、箫、月琴、包包鼓、小镲、鼓等。“溜子乐”是土家族中广为流传的一种打击乐。基本乐器有小锣、大锣、钹、堂鼓等。传统曲牌有上百个。由 8 人用 8 种乐器演奏的“八音”独具特色，其乐曲往往也由 8 个小曲连缀而成。

土家族歌曲有山歌、打闹歌、风俗歌、祭祀歌、哭嫁歌、劳动歌、“溜子乐”等。山歌内容丰富，感情朴实。打闹歌也是山歌的一种，因演唱时用锣鼓伴奏，故亦名“薅草锣鼓”。打闹歌是在薅草时为了减轻疲劳，鼓动情绪时演唱的歌。一般由两人演唱，有时领歌，有时对唱。两个歌师紧跟在薅草队伍后面，一人敲锣，一人击鼓，哪里薅草落伍了，他们就追到哪里，边敲边唱。有时在唱前增加一些诙谐书板，称为“喊口号”，使气氛更加活跃。打闹歌旋律热情高亢、质朴自由，高音、长音较多，曲调悠长宽广。劳动号子和“溜子乐”是土家族音乐中具有浓厚特色的音乐形式。劳动号子有多声结构特点。一种是一领众和的二声部结构，另一种是加副领唱、双领众和的三声部结构。后者是一种比较原始的对比式复调织体，是我国民间合唱中比较有特色的复调音乐。

土家族最著名的舞蹈是摆手舞。一般在农历正月初三至十五开展表演活动。这是一种集体舞蹈。表演时，由一善舞者带领众舞者围成圆圈，边走边舞。圆圈中央由一人负责鸣锣击鼓，起指挥和伴奏的作用。摆手舞可以表现生产和社会生活等方面的内容，舞姿矫健、粗犷、豪放。祭祀舞蹈八宝铜铃舞也富有特色。此外，土家族还流行梅山舞、跳马舞、龙灯舞和蚌壳舞等。

6. 节日

土家族的节日很多，主要有过赶年、四月八、端午、六月六、重阳节等。

土家族由于长期和汉族杂居在一起，因而风俗习惯与汉族大同小异，只是过年与汉族有异。汉族人过年是“除夕”和“初一”，土家族则提前过年，称为“过赶年”，于每年腊月二十八或二十九日进行。相传，明朝时当地土家族人多次被征兵，隶属湖广部队，参加东南沿海的抗倭战争，如临春节，也得准时出发，不得延误。因此，土家族人唯恐一家人不能团圆过年，便纷纷提前过年，谓之“过赶年”。届时，各家必吃甑子饭，蒸大块肉，将蔬菜、粉条、肉类煮在一起合食，预祝一年平安。如今虽时过境迁，但节日习俗却保留了下来。

7. 婚恋

土家族可与外族通婚，多是本族内联姻。一般来说，土家族的婚姻比较自由，男女青年多以情歌为媒，唱山歌恋爱，结婚时有哭嫁的习俗，称为“哭嫁”，所以土家姑娘的结婚喜庆之日是用哭声迎来的。新娘在结婚前半个多月就哭起，有的要哭一月有余，至少 3~5 日。土家姑娘出嫁前“哭嫁”多在婚礼前 3 日开始，哭三天三夜。土家人还把能否唱哭嫁歌，作为衡量女子才智和贤德的标志。先是在吊脚楼闺房架一方桌，置茶数碗，邀请邻居家的少女依次围坐，唱哭嫁歌。新娘居中，叫“包席”，右女为“安席”，左女为“收席”。新娘起声，“安席”接腔，依次哭去，不分昼夜。先从母亲哭起，接着是父、祖、兄弟、姐妹。“哭”完直系亲属再“哭”旁亲。“哭”到哪位旁系亲人，则此人需送钱添箱。凡是来“劝”哭的人都要哭遍，女性则须陪哭。主要内容有回忆母女情，感谢养育恩，诉说离别苦，托兄嫂照顾年迈双亲，教女为人处世等。哭嫁歌一般为即席创作，见娘哭娘，见婶哭婶，哭词各不相同，也有固定哭词。哭有曲调，抑扬顿挫，是一门唱哭结合的艺术，嫁娘必在此前求师练习。哭时多用“嗡”“蛮”“啊呀呀”等语气词，一泣一诉，哀婉动人。

用歌舞来祭祀死去的亲人，用哭声来庆贺欢乐的出嫁，是土家民族独特风俗的传承，也是土家文化的精髓。

### （五）彝族

#### 1. 概况

彝族，原称“夷”，其名源于汉史记载中的“西南夷”（西南少数民族的统称）。根据彝文典籍《彝族源流》《西南彝志》等历史巨著记载，自称为尼，故汉文记载多称夷族。由于“夷族”之称带有贬义（蛮夷），新中国成立后将“夷”改为“彝”，意为房子（彑）下面有“米”有“丝”、有吃有穿，象征兴旺发达。彝族总人口约 900 万，中国有 871 万，主要聚居在西南部的云南、四川、贵州三省。

贵州彝族主要聚居在毕节市的威宁彝族回族苗族自治县、大方县、赫章县、黔西市、七星关区、纳雍县、织金县、金沙县等区县和六盘水市的水城县、盘州市、六枝特区等。此外，在安顺市和黔西南州也有彝族分布，具有大分散、小聚居的特点。彝族主要从事农、牧业生产，农作物有玉米、小麦、马铃薯、水稻、荞麦、甘薯和豆类，经济作物有油菜、烤烟、土烟。畜牧业在黔西北山区占有重要地位，早在明代，就以雄骏的乌蒙马、水西马而名闻全国。黔西北山区现在为贵州重要的畜牧业基地之一。

大部分地区彝族实行土葬，凉山彝族实行土葬。

#### 2. 建筑

彝家村寨多建在高山平台或斜坡上，民居建筑称为“土掌房”，为土墙、木顶。土墙不单是挡风避雨，还支撑着密密麻麻的横檩，横檩上铺草抹泥，再放上细土夯实。这样房顶犹如平地，滴水不漏，还可以晾晒农作物。较为集中的彝族村寨，高低错落的平顶和鳞次栉比的墙基，犹如拾级而上的阶梯。

#### 3. 饮食

彝族以玉米为主食，辅以马铃薯、荞麦、大米等。用玉米酿成的水花酒，醇香可口，为众人所喜爱的饮料。黔西北地区，还有喝罐罐茶和吃炒面的习惯。

#### 4. 服饰

彝族服装以青、蓝色为主。青年男子着对襟短衣长裤，系大白布腰带，中老年头包青、白布帕，穿右衽长衫，系青布带，下着宽裤管灯笼裤。黔西南彝族妇女的服饰为大襟短衣长裤，衣襟、盘肩、衣袖和裤脚大多镶有花鸟图案，头包折成瓦片状的青丝布帕。穿领口、盘肩和袖口镶有各色花纹且前襟后摆绣有“落博花”图案的长袍，色彩艳丽。下系青、蓝、乳白色相间的三节长裙，头包有四根绣花飘带的盘状头帕。

5. 音乐歌舞

彝族乐器主要有唢呐、月琴、二胡、锣、鼓、钹等。彝族民歌有以反映青年男女爱情生活为内容的“曲谷”，用汉语演唱的歌曲“要叉”（汉歌）、婚事歌、丧事歌、叙事歌、“毕摩”歌以及儿歌等。曲谷的演唱形式以独唱、对唱为主，也有齐唱和简单的二声部合唱。女声多用假嗓，男声多用真嗓。“要叉”的歌词主要为汉语，歌词结构和韵律特点均与贵州汉族山歌一样。婚事歌即婚礼上唱的歌。因演唱角色和歌曲内容不同，曲调和旋律特点也不同。丧事歌类似汉族的孝歌，有独唱、对唱等形式。曲调简单，多属说唱式，有的曲子仅为一个乐句的反复，情绪比较低沉。叙事歌旋律起伏较小，结构简单，大多为一两个乐句的无限反复。只有少部分曲子是旋律较强的多乐段结构。“毕摩”歌是宗教职业者“毕摩”在祭祀仪式上演唱的歌。其旋律起伏小，近乎吟诵。儿歌的曲调与大人唱的“曲谷”等相似，但其节奏更加明快，而且结构短小，语言生动。舞蹈有在婚礼期间表演的“阿妹凯”（姐妹歌舞）、丧礼期间表演的“肯合贝”（也称“铃铛舞”或“跳脚”），反映生产劳动的“撒荞舞”“栽小麦”以及儿童舞“阿西里西”和节日舞“钻龙门”等。同一类的舞蹈在各地有不同的节目和表演形式。例如，“阿妹凯”就有流行于毕节、金沙、大方一带的“诺奢借”（蟋蟀舞），流行于毕节、金沙、大方、纳雍、威宁和水城等地的“毕叔累”（裹草席舞），流行于威宁、赫章一带的“署谷署谷谷”（围圈舞），流行于盘州、六枝一带的“跳脚”等。总的来说，彝族舞蹈的节奏明快、粗犷刚健。

6. 节日

彝族的节庆主要有火把节、彝族年、祭山节、赛马节等。

（1）火把节。

火把节又称“火草节”，于每年农历六月初六或六月二十四日举行。当日白天，杀猪宰羊祭祀祖先，进行斗牛、斗羊、跑马、歌舞、摔跤等活动；夜里则在村寨周围、田边地角烧起篝火，或手持火把绕村游行，最后在田坎地头举行象征性的扑杀害虫的仪式。火把节的来历，各地传说不一，但大多与彝族先民不畏强暴，与“天虫”斗争有关。节日演变至今，已成了多彩的文体活动节日。

（2）彝族年。

彝族传统的过年在贵州已失传很久，1983 年，始由大方县民委在本县天宝村组织恢复。过彝年的时间是农历十月初一至初五。届时，人们身着节日盛装，歌舞于村寨边，夜里欢宴或由青年人对歌诉爱。天宝彝族年的恢复，在相邻县区引起了很好的反响。每年过节，大方、毕节两县邻近的彝民也纷纷赶来参加，其他兄弟民族也过来祝贺。

7. 婚恋

彝族同宗同姓不婚，青年男女有恋爱自由的权利，喜庆节日，聚会对歌，是青年男女进行社交和表达爱情的主要形式。婚姻的缔结，大致要经过请“扶菊”（介绍人）说亲、“啊曲祖”（定亲）、“肘贺”（送财礼）、迎娶4个阶段。娶亲时也有哭嫁、对歌、打亲和背新娘等习俗。

“龙门盘歌”是黔西北赫章、威宁一带彝族姑娘出嫁时的一种习俗。喜期当天，新嫁娘的家庭要用木棒、树草、禾叶在家门口搭起一个简易窝棚，并请几位德高望重的老人于内坐着，彝语叫做“起戛”。这是老人们对出嫁女的关怀和祝福。与此同时，在女方村寨的要道处，用竹竿或树枝架起“金”“银”“铜”三道“龙门”，等待男方迎亲队伍的到来。当男方派来迎亲的队伍走至“金门”时，女方村寨的姑娘们便会堵门盘唱“酒礼歌”，接亲的小伙子们也以“酒礼歌”答唱。如果答得不好，姑娘和年轻媳妇们就把事先准备的冷水泼在接亲者的身上，意思是说：不会唱歌你莫来，没有力气别打架，盘歌输了亲难接，除非“起戛”金口开。这时候，接亲队伍赶快用重礼请“起戛”解围，能说会唱的“起戛”当然面子大，唱得大家心花怒放。就这样，迎亲队伍连过三道“龙门”，方可吃饭。饭后又开始对歌，女方的婶娘、姨妈、姑妈、姑嫂等论资排辈不停续唱。歌词内容包括劝酒劝饭、感激父母、惜别弟妹、祝愿幸福等。凌晨，出嫁的姑娘便由自己的兄弟背出，在亲人的祝福歌声中，新人头盖一片披毡，迎着晨曦，由男方接走。

## （六）仡佬族

### 1. 概况

仡佬族是贵州最古老的少数民族之一，自称“本地人”。仡佬族历史悠久，商周时期的“百濮”，东汉至南北朝时期的“濮”“僚”都与其先祖有渊源关系。“仡僚”“葛僚”“僚”“仡佬”是隋唐以后，各个时期对他们的称谓，中华人民共和国成立以后，正式定名为仡佬族。全省仡佬族有55万多人，散居在全省各地。1987年相继成立了务川和道真仡佬族苗族自治县。

### 2. 饮食

仡佬族因居住地区不同，饮食也不一样。山区以苞谷为主食，平坝地区以大米为主食，其次是小麦、薯类及其他谷物。

### 3. 服饰

仡佬族的服饰与汉族及邻近的少数民族大体相同。但在100多年前，一些地区的妇女穿楠裙。楠裙分上中下三段，上下两段用麻织，间杂青白条纹，中间为羊毛织，染红色。脚穿尖钩鞋。上衣短及腰部，袖、背绣花，上端开领口，穿时从头顶往下套，称为“仡佬袍”。头绾发髻，花帕盖头等。现在这种服饰已不多见了。

### 4. 音乐歌舞

仡佬族的歌曲主要有山歌、情歌、酒歌、婚俗歌、祭祀歌和儿歌等。山歌是在山坡田野唱的歌，内容广泛，节奏明快。歌词多为七言四句情歌，是青年男女谈情说爱的歌，其旋律婉转优美。酒歌是在婚丧嫁娶和节日庆典酒席上演唱的歌，节奏和旋律单纯古朴。婚俗歌主要在婚礼上演唱，节奏明快，旋律流畅。祭祀歌是在逢年过节祭祀祖先时演唱，其曲调可以说是口语语音的夸张。仡佬族的乐器有芦笙、唢呐、锣鼓、泡木筒、木叶、箫、笛、月琴、二胡、四胡等。

舞蹈主要有踩堂舞、酒礼舞、龙灯舞和狮舞等。踩堂舞主要是丧礼期间在停放灵柩的堂屋中表演。届时，由 3 人或 4 人分别吹芦笙、摇铃、打钱杆、舞练刀做前导，边跳边唱，众人手拉手在后面鱼贯而行。跳舞时身体微屈，来回跳跃，并且不断变换队形。酒礼舞在婚礼上表演，表演时领舞者执手帕带领众舞者在屋前场地上围成圈，沿逆时针方向边唱边跳，气氛热烈。

5. 节日

仡佬族的主要节日有春节、吃新节、清明节、六月六等。

6. 婚恋

仡佬族的婚姻，选择吉日后，迎亲这天，新娘由接亲人和送亲人陪同撑着伞行到婆家，不拜堂，直接把新娘引入洞房。

“打亲”是黔西北一带仡佬族的婚俗。仡佬族的婚俗单纯简朴。迎亲之日，新郎骑马，4 个小伙子相伴，去女方家接亲。4 位男伴中，两人手提酒肉等礼物，两人肩扛竹帚。行至半途，往往会遇上几位壮汉，他们会“抢走”酒肉，饱餐痛饮一番。这时，4 个迎亲的小伙子既不抵抗也不追赶，新郎官也无惊恐之色。原来这些抢夺酒肉的壮汉都是新娘家派出来打埋伏的。意思是新娘家有吃有穿，不用新郎家送什么礼物。此时，挥舞竹扫帚的两位迎亲小伙子，便左挡右挡，负责保护新郎。因为当地的规矩是：只许招架，不许还手。如此便是“打亲”。其意思是，有此一“打”，便能打掉口角是非，夫妻将相亲相爱到永久。一旦新郎跨进女方家门，“打亲”便不宣而止。此时新娘家会立刻向新郎敬“迎亲酒”。之后，新郎拜过岳父、岳母等亲人，行过酒宴，新娘即被 4 个迎亲小伙子“抢”上马背，由新郎牵马引路去男方家。

### （七）水族

1. 概况

水族自称“睢”，汉译为“水”。族源与布依族、侗族一样。清代人们称其为“水家苗”“水家”，新中国成立后正式定名为水族。水族主要生活在苗岭山脉以南、都柳江上游的广大地域，包括贵州和广西的部分地区，人口约 33 万人，主要居住在贵州。三都是全国唯一的水族自治县，全国 60%以上的水族人民都聚居这里。广西的宜山、南丹有零星散居的水族。

水族有自己的语言。水语是本民族内部的主要交际工具，同时在与其他民族长期交往过程中，也有不少水族能说汉语或其他民族语言。在水族，民间有一种古老的文字《水书》，即水族人的书。现存的《水书》约二三百字。水书因为字数少，还没有发展为思想交流的工具，只局限于水书先生（即巫师）记载年、月、日、天干、地支与方位、吉凶等，多用于丧葬、营造、嫁娶、卜卦等活动。其字体大致可分为三种：一是数目字，与古体汉字相仿，间有仿汉字的倒写或反写，故“水书”又称“反书”；二是按物体形象描绘的象形字；三是因声为形字。

水族多聚族而居，同村寨的成员大多有血缘关系。妇女地位低于男子，家长有支配全家的权力。父死长子继承家长地位。

水族的丧葬很复杂，要经过报丧、入殓、停棺、择吉、出殡、安葬等程序。

2. 饮食

水族饮食以大米为主食，喜吃糯米、苞谷、麦类等。副食喜欢吃酸辣，尤其喜鱼。爱饮酒，有“无酒不成席”的说法。

3. 服饰

水族服饰，无论男女都喜穿青、蓝色服装。妇女穿无领对襟半长衫，衣大袖宽，下穿长裤，系青布围腰，托肩和裤腿均镶有花边，穿翘尖绣花鞋；节日佩戴耳环、项圈、手镯等；长发梳成一束，斜绾在头上，侧面插一把梳子。男子包头，服装和汉族相似。

4. 音乐歌舞

水族乐器有铜鼓、皮鼓、芦笙、唢呐以及二胡等。

水族民歌主要分为双歌、单歌、调词、“诘俄呀”和儿歌等。双歌分敬酒、祝贺、叙事性双歌和寓言性双歌。前一类双歌演唱时一般是唱一首和一首，歌首有两句固定的起歌和声，歌尾也有两句颂扬性的衬合。演唱开始时，演唱者举杯或持筷在席上晃一晃，周围的人就不约而同地唱起歌和声。歌的主体部分唱完时，众人又默契地唱起衬和。单歌的每首歌词能独立存在，表达一个独立的意思。声腔运用上，分为平腔和高腔两种。音乐节奏上，与其他歌种比较，相对自由，显得一板一眼，是水族音乐中比较古老的形式。

舞蹈主要有铜鼓舞、斗角舞等。铜鼓舞主要在婚丧嫁娶和节日庆典等场合表演。这种舞蹈可以表现丰富的社会生活内容。舞者随着铜鼓和皮鼓的鼓点，或踏着刚健的大步，或急速旋转跳跃。场面既壮观热烈又典雅古朴。斗角舞一般由 10 个人表演，其中 5 个人吹芦笙，5 个人吹共鸣的芒筒伴舞。另有 5 位头插雉尾、腰拴白鸡毛裙子的姑娘做舞伴随着节奏配舞。吹奏小芦笙者做前导领舞，吹中芦笙者紧随其后。这种舞蹈在开春至秧苗抽穗期间停歇。

5. 节日

水族的节日主要有“端节”和“卯节”。

（1）端节。

端节是水族民众最为盛大和历时最长的节日。节期自水历十二月至新年二月上旬

（相当于汉族农历的八月至十月上旬）。

相传，水族祖先兄弟数人，分居各地，难以见面，只有到了谷子成熟入仓后的季节，兄弟们才有可能彼此走访。由于“亥日”是其远祖逝世的日子，因此，就从这期间第一个亥日开始，依次往后推算，按地域分期分批过端节。

端节在水族群众心目中的重要性，不亚于汉族的春节。其主要活动是祭祀祖先、赛马和打铜鼓。赛马会在传统的端坡上进行。同时，男女青年则在场地上跳木鼓舞和斗角舞，热闹异常。赛马获胜的骑手和马匹，人们为之披红戴花，放炮欢庆。节日期间，人人盛装，户户欢宴，共庆丰收，辞旧迎新。

（2）卯节。

卯节，水语叫“借卯”，意译为“吃卯”，是水族别具特色的又一传统节日，于每年水历十月（相当于农历六月）辛卯日举行。水族认为过卯节的日子与年成丰歉、人畜兴衰有关。因此，忌讳丁卯属火的日子。水历十月，被水族视为绿色生命最旺盛的时节，而卯日被称为“最顺利的日子”，是过节的上吉日。

卯节来历，相传是为纪念一位带头打扫村寨、杀灭害虫，并获得粮食丰收的祖先。所以，过卯节这天，无论男女老少都要先大搞清洁卫生，然后祭祖宴客，参加对歌集会。

6. 婚恋

水族婚姻的缔结，要通过“放门口”试探。媒人上门提亲，男方长辈到女方家做客，称为开亲。订婚时，男方要用红糖、猪肉、银项圈等作为聘礼，亲自到岳丈家。女方陪嫁时有谷物、生猪、布匹、衣柜等生活和生产用品。婚前要吃“媒酒”，又称嫁女酒，并将男方送的礼品摆出来让亲朋好友观赏。结婚时，新郎不迎亲，男方要在本村寨找一个未婚女青年和 10 个小伙子代迎。新婚新娘也不坐花轿，不骑马，而是撑着一把雨伞步行到男家，到夫家后，不拜堂也不闹新房，吃一餐饭后当晚由陪娘与新娘同宿一夜，次日返回娘家，几天后再择吉日，由新郎亲自把新娘接到自己家，即脱去新婚盛装，改穿新便服会见公婆，再到厨房做家务。当夜夫妇同居，婚事告成。新婚之后，新娘在夫家住的时间很少，一般是在半年后，才在夫家常住。

贵州许多少数民族都存在以竹枝、树杈、草标等物传递情意的恋爱方式，水族的“草标传情”便是其中之一。所谓“草标”，就是用茅草打成各式各样的“疙瘩”（结），放在路边作为通知对方的标记。一对对恋人可以通过“草标”而相互对歌，谈情说爱。用茅草结成的疙瘩，形状多种多样，少则一个疙瘩，多则数个，有的用一束草，有的用几束草。这些形形色色的草标，有的放在路边大树下，有的放在三岔路口，并用小石头轻压，以防被风吹走。这些草标的秘密，外人很难弄清，只有恋人自己才知道各种标记的意思。如果有人在路上发现这些草标而故意毁弃，将会受到人们的谴责，因为这是不道德的行为。因此，过路行人发现这些草标不会随便去碰动，而是心怀羡慕之情，暗暗为这些恋人祝福。每当夜幕初降，一对对水族青年便会走出家门，到村寨附近寻找自己恋人留下的草标而奔赴约会地点，谈情说爱，对歌至深夜。

## （八）瑶族

### 1. 概况

瑶族是一个古老的民族，民风淳朴，多居住在山区，因此有“南岭无山不有瑶”之说。瑶族自称“勉”“金门”“标敏”“拉珈”等，现统称瑶族。中国瑶族人口为285.3万人，主要分布在广西、湖南、广东、云南和贵州。贵州瑶族居住较分散，以黔南州的荔波、独山等县和黔东南州的黎平、从江、榕江等县为多。

瑶族在贵州居住已有1 000多年的历史。过去瑶族人民过着游耕式生活，生产方式简单，基本上是刀耕火种，直到新中国成立后才有了彻底地改变。

瑶族的分支众多，语言差异大，有勉语、布努语、拉珈语等多种语言。20世纪80年代，创制了拉丁化瑶文，用拉丁字母来拼写勉语。

瑶族有互相帮助的传统，一家有事，全寨帮助，生产生活上都是如此。帮忙时，只管饭，不给工钱。

瑶族的葬俗有洞葬和土葬之分。洞葬即把死者入棺放入岩洞中，土葬即把棺木埋于地下。

### 2. 饮食

瑶族主食为大米，尤喜糯米，副食品与汉族大同小异。酢肉是瑶族请客的佳肴。瑶族爱吃辣椒，无辣不成菜，爱喝酒。

### 3. 服饰

瑶族喜欢挑花刺绣，多以龙、牛、马等为图形，色彩艳丽。因住地不同，服饰图形也各有异。荔波瑶麓一带的瑶族男子留长发，盘于头上，包头帕，戴项圈，上身着无扣左衽短衣，裤衣不过膝。从江瑶族男子和汉族差不多，妇女则不一样，荔波县瑶麓的妇女长发作螺纹状盘于头上，包头帕，带银项圈，上身着无扣左衽短衣，但比男子的要短三四寸，仅到腰部，下着筒裙。荔波瑶山一带的妇女服装十分简单，仅用一块长布，中间挖一个洞，长布从头部穿过，用腰带一束，即成上衣，非常凉快，俗称“两片瑶”。男子喜着白布裤，裤脚短且紧收，又称“白裤瑶”，便于上山下坎劳作。从江瑶族妇女多穿蓝色短衣，下着短裙和小腿套，上衣前短后长，背后有黄布一块，前襟有两根飘带，前后及袖口都有花纹等。

### 4. 音乐歌舞

瑶族舞蹈主要有猴鼓舞、打猎舞和长鼓舞等。猴鼓舞瑶语称“久格朗”，主要在丧礼上表演。届时，场中央竖一齐肩高的大木鼓，场地一侧悬挂几面铜鼓。表演者模仿猴子的动作不停地跳跃击打木鼓，同时，一些人轮流上场敲打铜鼓助兴，其节奏与舞姿相合。打猎舞瑶语称“孰久”，也是在丧礼上表演。有打熊舞、打猴舞、打山羊舞、打野猪舞等，表现的均是打猎场面。长鼓舞是一种喜庆舞蹈，主要表现生产劳动和制造木鼓的场面。

5. 节日

瑶族节日各地不尽相同，由于长期与汉族、苗族、水族、布依族、壮族等杂居在一起，有着共同的节日。瑶族的节日主要有“盘王节”，又称“达努节”“祖娘节”。这是瑶族最隆重的民族节日，于每年农历十月十六日举行。盘王节所纪念的“盘王”，既是瑶族同胞的祖先，又是一位民族英雄。居住在黎平、榕江、荔波、从江、三都等县的瑶族民众，过节时有祭祖、庆祝丰收、歌舞娱乐等多项活动，气氛欢腾热烈。

6. 婚恋

瑶族喜欢唱歌跳舞，青年男女可通过唱歌订下终身，婚姻自主，自择配偶，但有同宗不婚的习俗。订婚不重彩礼，结婚不办酒席，仪式非常简朴。结婚时，只要男方备些酒和糯米粑，请三五名接亲人（其中只要一名女性），提三只鸡（二雄一雌）到女方家。会餐后，女方即派同等人送亲，陪伴新娘到男家结婚。男方备酒款待送亲一行，有对歌的习俗。新郎家选一名男歌手，新娘家选一名女歌手，互相对歌敬酒，亲朋好友为之助兴，一直畅饮到天明。

居住在黔桂交界处荔波县的瑶族群众，有一种独特的谈情说爱方式——“凿壁谈婚”（又称“闹门墙”）。这里的瑶家，凡有女儿的，都有一间特备的“谈婚房”。在房间紧靠门窗的墙壁上，凿有一个小圆洞，名为“谈婚洞”。每家的女儿到了青春期，都必须按顺序轮流住进此房，等待男性的追求。“谈婚洞”的位置正好位于姑娘床头。当夜阑人静时，看中姑娘的男青年便会将一根小棍轻轻伸进洞去，把姑娘唤醒。经过一番隔壁交谈，若是姑娘无意，他便会知趣地离去。若是姑娘有心，两人便会隔着墙孔亲昵地对歌。当双方正在热烈交谈，却突然下起了大雨时，情笃的小伙子也会心甘情愿地挨雨受冻，以表示忠诚。经过多次的凿壁谈婚，男方得到姑娘允许，便可在白天到女方家，帮助老人干活，与姑娘互赠信物，以后便可自行商定婚期，并告知父母。

## 第五节　独特的文化

### 一、历史文化

贵州与许多省区一样，拥有悠久而光辉的历史，为祖国的历史文化做出了自己的贡献。悠久而独特的历史文化留下了众多遗迹。截至 2014 年年底，贵州省已公布的文物保护单位有 2 000 余处。其中，全国重点文物保护单位 91 处，国家历史文化名城 2 处，中国历史文化名镇 8 处，中国历史文化名村 15 处。此外，还有众多的省、地、县级文物保护单位，包括古墓群、古城垣、古岩画、古代寺庙和革命遗址等。

#### （一）古人类文化遗址

黔西市的观音洞文化是我国长江以南旧石器时代早期文化遗址的重要代表；盘州

大洞旧石器时代早期文化遗址的发掘，被评为 1993 年全国十大考古新发现之一；赫章可乐新石器时代遗址的发掘，填补了贵州新石器时代的一大空白。数十万年前、数百万年前的旧石器洞穴文化遗址，数千年前的新石器文化遗址，向我们展示了远古人类在贵州活动的情景。

### （二）夜郎文化

夜郎国是春秋至西汉时期西南少数民族地区最强大的两个国家之一，曾被汉武帝赐予王印。据《安顺志》载："夜郎之为国，不知何姓，其先亦不知何始……至周末，夜郎始著。"秦汉时期，夜郎的势力范围更广。在西汉昭帝（公元前 76 年）时，夜郎共辖 17 个县，面积达 20 余万平方千米，比现在贵州省的面积还大。现在贵州省的绝大部分地区以及邻省（区）的部分地区，都是当时夜郎的辖地。据司马迁的《史记·西南夷列传》记载："西南夷君长以什数，夜郎最大。"又说："西南夷君长以百数，独夜郎、滇受王印。"

关于夜郎王的姓氏，《史记》等有关史志都载有夜郎王（人称"竹王"）生于遯（Dùn）水的故事，《后汉书》中写道："夜郎者，初有女子浣于遯水，有三节大竹流入足间，闻其中有号声，剖竹视之，得一男儿，归而养之。及长，有才武，自立为夜郎侯，以竹为姓。武帝元鼎六年（公元前 111 年），平南夷为牂牁郡，夜郎侯迎降，天子赐其王印绶……"夜郎王又称"竹王"，以竹为姓。目前，贵州省内各地和贵阳附近的少数民族如仡佬族、苗族、布依族以及彝族等少数民族都有奉竹为神灵的传统，贵阳境内有不少地方建有"竹王祠"。

可以说，夜郎文化是贵州文化的源头。贵州人既受夜郎文化的熏陶，也创造和发展了"夜郎文化"。

### （三）屯堡文化

明洪武十四年（1381 年），明太祖朱元璋命颍川侯傅友德为征南将军，率 30 万大军出征云南，消灭了梁王的地方割据势力，统一了中国。为了巩固西南边防，明王朝沿滇黔要道遍设卫所，推行军屯制度。安顺自古就有"黔之腹、滇之喉"之称，战略地位十分重要，于是直接从江浙一带调兵至安顺一带屯田屯军，形成了安顺一带特殊的"屯堡文化"。由于贵州喀斯特山区地形的封闭和交通不便，屯堡文化经历了 600 多年的历史得以保存至今。目前，安顺的"云峰八寨"和平坝区的天龙古镇是贵州屯堡文化的代表。当地的屯堡人保留着带翘舌音的语言以及独特的服饰、民俗、饮食、民间艺术形式和宗教文化。屯堡的少女留着长长的独辫，婚后的妇女则绾着发髻，上身穿着宽衣大袖的大襟长袍，腰系织锦长腰带，尤为特别的是，脚上穿着鹰钩尖头平底绣花软靴，小腿上缠着绑腿，与明清时代的戏装很相似。男人则不分老幼，一律穿边扣长衫，系腰带。

屯堡文化中最引人瞩目的是屯堡地戏。屯堡地戏 2006 年被列入第一批"国家级非物质文化遗产名录"。它源于明代的军傩。军傩是古代军队中用来为出征祭祀，振奋军威，恐吓敌人的一种傩仪。傩是中华民族特有的一种文化，最早出现于3000多年前的殷商时期，地戏是傩文化的继承和发展。600年前，屯堡汉人从江南一带把军傩带到黔中，后经发展演变，吸收了本地少数民族民间戏剧的一些形式和内容，形成了现在的地戏。它是屯堡人的精神寄托和象征，被称为“戏剧活化石”。

### （四）阳明文化

王阳明，名守仁，字伯安，浙江余姚人，生于明宪宗成化八年（1472年）九月三十日，卒于明世宗嘉靖七年（1528年），享年56岁。王阳明是我国明代著名的哲学家、军事家、文学家和诗人，是一位对我国乃至对世界都有着重要影响的人物。

明武宗正德元年（1506年），时任南京兵部主事的王阳明，因仗义营救戴铣、薄彦徽等人，触怒专横跋扈的阉宦刘瑾，被廷杖四十，谪贬为贵州龙场驿（位于今修文县）丞。龙场驿站为水西奢香夫人所建水西九驿的首驿。王阳明到达时，该驿已年久失修，他只得寄身于驿站南边一座小孤山下的洞穴中。在这居夷处困的逆境中，王阳明的意志并没有消沉，反而更加注重心性的修养和锻炼。他常在洞中研习《易经》，并将该洞命名为“玩易窝”。他悟出“格物致知”之旨，“始知圣人之道，悟性自足”，即“心即理”之道，以此奠定了心学理论的基础，史称“龙场悟道”。玩易窝也就成为阳明心学的发祥地。

正德三年（1508年）夏天，王阳明由玩易窝迁居龙岗山东洞，他将该洞命名为“阳明小洞天”，并在洞中创办起“龙岗书院”，教育当地的学子和慕名而来的诸生。一时间，王阳明声名大振。

王阳明在修文3年的时间，潜心研读《易经》和程朱理学，提出了“知行合一”和“致良知”的学术思想，并将朱熹的理论进行了创新。他的哲学思想在明代中叶传入日本，对日本的明治维新有着重要的影响，其影响还遍及朝鲜和东南亚地区。王阳明在修文谪居期间，撰写了大量著作，其中的《瘗旅文》和《象祠记》被收录入《古文观止》中。王阳明在贵州期间，除教当地百姓学习文化外，还到贵阳等地讲学，对贵州的智力开发做出了巨大贡献。从此，修文县成为著名的“王学圣地”。现在，阳明洞已成为省级风景名胜区——修文阳明风景名胜区的主体景区。该景区的主要景点有何陋轩、君子亭、王文成公祠、玩易窝等，附近有三潮水、谷堡天生桥、三人坟等景点。

### （五）文学

贵州历史上文化名人辈出，在文学创作上取得了一定的成就。汉代的盛览和尹珍是最早的两个文化名人，被称为“贵州文坛之祖”。两人中，又以尹珍的名气最大，对贵州文化的影响也最大。

明代，贵州诗坛群星璀璨。据《黔诗纪略》一书统计，至今仍可见其作品的贵州诗人达300余人，其中影响较大的有王训、孙应鳌、谢三秀和杨文聪4人。而在当时，诗坛上地位最高者是被誉为“黔中二隽”的谢三秀和杨文聪。

清代，贵州文人四起，贵阳花溪的周起渭既是《康熙字典》的编纂人之一，又是著名诗人；遵义沙滩的郑珍、莫友芝、黎庶昌既是大学问家，又是文章高手，名垂青史。

### （六）戏曲

在历史发展过程中，贵州产生了众多戏曲形式，主要如下：

1. 黔剧

黔剧是贵州地方剧种，曾名文琴戏，流行于贵阳、毕节、遵义、安顺、黔西南等地区，诞生于中华人民共和国成立之初，20 世纪 60 年代被正式命名。黔剧用贵州方言演唱，它的唱腔主要继承发展了文琴民间说唱艺术的传统；表演上，在吸收、借鉴昆剧等戏曲的基础上，学习当地的民间表演艺术，而逐渐形成了自己独特的风格。著名剧目有《秦娘美》《奢香夫人》等。

2. 花灯戏

花灯戏是广泛流行于汉族中的一种戏曲艺术形式。其突出特征是手不离扇、帕，载歌载舞，唱与做紧密结合。花灯戏源于民间花灯歌舞，是清末民初形成的一种地方戏曲形式。在流行过程中因受当地方言、民歌、习俗等影响而形成不同的演唱和表演风格。

花灯戏随着明代以后大量汉族移民的到来而传入贵州，并在当地民间歌舞的基础上，于清末民初发展成为贵州花灯戏。起初，花灯叫彩花灯，只有歌舞，后在歌舞中加入戏的内容，再以后受外来戏曲影响，发展成为一种戏曲形式。花灯主要流行于独山、遵义、毕节、安顺、铜仁等地，各地有不同的称谓，黔北、黔西一带叫“灯夹戏”，独山一带叫“台灯”，思南、印江等地叫“高台戏”或“花灯戏”。

3. 傩戏

贵州好几个民族都有傩戏。傩戏大致可分为巫傩和军傩两大类。巫傩在苗族、布依族、侗族、土家族、彝族和仡佬族等民族中均比较流行。各地巫傩不尽相同，大致可分为黔东、黔北一带土家族、仡佬族等民族中流行的傩坛戏，荔波布依族中流行的“生育傩”和黔西北一带彝族流行的“撮泰吉”。

军傩流行于安顺市和贵阳市一带，是明代调北征南的明朝汉族军队带入贵州的。军傩开始时流行于军队中，是一种练兵习武活动，后来逐渐变成民间带有宗教色彩的娱乐活动，并传入布依族和仡佬族等民族中。因不搭戏台，在平地演出，故也称“地戏”；因有宗教色彩，故也称“跳神”。

地戏的演出是在农历正月进行。其演出也有酬神的性质，但是巫的成分比起巫傩大大减少。地戏的剧目多为武戏，表演正史故事，主要有《薛仁贵征东》《薛丁山征西》《五虎平西》和《精忠传》等。演出时，演员头部蒙上透明的黑纱，额头上戴有面具。比起傩坛戏面具的狰狞和怪异来，地戏面具就显得要亲切和蔼些。

4. 侗剧

侗戏是侗族的戏曲剧种，最早形成于贵州的黎平、榕江、从江一带，后流传到广西和湖南的侗族聚居地区。它是在侗族民间说唱艺术基础上，接受汉族的戏曲影响而形成的。表演时演员自弹自唱，夹用说白来叙述故事。剧目内容主要有两部分：一是描写汉族生活的，大多从汉族戏曲中进行移植而来；二是描写侗族生活的，主要为自创。

5. 布依戏

布依戏有 100 多年的历史，发源地在贵州与广西交界的册亨、兴义和安龙等地，是在本民族文化的基础上吸收广西壮戏的成分而逐渐形成的。由于各地情况不同，布依戏在各地有一定的差异。册亨布依戏有演有唱，而兴义巴结和安龙甘河的布依戏则取坐唱形式。布依戏的剧目包括两个方面：一是移植汉族剧目；二是根据布依族民间故事进行改编。

## 二、红色旅游文化

红色旅游是指以 1921 年中国共产党成立以后的革命纪念地、纪念物及其所承载的革命精神为吸引物，组织接待旅游者进行参观游览，实践学习革命精神，接受革命传统教育和振奋精神、放松身心、增加阅历的旅游活动。红色旅游是把红色人文景观和绿色自然景观结合起来，把革命传统教育与促进旅游产业发展结合起来的一种新型的主题旅游形式。其打造的红色旅游线路和经典景区，既可以观光赏景，也可以了解革命历史，增长革命斗争知识，学习革命斗争精神，培育新的时代精神，并使之成为一种文化。

贵州是个具有光荣革命传统的地方。1930—1936 年，中国工农红军红七军、红八军、红三军、红六军团、红二军团、中央红军先后进入贵州开展革命活动，足迹遍及全省 68 个县（市、区、特区）的山山水水。红军在贵州进行艰苦卓绝的斗争，创建了光辉业绩，给人们留下了大量的革命文物和遗址遗迹，它教育、鼓舞和激励人们在新的长征道路上奋勇前进。

但是，人们常说的“长征文化”不能完全涵盖“红色旅游文化”的丰富内涵。因为红色旅游文化包括从中国共产党成立到新中国成立这样一段漫长的时代（而不仅仅指“万里长征”这一段时期）。据此划分出红色旅游的“八大主题”，它们分别是：①“东方曙光”，反映新民主主义革命时期建党建军等重大事件；②“革命摇篮”，反映中国共产党在土地革命战争时期建立革命根据地、创建红色政权的革命活动；③“万里长征”，反映红军长征的艰难历程和不屈不挠、英勇顽强的大无畏精神；④“抗日烽火”，反映中国共产党带领人民抗日救国、拯救民族危难的光辉历史；⑤“走向胜利”，反映解放战争时期的革命历史；⑥“民族团结”，反映全国各族人民在中国共产党的领导下，建立爱国统一战线，同心同德、同仇敌忾的团结奋斗精神；⑦“伟人风范”，反映老一辈无产阶级革命家的丰功伟绩；⑧“浩气长存”，反映各个革命历史时期在全国有着重大影响的革命烈士的主要事迹。

《2004—2010 年全国红色旅游发展规划纲要》就发展红色旅游的总体思路，总体布局和主要措施作出了明确规定，表明国家将大力发展红色旅游。在中央和贵州省委、省政府的高度重视及支持下，全省红色文化资源保护利用的总体情况已经呈现出良好的发展势头，一批列入国家重点文物保护单位和红色旅游重点景区（点）的红色文化资源已经或正在建设成为红色旅游经典景区（点），成为红色旅游精品线路上的亮点。

贵州省较重要的红色文化资源约 600 多处,《2005—2010 年贵州省红色旅游发展规划纲要》中列为红色旅游发展重点景区（点）的共 50 个，主要包括遵义会议、黎平会议、猴场会议、强渡乌江、娄山关战役、四渡赤水等长征文化旅游精品，还孕育了邓恩铭、王若飞、周达文、周逸群等老一辈无产阶级革命家故居等。在《2004—2010 年全国红色旅游发展规划纲要》中，贵州以遵义为中心，以“历史转折，出奇制胜”为主题形象的“黔北黔西红色旅游区”，已被列入全国 12 个“重点红色旅游区”；贵阳—凯里—镇远—黎平—通道—桂林线；贵阳—遵义—仁怀—赤水—泸州线和张家界—桑植—永顺—吉首—铜仁线“三条红色线路”被列入全国 30 条红色旅游精品线名录；遵义会议纪念馆等 11 处被列入全国红色旅游经典景区名录。

在贵州，红色旅游主要的参观游览和纪念凭吊的景点有黔北的遵义会议会址，汇川区、桐梓县娄山关景区，红军四渡赤水的各个渡口纪念地，赤水市丙安红一军团纪念馆，习水县黄陂洞战斗遗址，红花岗区红军烈士陵园；黔南瓮安县、遵义市余庆县、遵义县和息烽县乌江景区；黔东南黎平会议会址；黔东红三军建立的黔东特区根据地（印江、德江和松桃）；还有红军长征在贵州转战经历过的许多乡村城镇以及遗留的珍贵文物、红军长征时流传的感人故事、老百姓歌颂红军英勇事迹的民歌、诗文，以及安顺王若飞故居、息烽集中营旧址、荔波邓恩铭烈士故居等。这些都是红色旅游文化的重要组成部分和红色文化的宝贵资源。

## 三、酒文化

千百年来，酒与人类生活有着十分密切的关系，酒文化已成为人类文化宝库的一个重要组成部分。中国酒同古老的中国文化一样，博大精深，源远流长，对整个人类生活和人类文化有极其深远的影响。

酒，自古以来，就一直浸润着整个人类社会。上至天子，下至黎民，逢年过节、男婚女嫁、庆生奠死、宴亲迎客、洗尘饯别、贺喜浇愁、祛病延年，一概都离不开酒。多少文人墨客为国酒留下千古诗文：“心悬天地外，兴在一杯中。”“香飘溢金盏，佳酿重茅台。”“风来隔壁三家醉，雨过开瓶十里香。”唯有如此，酒才经盛衰而不废，历百代而弥珍。

### （一）酿酒历史

据现有资料可知，早在两千多年前的战国时期，贵州一带就生产枸酱酒了。《遵义府志》载：枸酱，酒之始也。汉代，贵州的酿酒又进入一个新阶段。汉武帝曾品尝过古仁怀产的酒而大加赞赏。南北朝时期，这里已能酿出酒精浓度较高的酒。隋唐五代时，又出现了一种“女酒”。女酒本指煮酒的女奴，后渐渐为酒之名。宋代，朱弁《曲洧旧闻》记有当时的200种名酒，而产于今贵州一带的“牂牁酒”和“风曲酒”已颇负盛名。元明以后，特别在清代300年间，贵州酿酒的优良传统得到发扬光大。在清初的小说《镜花缘》里，记载了当时全国的50余种名酒，其中就有贵州的苗酒和夹酒。关于苗酒，乾隆《贵州通志》说，主要产于都匀府各属，为苗族、布依族人民酿造饮用，“色红而味醇厚”。李宗昉《黔记》说，夹酒以粮食为原料，“初用酿烧酒法，再用酿白酒法乃成”。其他如钩藤酒、刺梨糯米酒等也各具特色。这当中引人注目的是仁怀“茅台春”“茅台烧”，它们经过几个世纪的酝酿，逐步发展成誉满全球的“茅台酒”。

### （二）民间酒礼

贵州是国酒之乡，民间与酒有关的礼仪风俗极为丰富，敬神祭祀有礼制，长幼尊卑有法度，东南西北有酒俗，上下左右有禁忌。还有各种酒器，如酿酒的瓮、蒸酒的甑、盛酒的桶、舀酒的勺、饮酒的管、斟酒的壶。另外，酒旗、酒歌、酒令、酒举、酒礼、酒会……与酒有关的文化礼仪既蕴涵厚重的历史沉淀，又表现出鲜明的民族特色，并且以酒为媒介促进了民族间的友好交往。

### （三）名酒

贵州名酒无论是数量还是质量，在国内外都名列前茅，正如清代学者、诗人郑珍所誉“酒冠黔人国”。

贵州高原的气候、土地、水质于酿酒得天独厚，所以自古以来名醪不绝于世，是名副其实的名酒之乡。贵州名酒以白酒为主，品种多、种类齐，自成体系。除国酒茅台以外，还有与茅台同被誉为“贵州八大名酒”的习酒、青酒、珍酒、董酒、怀酒、贵州醇、鸭溪，以及茅台迎宾酒、茅台王子酒、平坝窖酒、金壶春酒、平坝大曲酒、金沙回沙酒、湄窖、安酒、黔春、筑春和匀酒等众多名酒。此外，黄酒、果酒和配制酒也名酒迭出，如味美而溢人的刺梨酒、黑糯米酒、金樱子酒和猕猴桃酒，以及用贵州名贵药材配制的天麻酒、杜仲酒等。

贵州众多名酒中，茅台酒独树一帜，被尊称为国酒。作为大曲酱香型酒的鼻祖，茅台酒以自身完善的品质和神奇的魅力征服了世人，享有友谊酒和外交酒的美誉，成为中国人民传递友情的使者。茅台酒产于遵义仁怀茅台镇，工艺独特，采用本地的优质高粱做原料，优质小麦做高温大曲，两次投料，九次蒸馏，八次发酵，七次取酒，经过长期窖存，然后精心勾兑而成。茅台酒具有“酱香突出，酒体醇厚，优雅细腻，回味悠长，空杯留香”的风格，国内外消费者称其“烈而不燥，低而不淡，香而不艳，醉而有醒”。

珍酒也产于遵义，原名“茅台酒异地试制酒”，完全按照茅台酒的生产工艺，采用大曲酱香型传统工艺，以优质高粱、小麦为原料，配以当地甘洌泉水，经长期窖藏，精心勾兑而成。该酒为茅台酒异地生产的优质白酒，为酱香型，被列为国宴用酒。

### 四、饮食文化

贵州各族人民都有传统的饮食习惯和烹饪技艺，黔菜就是在本省各民族创造的烹饪文化的基础上，不断吸收中原及毗邻省区优良的烹饪技艺而逐步形成的，具有一定的文化底蕴，具备独特的原料、工艺和风味特质，并以其精湛的技艺、丰富的菜式、美观的格局和独特的风味著称于世。黔菜既有原生态的地域、民族个性，又有传统的普遍性和极强的适应性，凸显出辣、酸、鲜、野的风格特色，并形成了风格各异的传统副食品、名点佳肴以及多姿多彩的风味小吃。绥阳空心面元代就已闻名，威宁荞酥和独山盐酸菜明代起即被世人传颂，宫保鸡丁、青岩状元蹄和镇宁波波糖清代就被创制。近百年发展起来的地方小吃更多达千种，能在市面上经常见到的也不下 200 种。这些食品各有其制作特点，各有其色、香、味、形，且各自记下了与此相关的乡风礼俗和逸闻掌故。

## 第六节　风物特产

### 一、名烟名酒

人们常说，“云南烟，四川酒，贵州有烟又有酒”。贵州拥有质量优秀的名烟名酒。

#### （一）名烟

贵州是全国著名的产烟区之一。烤烟的种植开始于 1938 年，且由于具备种植烤烟的土壤、气候等自然条件，新中国成立后贵州烤烟生产获得了长足发展。贵定、福泉、瓮安、都匀、开阳、龙里、黄平、余庆等市县，都是重要的优质烟叶生产基地。经过多年努力，贵州省建起以贵州中烟工业有限责任公司为主体的烟草制品的生产、销售、烟草物资、烟机零配件经营及其他相关的生产经营产业网络。近年来，贵州中烟着力于品牌建设，“贵烟”品牌进入烟草行业重点品牌之列，“贵烟（国酒香）”更是受到广大消费者的青睐和热捧。贵州的这些品牌香烟，吸味醇，香味好，劲头大都适中，刺激性小，且燃灰凝结性能强、烟灰白，在国内外享有很高声誉。

#### （二）名酒

海外华人报刊曾赞美贵州：“黔省群山俊秀，众泉清甜，人民勤劳智慧，自古精于酿制技术，千百年来贵州佳酿倾倒众生，享誉不竭，近代贵州名酒更是誉满全球。”

### 二、名茶

中国是世界上最早发现和利用茶树的国家。贵州则是茶树原产地之一。贵州气候温和，雨量充沛，山高雾重，昼夜温差和湿度差都较大，土壤多酸性和微酸性，且含大量铁质和磷酸盐。这些得天独厚的条件，有利于茶叶内有机物质的形成，有利于茶叶的鲜嫩芳香。贵州茶叶生产历史悠久，早在战国时期就有人种植。唐代陆羽的《茶经》有“茶之出黔中，生思州、播州、费州、夷州”的记载。宋、元、明、清时代，贵州有数十种茶叶被选为贡品，如今仍有许多茶驰誉海内外。

### （一）都匀毛尖茶

都匀毛尖茶又名“都匀细毛尖”“白毛尖”“鱼钩茶”“雀舌茶”。其茶牙尖细如条，色泽绿中带黄，白毫特多，茶水甘爽、清香。含多酚类化合物高于一般茶叶10%左右，氨基酸含量也较高，1915年在巴拿马国际赛会上获得优胜奖，1983年被评为全国十大名茶之一。

### （二）贵定云雾茶

贵定云雾茶又名“乌江茶”，产于贵定云雾山中。其芽大叶壮，匀称美观，色泽嫩绿，滋味醇厚，含咖啡因少、茶多酚多，沏后水色清澈，香气浓郁。《贵州通志》载：“黔省各属皆产茶，贵定云雾最有名，惜产量太少，得之极不易。”明清时代被选作宫廷用品。1986年获全国食品博览会银奖，多次获省优、部优产品称号。

### （三）遵义毛峰茶

遵义毛峰茶为绿茶类新创名茶，于1974年为纪念遵义会议而创制。目前遵义毛峰茶已进入全国名茶行列，多次荣获省优和部优产品称号。

遵义毛峰茶的主要特点是：茶片紧细圆直，白毫显露，色泽翠绿油润，内质嫩香持久，汤色碧绿明净，滋味清醇爽口。遵义毛峰茶不仅品质优良，还有其独特的象征意义：条索圆直，锋苗显露，象征中国工农红军战士大无畏的英雄气概；满披白毫，银光闪闪，象征遵义会议精神永放光芒；香高持久，象征红军烈士革命情操世代流芳。

### （四）湄江翠芽

湄江翠芽以湄江良种苔茶的嫩梢为原料。一般在清明前后开采，以清明前茶的品质最佳。湄江翠芽的制茶工艺是仿照龙井茶的制茶工艺试制而成的。湄江茶虽与龙井茶的制茶工艺相似，但所制出的茶叶的品质却别具一格。冲泡后的湄江翠芽一片片扁平秀直的茶条，顷刻就变成一朵朵、一芽一叶的小花在杯中怒放，散发出一阵阵清香嫩爽的茶香。品味鲜醇的茶汤时，又给人们以美的享受。在茶的内在品质上，湄江翠芽是可以与狮峰极品龙井相媲美的茶品。

湄江翠芽的炒制技术很考究，既吸取了西湖龙井茶的炒制方法，又有其独特之处，主要工艺分杀青、摊凉、二炒、摊凉、辉锅5道工序。

湄江翠芽的外形扁平光滑，形似葵花子，隐毫稀见，色泽绿翠，开汤后香气持久、茶香浓郁并伴有新鲜花香，滋味醇厚爽口、回味甘甜，汤色黄绿明亮，叶底嫩绿匀整。

2004年4月，贵州省名优茶评审会在湄潭举行，湄潭县选送的湄江翠芽喜获金奖。

该茶现已经被定为国家礼茶，是招待各国友人的佳品。名优的绿茶都有形美、色佳、味醇等特点。在我国众多名优绿茶中，湄潭翠芽以其卓越的品质脱颖而出，成为佼佼者。

### （五）凤冈富锌富硒有机茶

凤冈有“锌硒特色·有机茶乡”的美称。其茶产品曾被国家环境保护总局授牌为地理标志保护产品。锌、硒是人体必不可少的两种微量元素，而同时富含锌、硒两种元素的地方在全国来说首推凤冈。凤冈茶叶经权威部门抽样检测结果是：有机锌的含量为 40 ~ 100 毫克/千克；有机硒的含量为 0.25 ~ 3.50 毫克/千克。其含量值均在最佳范围。长期饮用凤冈茶对人体有极佳的保健作用。

### （六）雷山银球茶

雷山银球茶产于雷山县著名自然保护区雷公山，采用海拔 1 400 米以上的“清明茶”的一芽二叶，经过炒制加工后，精制为小球状，既美观漂亮，又清香耐泡。每颗“银球”直径 18 ~ 20 毫米，重 2.5 克。冲茶时，一般使用一颗。其茶汤淡黄明亮，鲜爽回甜，1986 年获轻工部优质产品称号，1988 年获中国首届食品博览会金奖，1991 年被中国外交部选做馈赠礼品。

### （七）余庆小叶苦丁茶和台江苦丁茶

苦丁茶含有人体所需的多种微量元素，具有清热解毒、消炎利尿、降脂降压、美容健体等功效，其味先苦后甜，清凉爽口。

余庆县是目前国内最大的小叶苦丁茶基地，被农业部授予“中国小叶苦丁茶之乡”。余庆小叶苦丁茶是用木犀科植物日本毛女贞加工制作而成，著名的品牌有“狮达牌”和“雨贞牌”小叶苦丁茶。台江苦丁茶采用天然野生药用植物精制而成，是一种高级保健饮料。

### （八）思州茶

古思州府地岑巩县向为优质茶叶产地，所产茶芽，细嫩均匀，滋味醇厚，含碘量甚高。1994 年以来，“思州银钩茶”“天仙毛峰茶”先后获省级名茶称号。“思州剑雪茶”荣获“1995 国际名优食品贸易博览会”金奖。

### （九）三都甜茶

甜茶是一种有别于传统茶叶的新型绿色保健饮品，其原叶采摘于三都水族自治县原产的蔷薇科悬钩子属植物。现三都水族自治县境内有近千亩的健康茶种植园，经先进的加工设备精心制作而成，外形美观，口感极佳。甜茶因其富含氨基酸、黄酮、茶多酚、甜茶素、硒、锗和维生素 C 等营养保健成分，常饮能有效改善花粉过敏、高血脂、高血压、糖尿病、肥胖症、癌症等症。在 2005 年全国旅游交易会上，三都甜茶被评为“最受消费者欢迎的旅游商品”。

## 三、药材

中药是中国宝贵的文化遗产之一，它以服用简便、安全、有效、无副作用或副作用小而著称，在世界医药学中独树一帜。贵州盛产药材，享有“药材基地”的美名。全省可供药用的动植物有 2 000 多种，已广泛纳入治疗疾病和商品经营的有 300 多种。贵州的天麻、杜仲、吴茱萸、黔党参、茯苓、石斛、金银花、冰片、朱砂、五倍子、黄连等地道药材，都是传统特产，质量上乘。

### （一）植物药材

#### 1. 天麻

天麻为兰科天麻属植物天麻的块茎，有补脑强身、降压安神、增益力气等功效，主治头晕目眩、眼花、肢体麻木、神经衰弱、小儿惊风、癫痫、高血压等症。贵州是天麻的主要产地。野生天麻遍布于正安、道真、大方、织金、纳雍、赫章、黔西、普安、遵义、德江、贵定、惠水等县，年产量曾达 3 万千克。人工种植天麻也在黔北、黔南等地得到大力发展。由天麻制成的药品和保健品是旅游馈赠的佳品。

#### 2. 杜仲

杜仲为杜仲科落叶乔木，为中国特有植物，主要以树皮为药用部分，补肝益肾、强筋壮骨、安胎、降血压见长。贵州大部分地区都产杜仲，野生量居全国领先地位，质量与四川杜仲齐名，同为杜仲中的上品。贵州杜仲以其皮细肉厚、药力强劲、质量特佳而久负盛名，畅销国内外各省、市、自治区。目前，贵州杜仲作为天然的珍贵中药材远销东南亚、日本、美国、加拿大等国家和我国港澳台地区。

#### 3. 茱萸

茱萸又称吴茱萸，为芸香科落叶乔木。贵州茱萸产量居全国之首，主要产于黔北、黔东、黔东南等地。茱萸有温中散寒、疏肝止痛等功效，内治腹痛、呕吐、痛经等症，外治口疮、脚气等疾。

#### 4. 党参

党参为桔梗科多年生草本，主要产于黔西北一带，以治疗气短心悸、体倦乏力等症见长，是中药中的上乘补药。

#### 5. 黄连

黄连为毛茛科多年生草本植物，其根茎具有清热、泻火、解毒、消肿、健胃等作用。黄连主要产于梵净山、雷公山、正安、龙头大山等地的林下阴湿处。此外，贵州还生长有多种含小檗碱（黄连素）的野生植物，尤以小檗科小檗属植物（俗称“三颗针”）较多，分布广，含药量高，是提取小檗碱的重要野生植物资源。

6. 茯苓

茯苓为多孔菌科的一种真菌，茯苓系指该菌的菌核。贵州是全国茯苓的主要产地之一。黔东南一带所产茯苓，品质居全国之冠。茯苓是治疗心腹胀满、气虚劳伤、健忘失眠等症的良药。

7. 石斛

石斛别名黄草，为兰科石斛属草本植物，主要产于兴义、惠水等县（市），兴义城旧名便称“黄草坝”。石斛可治燥热少津、口干舌渴、虚热等症状。

8. 金银花

金银花为忍冬科藤本植物，主产于黔北、黔东一带，是炎夏消热解暑的佳品，又是治疗风热感冒、咽喉肿痛、痈肿疮疡的良药。

9. 五倍子

五倍子是一种棉蚜科的蚜虫在漆树科落叶小乔木盐肤木上形成的“虫瘿”。全省均有生产，以黔北、黔东两地区最为集中。五倍子含鞣酸，加工后可入药。《本草纲目》中说：“五倍子味酸咸，能敛肺，止血化痰，止渴收汗，能散热毒疮肿，能除泻痢湿烂。”五倍子不仅能治病，而且还是重要的化工原料。

10. 罗甸冰片

冰片为龙脑香科植物龙脑香树脂的加工品，或为樟脑、松节油等用化学方法合成的加工制成品。而罗甸冰片系用菊科植物艾纳香的叶，经水蒸气蒸馏过滤、冷却而得的结晶艾粉，又经精制后的成品，故商品用名又叫艾脑香、艾片等。罗甸冰片出产于罗甸县。其主要功能是通窍散热、消炎止痛，专用于治疗热病神昏和中暑；外治咽喉和牙肿痛、口舌生疮、目赤、中耳炎、痈肿、痱子等症，是较理想的芳香开窍药。罗甸冰片作为贵州省的传统特产，不但是全国的主流药材品种，同时也行销东南亚各国和我国港澳地区，深受海内外用户的欢迎。

### （二）动物药材

1. 大鲵

大鲵因其叫声似小儿啼哭，故俗称“娃娃鱼”，为两栖动物，多产于贵州梵净山周围的几个县。大鲵常年生活于水流清澈的溪流之中，属国家二级重点保护动物。人工养殖的子代大鲵，经省级渔业行政主管部门许可，允许开发利用，提取入药。

2. 麝香

麝香是鹿科动物麝的香囊内分泌的一种腺体，是一种极名贵的香料和中药资源。贵州是我国麝香的主要产地之一，主要产于六盘水、遵义、桐梓、印江、江口、道真、务川等县市。麝香具有芳香开窍、活血散淤、止痛催产之功效，同时也可作为香料工业的重要原料。

### （三）矿物药材

朱砂是一种矿物药材。贵州汞矿储量居全国首位，伴生于汞矿中的朱砂，内治癫痫、惊风、心悸、失眠、目昏等症，外治疮疡肿毒、口舌生疮等症。贵州朱砂主要产于黔东，红亮光洁，质与量都驰誉中外。

## 四、瓜果、山珍、佳禾、奇石

### （一）瓜果

1. 中华猕猴桃

中华猕猴桃俗名“阳桃”“羊桃”，为猕猴桃科猕猴桃属落叶藤本植物。果实夏秋间成熟，汁多味甜，清香诱人。每100克鲜果含维生素C 200毫克左右，高的达420毫克，含有多种氨基酸和矿物质，不但可滋补强身，而且对防治肝炎、高血压、食道癌等病有较好作用。中华猕猴桃在贵州各地均有生长，亦有栽培，以江口、雷山、剑河、三都和修文等县最多。

2. 刺梨

刺梨又名缫丝花，为蔷薇科蔷薇属落叶有刺灌木。刺梨遍布全省各地，春天开花，夏秋间果实成熟，酸中带涩，回味悠长，是消食化气、健脾开胃的良药。每100克鲜果含维生素C 1000 ~ 2000毫克，高的达2 400毫克，被称做“VC王”。刺梨含有VP、VE、VB等多种维生素和18种氨基酸、8种微量元素，无论是用作营养滋补，还是用作医疗保健，均有很高的价值。贵州各厂家生产的刺梨酒、刺梨汁、刺梨膏、刺梨干果等产品，深受消费者欢迎。

3. 榕江西瓜

榕江西瓜，硕大光溜，鲜润圆实，皮薄子少，汁多味甜，肉质脆嫩，纤维素少，且有早熟、耐储运等特点，故而驰名于南方许多省份。1983年在南方八省西瓜科研协作会议上，经专家们测定，榕江西瓜含糖量高达13.8%，品质居全国前列，从此名扬四海。

4. 威宁大黄梨

威宁大黄梨为全国八大名梨之一，有200多年的栽培历史。其个大皮薄，肉质细嫩，色泽金黄，香甜可口，核小汁多，早就驰名省内外。过去，人称“昭通梨”，其实，主要产地是贵州威宁。1958年经专家考察认定，始正式命名为“威宁大黄梨”。

5. 惠水金钱橘

惠水金钱橘又称“金橘”，产于惠水县涟江两岸，有300多年的栽培历史。果实较小，皮薄，色鲜，汁多，味甜，特别以营养丰富而久负盛名。

6. 兴义“大红袍”

兴义“大红袍”盛产于兴义，因橘子成熟时满树挂红，与大红衣袍相似，故而得名。兴义“大红袍”甜酸适度，汁多，风味浓醇，加之果皮光滑艳红，透出喜庆之气，向来作为馈赠佳品。

7. 铜仁花生

铜仁花生年产量达 1 000 多万千克，居贵州之冠。该地花生壳薄仁大，表面洁净，籽粒饱满，蛋白质含量高，且易于保管，素来畅销省内外，是宴宾待客、馈赠亲友的佳品。

**（二）山珍**

1. 竹荪

竹荪是寄生在苦竹根部的一种真菌，具有质脆、柔嫩、鲜美等特征，能做多种美味佳肴。贵州许多地方都产竹荪。织金竹荪现已人工栽培成功，更以量大、质优、系列产品丰富而著称。

2. 赤水冬笋

冬笋为毛竹的竹笋，采掘于隆冬季节，肉质嫩脆，味道鲜美，高温烹炒而不改其香，是名贵山珍。赤水市竹林地域广阔，号称“黔北竹海”。用冬笋加工制成的“玉兰片”，风味独特，久藏不变，享有很高声誉。

**（三）佳禾**

惠水黑糯米是糯稻中的名贵品种，其核黄素、蛋白质、氨基酸的含量均高于其他糯米，可以补气养血。惠水黑糯米明清时代就是贡品，有“黑珍珠”“药米”之美称。以惠水黑糯米作为原料酿制的黑糯米酒，1988 年获首届中国食品博览会金奖，1992 年获美国洛杉矶国际酒类展评会“神女杯”金奖。

**（四）奇石**

1. 平塘彩石

平塘彩石俗称“国画石”，产于平塘县沉积岩中，色彩丰富，富有光泽，致密度高，用其作为雕刻石和观赏石，艳丽夺目。

2. 金星翠玉

金星翠玉属于岩浆期后热液阶段形成的含自然铜的葡萄石脉。含自然铜的葡萄石脉产于玄武岩、辉绿岩的裂隙与围岩接触的边缘处。其岩石颜色为翠绿、绿、黄绿或浅绿色，自然铜为紫红色，星点分布于葡萄石中，结晶致密细腻。金星翠玉为贵州特色玉料，产于毕节市和黔南一带。其翠绿色的底色上密布着直径 1 ~ 2 毫米的自然铜颗粒，金星闪烁，光滑细腻，为观赏石中的上品。金星翠玉加工性及抛旋光性很好，也可加工成手镯及各种玉佩。

3. 铜仁汞矿石

汞矿石为贵州特色矿物型观赏石原料，主要产于黔东、黔南和黔西南的沉积岩中。从中可见红色大辰砂晶簇，配上透明水晶等矿物点缀衬托，非常美观。1980 年，在铜仁万山发现一颗举世无双的辰砂晶体，长 65.4 毫米，宽 35 毫米，高 37 毫米，重 327 克，鲜红耀眼，珍贵无比，被誉为“辰砂之王”，现珍藏于北京地质博物馆。

4. 盘江石

盘江石是贵州西南部南、北盘江流域盛产的奇石，由激流冲刷而成，极具观赏价值，享誉海内外。

5. 晴隆贵翠

产于晴隆的晴隆玉又称贵翠，质地优良，硬度高，耐腐蚀，光泽度好，色彩多样。用贵翠制成的花鸟虫鱼、山水及人物造型，别具一格，很受游人喜爱。

## 五、工艺制品

贵州是多民族聚居的省份，不但有浓郁的民族风情，具有民族特色的工艺制品更是琳琅满目、绚丽多彩，令旅游者爱不释手。

安顺蜡染荔波布，赤水香扇石刻术。
通草堆画布依毯，乌当草席雄姿展。
荔波凉席烙花筷，花椒布在三都卖。
思州砚台龙凤带，牛角二胡来参赛。
贵州芦笙牙舟陶，苗家刺绣挑花俏。

这首民谣是贵州部分著名特产的真实写照。

### （一）大方漆器

大方县是著名的“漆乡”，盛产优质生漆，素有“方漆清如油，宝光照人头”之美誉。大方漆器创始于 1 700 多年前的蜀汉时期，明初始具规模，1942 年获得巴拿马国际博览会银奖。大方漆器品种繁多，造型别致，外观铮亮，其皮胎漆器具有“一牢二保三防四耐”的特点，即牢固、保色、保味、防腐、防潮、防蛀、耐泡、耐烫、耐酸、耐碱。北京故宫博物院珍藏的贡品“皮胎描金漆葫芦”，北京人民大会堂贵州厅内陈列的漆制彩绘花瓶以及“遵义会议会址”镜盘、茶几、沙发等，都是大方漆器产品。

### （二）玉屏箫笛

因玉屏古名为“平溪”，玉屏箫笛又称“平箫玉笛”。玉屏箫笛始于明万历年间，至今已有 400 多年历史。箫笛是用本地特产的水竹或紫竹制成的。这种竹子茎秆直、节间长、管圆、壁薄、匀称、质地坚韧。箫笛制作须经过 4 大工艺流程，72 道工序，其外形典雅，音调优美。箫与笛多作雌雄合奏，别有情趣。1913 年，玉屏箫笛获伦敦国际手工艺品展览会银质奖，1915 年获巴拿马万国博览会金质奖，1979 年获国家轻工部优质产品奖，1984 年被评为贵州省优秀旅游商品。

### （三）安顺蜡染

蜡染是蜡画和染色两种工艺的合称。贵州的苗、布依、水、瑶、仡佬等少数民族都擅长蜡染，今天的安顺、镇宁、黄平、丹寨等地都是有名的“蜡染之乡”，丹寨的苗族蜡染被称为“东方第一染”。安顺蜡染已有 2 000 多年历史，它从传统的白底蓝花或蓝底白花发展成为如今的彩色蜡染，并将古今中外各种艺术风格引进构图，使蜡染图案更加丰富多彩。蜡染制品可做衣料或床上用品，还可做壁挂饰物或手巾、帽、包等生活用品，它早已进入国际市场和世界工艺美术之列。

### （四）思砚和织金砚

思砚为中国名砚之一，产于岑巩县，因宋代岑巩为思州府地，故称“思砚”。北宋苏东坡曾将其誉为“袭璧”，清康熙皇帝将其作为御砚。思砚以浮雕为主，工艺精湛，磨出的墨汁色泽极佳，书写流利，蓄墨耐干，产品造型有 60 余种，深受海内外人士喜爱。

织金砚是产于织金县的一种名砚。其石质坚润细致，研磨后不枯不涩，极善泼墨；合上砚盖后，墨汁能数日不干，夏日不生怪味。在清代，织金砚就被达官贵人作为礼物远赠印度、缅甸等国。1993 年，在全国工艺美术品展览会上，织金砚获金质奖。

### （五）牙舟陶器

牙舟陶器产于平塘县的牙舟镇，有 500 多年历史。其制作既继承了我国古代陶瓷的优良传统，又富有南方少数民族风韵，自成一格，远近驰名。其造型极富想象力，且色彩缤纷，装饰性很强，多次在国内外展出。1984 年，牙舟陶器中的“鸡纹双耳罐”在中国国际旅游交易会上荣获金质奖。

### （六）黄平泥哨

黄平泥哨为苗族吴国清创造，有近百年历史。它以黏土为原料，制成鸟、兽、虫、鱼等动物形状，既能观赏，又能吹响，是泥哨与雕塑的巧妙结合。其色彩艳丽，形象夸张，深受儿童喜爱，此工艺品已被中国美术馆收藏，并销往法国等地。

### （七）安顺地戏面具

安顺地戏面具在当地被称为“地戏脸子”或“老脸子”，现已拓展为旅游工艺品。地戏面具多为白杨木雕刻，以五色油漆涂饰，大致可分为文将、武将、少将、老将、女将 5 种脸谱，称为“五色相”。每种脸谱均有一定特征，但雕刻艺人又根据个人爱好加以夸张变形，或刻动植物纹饰，颇具贵州高原特色，为壁挂、陈列和玩赏之珍品。

### （八）荔波凉席

荔波凉席用当地特产的泡竹编成。这种泡竹纤维细嫩、竹节长、疙瘩少、拉力强，加工出来的篾条柔软、绵韧，编成的席子清凉、光洁，是人们盛夏抗热避暑佳品。1982年在全国少数民族产品展销会上，荔波凉席以精良的工艺、美观的图案、平整光滑的席面以及质地细软、触感舒适、不沾污垢、不怕折叠、携带方便等优点，备受消费者青睐。

### （九）遵义通草堆画

遵义通草堆画是采用五加科小乔木通脱木的茎髓加工制成通草片，运用贴、雕、堆、画、衬等手法，制成各种造型图画。堆画洁白如玉，结构精巧，立体感很强，颇具观赏装饰价值。

### （十）万山竹雕

万山竹雕多为少数民族头饰、面具、动物玩具等，工艺精湛，造型夸张，反映少数民族神秘古朴的传统文化，为 20 世纪 90 年代开发的新型旅游纪念品。

### （十一）印江紫袍玉带石雕

印江石雕在清代就全国闻名。印江盛产的奇石——紫袍玉带石，是一种多层绿玉和紫红色石相间形成的多层天然彩色石，其质地细腻，硬度适中，被称为“稀有石雕奇石”。用玉带石制成的石砚墨盒、三层砚、双龙杯、荷花大叶盘等工艺品，颇受顾客欢迎。1962 年精雕细刻的 7 层宝塔，12 层栏杆内有 24 种不同花样，内部浮雕是印江当地的风景名胜，全部拆开便是一套餐具，别具匠心，工艺价值堪称一流，现陈设于北京人民大会堂。

### （十二）赤水香扇

赤水香扇是赤水市开发的新一代全竹系列旅游工艺品，其以精巧玲珑、古朴清新的独特风格，赢得客商的喜爱，该工艺已获国家专利权。

### （十三）贵阳雄精雕

雄精，又名红玉，是雄黄矿中的结晶体，半透明，色橙黄或鲜红，温润如脂。由于雄精提炼困难，产量很少，所以甚为珍贵。贵阳雄精雕刻在 400 多年前就享有盛誉。如今，贵阳所产的雄精雕刻，既有传统的福、禄、寿三星，也有新的造型设计。雄精雕刻品不但能供人赏玩，还能祛毒、慑虫、疗伤，是矿物类中药与艺术的完美结合。

### （十四）荔波花土布

荔波花土布又称荔波布依族花土布。荔波土布有 3 种类型：白底蓝花、蓝底白花和蓝白底混织花；有多种布纹：柳条、格子、篱笆、梅花、鱼刺、桂花、花椒、蓝尼等，有150余种格式。其色调蓝白分明，线条均匀，立体感强，花纹图案和谐对称，朴素典雅；其布结实保暖，穿着舒适。每匹布长10米，宽38厘米，是制作服装、床上用品的合适布料，亦是馈赠亲友之佳品，畅销全国各省、市、自治区，远销日本、法国，深受海内外朋友青睐。

### （十五）遵义棕竹手杖

遵义市工艺美术厂生产的棕竹手杖具有悠久的历史。棕竹手杖选用优质棕竹做原料，做工考究。其具体做法是：将棕竹用明火烘烤后，蘸冷水成型，再经过刮、磨、砂、抛光，使色泽光亮，纹理清晰。手杖底脚套有防滑胶垫，上端配一弯曲牛角做把手，连接之处用不锈钢固定，整体和谐统一，古朴典雅中又透出华贵的风度，让人爱不释手。

### （十六）苗族刺绣挑花

贵州苗族妇女不仅能歌善舞，而且是刺绣挑花的好手。苗族姑娘从小就跟着母亲学习刺绣挑花。刺绣方法多样，有平绣、结绣、辫绣、叠绣、织花和抽纱等。其色彩艳丽和谐，极富民族生活气息，除传统的绣片挑花图案外，还可制作高档台布、睡袍、绣衣、靠垫、枕套、手提包等，在市场上十分畅销。

### （十七）思南棕丝斗笠

贵州思南县生产的棕丝斗笠在明代就作为贡品进献皇室，其生产历史悠久。据历史记载，明朝开国皇帝朱元璋看了思南进贡的棕丝斗笠后惊奇不已，连声称赞：“篾细如丝，美哉！美哉！”随后将皇冠上的纱撕下一块压入斗笠中，接着说：“民能戴，官亦能戴。”现今制作的棕丝斗笠更加精细、科学，样式也更加美观、适用。棕丝斗笠既可遮挡阳光，又能通风透气，既是上等工艺品，又是遮阳遮雨的理想凉帽。

# 第二章　贵阳市旅游业

## 第一节　贵阳市概况

### 一、基本情况

贵阳简称“筑”，是贵州省会所在地，是全省政治、经济、科教、文化、交通、信息和旅游服务中心，是一座正在兴起的现代化都市。

贵阳因位于贵山之阳（山南为阳）而得名，现辖云岩区、南明区、花溪区、乌当区、观山湖区、白云区、清镇市、修文县、息烽县、开阳县。

贵阳地处贵州省中部，云贵高原东斜坡上，东南与黔南州的瓮安县、龙里县、惠水县、长顺县接壤，西靠安顺市平坝区和毕节市织金县，北邻毕节市黔西市、金沙县和遵义市遵义县，土地总面积 8 034 平方千米，占全省总面积的 4.56%。

贵阳地处黔中山原丘陵中部，地势西南高，东北低。平均海拔 1 160 米，最高海拔清镇市宝塔山 1 762 米，最低海拔开阳县东北乌江出境处小河口 506 米，贵阳市中心海拔 1 071 米。贵阳地貌属于以山地、丘陵为主的丘原盆地地区，其中山地面积 4 218 平方千米，丘陵面积 2 842 平方千米，平坝面积 912 平方千米，峡谷面积 62 千米。

贵阳气候温和湿润，年平均日照时数 1 354 小时，年均降雨量在 1 127 毫米，相对湿度 75.5%，全年无霜期 270 天左右。年平均气温 15.3°C，最热月（7 月）平均气温 24°C，最冷月（1 月）平均气温 4.6°C，适合旅游的天数长达 240 天，是理想的旅游避暑胜地，2007 年被中国气象协会正式授予“中国避暑之都”称号。

贵阳地处长江水系与珠江水系的分水岭地带，以花溪区的旧盘、掌克至桐木岭、孟关上板一线为分水岭，分水岭以北及花溪区的高坡东部属长江水系，面积 7 565 平方千米，占全市总面积的 94.2%；以南属珠江水系，面积 468.9 平方千米，占全市总面积的 5.8%。全市多年平均水资源量 45.15 亿立方米。按长 10 千米以上或流域面积大于 20 平方千米的标准，全市共有河流 98 条，其中，流入长江水系的有 90 条，均汇入乌江，流入珠江水系的有 8 条，均汇入涟江。南明河自西南向东北纵贯全市区，其余主要河流还有六广河、鸭池河、猫跳河、息烽河、南贡河等。水库主要有红枫湖、百花湖、东风湖、花溪水库、阿哈水库、松柏山水库、红岩水库等。

贵阳高度重视城市森林建设，2004 年 11 月国家林业局授予贵阳“国家森林城市”称号；2020 年，贵阳环境空气质量优良率达到 98.9%，连续 5 年稳定在 95%以上，全市森林覆盖率达 55%，环境空气质量连续 4 年稳定达到国家二级标准，在中国省会城市名列前茅；饮用水源地水质达标率均为 100%，水质总体优良。

## 二、历史沿革

贵阳是一个以汉族为主的多民族聚居城市。春秋时期，今贵阳属牂牁国辖地，战国时属夜郎国范围，两汉时期地属牂牁郡。唐朝在乌江以南设羁縻州，贵阳属矩州。宋代称贵阳为贵州，宣和元年（1119 年）更矩州为贵州，贵州作为行政区划之名始于此时。明成祖永乐十一年（1413 年），建贵州布政使司，贵州建省，贵阳成为贵州的政治、军事、经济、文化中心。隆庆三年（1569 年）3 月，改新迁程番府为贵阳府，贵阳从此而得名。1914 年废贵阳府设贵阳县，1941 年 7 月 1 日，撤贵阳县设贵阳市。1949 年 11 月 15 日贵阳解放，11 月 23 日成立贵阳市人民政府。1987 年，经贵阳市人民政府批准，贵阳市市花确定为兰花和紫薇，市树为樟树和竹子。

## 三、交通通信

按照打造西南陆路交通枢纽和贵州旅游集散服务中心的战略目标，贵阳市大力推进交通通信基础设施升级换代。

### （一）交通

1. 铁路

全力推进贵广高铁、沪昆高铁、渝黔高铁、成贵高铁等高速铁路建设，2014 年年底建成西南地区最大的高铁车站——贵阳北站，贵广高铁实现通车。广州至贵阳的列车运行时间缩至 4 小时以内，贵州真正融入珠三角经济圈；2015 年 12 月 28 日，沪昆高铁正式开通；2019 年 12 月 16 日，成贵高铁全线通车；贵南高铁，预计 2023 年建成通车。4 条高铁全部通车后，将形成以贵阳为中心，至长沙、重庆、成都、昆明等地 2~3 小时，至广州等地 4 小时，至上海、北京等地 7~8 小时的交通圈。

2. 公路

在已建成贵（阳）黄（果树）、贵（阳）遵（义）、贵（阳）新（寨）、贵（阳）毕（节）、贵（阳）惠（水）等高速（高等级）公路的基础上，推进高速公路扩容。目前，沪昆高速、兰海高速、厦蓉高速、银百高速、贵黔高速、贵瓮高速、贵都高速、花安高速已建成通车。

3. 航空

三期扩建工程现已投入使用，总建筑面积 16.746 0 万平方米。停机位达到 115 个，旅客吞吐量达 3 000 万人次、货邮吞吐量 25 万吨、飞机起降量 24.3 万架次。

4. 水运

随着开阳港、息烽港的建设，贵阳船舶可沿乌江、长江驶入重庆、上海等地，打开内陆航运通江达海通道。开阳港位于贵阳市开阳县开州湖境内，已建成完工。2017

年乌江全线通航后，开阳港成为贵州省罕见的同时具备“水、陆、空、铁”四大优势的港口，是贵阳连通长三角经济区和海外市场的“桥头堡”，运输规模货运 45 万吨，客运 50 万人次。

5. 市域交通

已建成花果园、三桥、大营坡、北京西路、黔灵山路等立交桥和高架桥，建成 3 条环路、16 条射线组成的“三环十六射”城市骨干路网，极大地改善了市内交通环境。为加强城市交通内循环，2016 年年底“中环路”建成通车。

快速轨道交通建设上，2008 年和 2015 年，市政府分别批复了两轮轨道交通线网规划，共 9 条线（1 号线、2 号线、3 号线、4 号线、S1 线、S2 线、S3 线、S4 线、G1 线），线网规模 467 千米，总投资约 2 785 亿元。2010 年 9 月和 2016 年 7 月，国家发改委分别批复了两期轨道交通建设规划，共 6 个项目（1 号线、2 号线一期、2 号线二期、3 号线一期、S1 线一期、S2 线一期北段），线网规模约 170 千米，总投资约 968 亿元。

目前轨道交通 1、2 号线已经通车运行，线路走向为：

1 号线：金阳—中心城区的中华路—遵义路—贵阳火车站—小河，全长 27.6 千米；

2 号线：白云区—金阳—二桥—中心城区的延安路—宝山路—油榨街—油小线—龙洞堡机场，全长 37.8 千米；

3 号线在建中，标志色为红色。一期工程全长 43.03 千米，起于花溪区桐木岭，经过经开区、南明区、云岩区，止于乌当区洛湾，预计 2023 年年底通车。

### （二）通信

在基础通信设施上，贵阳市拥有国际水平的通信设备，开办了市内电话、移动电话、数据通信等业务。电话用户可直拨国内城乡和世界 190 多个国家、地区。移动电话自动漫游全国大中小城市和世界 190 多个国家、地区。2014 年就实现了城区（含县城）4G 网络覆盖，在市内主要繁华地段，各大宾馆、商场、火车站、机场等公共场所开通了公共 Wi-Fi。

## 四、特色饮食

### （一）名菜

1. 辣子鸡

辣子鸡，以本地土鸡为主料，选用贵阳花溪辣椒舂制的糍粑辣椒作为辅料烹制而成，香辣味浓、色泽红亮、粑糯爽口，是贵阳人逢年过节必备团圆菜之一。

2. 糟辣脆皮鱼

贵州糟辣椒是黔味菜肴的重要调味品之一。此菜选用贵州独有的糟辣椒作为主要调料制成，清香脆嫩，其味鲜咸，经久不易变味，能促进食欲，颇具独特地方风味，是贵阳市传统名菜之一。

3. 青岩豆腐

此菜为贵阳名菜，是以地方特产青岩豆腐为主料，配以青椒等辅料制成，具有绵滑清香等特点。

4. 宫保鸡丁

宫保鸡丁选用嫩公鸡肉为主料、糍粑辣椒等为辅料烹制而成。此菜为黔味名菜，红而不辣、辣而不猛、香辣味浓、肉质滑脆。据传，这道菜是清代贵州平远（今织金县）人、清代名臣，咸丰进士丁宝桢最喜爱吃的菜。丁宝桢历任山东巡抚和四川总督，光绪十年（1884 年）卒于成都，清廷下诏追赠他为“太子太保”，谥号“文诚公”。太子太保亦称“宫保”，人们尊称丁宝桢为“丁宫保”。丁宝桢在四川任职期间最喜爱吃这道菜，并以此菜宴请家乡宾客，因此这道菜被命名为“宫保鸡丁”。

5. 折耳根炒腊肉

折耳根，为三白草科的蕺菜，有特异气味，营养价值较高，含有蛋白质、脂肪和丰富的碳水化合物，同时含有甲基正壬酮、羊脂酸和月桂油烯等，可入药，具有清热解毒、利尿消肿、开胃理气等功用。折耳根和腊肉加作料烹制菜肴，折耳根绵中带脆，腊肉香醇，腊肉的美味和折耳根的异香浑然一体，别有风味，是贵阳人情有独钟的一道美味佳肴。

6. 状元蹄

状元蹄，又称“青岩卤猪脚”。据记载，在光绪丙戌年科殿试大考中荣获状元的青岩贡士赵以炯年轻时常去青岩北门街夜吃卤猪蹄，乡人们为怀念这位历史名人，故将卤猪脚称为状元蹄。如今“游青岩古镇、品青岩美蹄”已成为当地的一种旅游文化现象。该道菜色泽红褐，皮充盈润泽、肥而不腻、味道醇厚。

7. 泡椒板筋

泡椒板筋，选用大猪通脊肉内筋（当地又称背柳肉）为主料，配以泡椒制成，色泽红亮，酸辣爽口，滑脆鲜嫩。此为贵阳独有选料方法烹制的特色菜肴。

### （二）名小吃

1. 肠旺面

肠旺面于清同治年间在贵阳上市。清末民初，由贵阳人苏德胜改进质量，以面、猪大肠、血旺、肉臊子为主要原料，配以辅料 20 多种，精细操作，发展成为著名小吃。其特点是：红而不辣、油而不腻、脆而不生。至新中国成立前夕，肠旺面馆逐渐遍布贵阳大街小巷，现已成为遍及全省的小吃。

2. 丝娃娃

丝娃娃是一种贵阳街头最常见的小吃，其颇似产房里初生的婴儿被包裹在襁褓中，因而得名。“襁褓”是用大米面粉烙成的薄饼，再卷入萝卜丝、海带丝、折耳根（鱼腥草）、炸黄豆等，淋上酸辣的蘸水，外软里脆，口感丰富。随着旅游业的发展，现又被称为素春卷，此名更雅。丝娃娃具有素菜更嫩、酸辣爽口、开胃健脾的特点。

3. 恋爱豆腐果

据记载，彭家桥附近有一对年近半百的张华丰夫妇，在菜地里搭了数间茅屋，作为制作“烤豆腐果”的场地，将在这里做好的烤豆腐果拿到别处设摊和沿街叫卖。抗日战争爆发，日军对贵阳空袭开始后，这几间茅屋成了避空袭的场所，人来人往，十分热闹。张华丰夫妇因为空袭也不上街做买卖，他们发现躲警报的人往往腹中饥饿，又无法回家就餐，就将这几间作坊辟成店铺，向躲空袭的人出售烤豆腐果。由于烤豆腐果速度快，吃起来简单，价格便宜，又能充饥，很快就打开了销路。一般人吃豆腐果往往是为了解馋或充饥，吃完了便走。但一些热恋中的青年男女，却买一盘豆腐果，蘸着辣椒水，细嚼慢咽，谈天说地，一坐就是半天。还有一些青年，也经常在此相聚，逐渐谈起恋爱，张家店铺就成了谈情说爱的场所。抗战结束后，吃恋爱豆腐果的人仍有增无减，张氏夫妇干脆就把烤豆腐果改名为“恋爱豆腐果”。这一浪漫情结很快影响了全贵阳的青年人，他们纷纷来品尝。至今，外脆内嫩、咸辣爽滑、满口喷香的恋爱豆腐果仍被贵阳的青年人和过往的外地客人所钟爱。

4. 牛肉粉

牛肉粉是贵阳非常普及的早餐小吃。一碗牛肉粉要经过严格的煮、吊、卤、兑、泡等过程，具有汤味醇厚、辣汤鲜香的特点。特别是花溪牛肉粉，已成为深受广大百姓喜爱的小吃品牌，目前该品牌已推向全国多个省市。

5. 豆腐圆子

清同治十三年（1874 年）清政府大办“皇会”，全城禁屠数天，不许食荤。时有雷姓豆腐作坊，以豆腐做成圆子，用菜油炸熟出售，深受欢迎，名扬京城。经贵阳几代人的改进后，炸出的豆腐圆子内瓤质嫩如雪，布满点点“蜂窝”，色泽褐黄，外酥内嫩，香辣爽口，成为贵阳百姓喜爱的小吃之一。

6. 红油米豆腐

红油米豆腐是贵阳传统的夏令清凉小吃，是选用贵阳本地大米经水浸泡打磨成浆，在文火上加热煮沸用石灰水点制而成，曾获全国首届“中华名小吃”称号。其色泽红亮、香辣可口、清凉。

7. 黄粑

黄粑是有着百年历史的名小吃，撕开绿色粽叶，便觉糯香四溢，咬上去更是绵软弹牙，如用黄粑炸、煎、烤、烙、炒等食法，嚼在嘴里有外酥内糯的感觉，回味长远，是老幼皆宜的大众食品。其特点是色泽黄润、香甜可口、粑糯绵软。

8. 豆沙窝

豆沙窝是在糍粑中放入豆沙馅，用油烹炸而成，具有色泽金黄、外酥内软、糯香爽口的特点。豆沙窝馅心咸鲜，老少皆宜。

### （三）特色食品

1. 老干妈系列食品

陶华碧创制的老干妈牌风味豆豉油制辣椒是贵州的风味食品，几十年来，一直沿用传统工艺精心酿造，具有优雅细腻、香辣突出、回味悠长等特点，是居家必备、馈赠亲友之良品。目前老干妈系列食品已打入国际市场。

2. “黔五福”香肠、腊肉系列

黔五福以“一心一意做好肉”作为企业经营理念，把产品质量放在生产、经营的核心位置，并以朴素、务实的经营风格，使企业稳步发展，在短短二三年时间里成为贵阳地区知名食品品牌。其中“广味香肠”荣获贵州省名牌产品，并被评为贵阳市农业产业化重点龙头企业。

3. 刘老四烤鸡

刘老四烤鸡以备受广大消费者喜爱的家乡风味烤鸡为主体，通过数十种特选配料，使烤鸡、烤鸭色泽金黄，料入肉内，香味诱人，口感外酥里嫩，入口奇香四溢、回味无穷，吃后上瘾，撑破肚皮还想吃。刘老四烤鸡正是凭借其迷人口味，对消费者产生超强亲和力，迅速形成习惯性消费，一吃难忘，回头客盈门。

4. 小米鲊

小米鲊选用贵州当地特有的糯小米为主料、带皮五花肉为辅料制成，色泽金黄，粑糯甜香，是贵阳人逢年过节必备的特色佳肴。

## 五、旅游资源概述

贵阳不仅是全省旅游集散中心和服务中心，而且自身的旅游资源也非常丰富。贵阳的旅游资源主要集中在气候、温泉、山水风光、历史文化、民族文化 5 个方面。

地理位置、海拔以及生态环境决定了贵阳具备良好的避暑旅游资源。从 2008 年开始，贵阳于每年的 5—10 月举办“中国·贵阳避暑季”活动。通过全面整合宣传、旅游、文化、体育、农业资源，“五位一体”打造“避暑旅游文化”系列产品，彰显“爽爽的贵阳·中国避暑之都”品牌，大力发展避暑经济，提升贵阳宜居、宜业、宜游的城市内涵和品质。

贵阳温泉资源分布广泛，遍及市属各区、市、县。贵阳温泉埋藏深度大多在 1 000 ~ 2 000 米，水温 40°C ~ 60°C，热储层厚度稳定，资源蕴藏量大，而且埋藏深度适宜，热水里富含有益于人体的锶、偏硅酸等多种物质，对人体某些疾病具有独特的治疗和理疗作用。目前已开发的且初具规模的保利国际温泉、天邑森林温泉、贵御温泉等都取得了良好的经济效益。

作为喀斯特地貌发育典型地区，贵阳拥有以“山奇、水秀、石美、洞异”为特点的山水风光。贵阳既有浓缩贵州山水的4A级景区天河潭，又有高原湖泊红枫湖、百花湖、东风湖，还有香纸沟、花溪国家城市湿地公园、长坡岭国家森林公园、南江大峡谷等以山、水、林为特色的高原自然风光。

贵阳的历史悠久，保留了诸多文化内涵丰富的历史遗存。贵阳的历史可以追溯到春秋时期，在漫长的历史长河中，无数的文化古迹记录着城市的建立和发展。其中主要代表有国家重点文物保护单位阳明洞、阳明祠、文昌阁、甲秀楼，中国历史文化名镇青岩古镇以及中国历史文化名村开阳禾丰乡马头村等。

贵阳是一个多民族杂居的城市，有古朴浓郁、多姿多彩的少数民族风情。全市有11个世居少数民族，它们分别是苗族、布依族、土家族、彝族、侗族、仡佬族、白族、回族、满族、壮族、水族，主要集中在18个民族乡和非民族乡的199个民族聚居村。这些民族都保留了丰富的风俗习惯和文化遗产，为开展民族文化旅游和乡村旅游提供了良好的资源条件。

## 第二节　贵阳市区主要景区

贵阳市区包括云岩区、南明区和观山湖区。

### 一、甲秀楼和文昌阁

2006年，甲秀楼和文昌阁被国务院公布为全国重点文物保护单位。

#### （一）甲秀楼

甲秀楼兀立在贵阳市南明区南明河中一块大矶石“鳌矶”上，被视为贵阳的市徽和标志。明万历二十六年（1598年），巡抚江东之以河中巨石为基础筑一桥连接两岸，并建一楼以培风水，取名为甲秀楼，取科甲竞秀之意。天启元年（1621年）焚毁，总督朱燮元重建，更名来凤阁，复毁。清康熙二十八年（1689年）巡抚田雯重建，仍用旧名。有浮玉桥衔接两岸。从古到今甲秀楼经历了6次大规模的修葺。

甲秀楼是三层三檐四角攒尖顶阁楼，这种构造在中国古建筑史上都是独一无二的。楼高约20米，绿瓦红楹，飞甍翘角，12根石柱托檐，护以白色雕花石栏杆，翘然挺立，烟窗水屿，如在画中。登楼远眺，四周景致，历历在目。浮玉桥如白龙卧波，全长90余米，穿过楼下，贯通两岸。桥上有涵碧亭，亭的石柱上刻有清代贵阳汪知府的联语：“水从碧玉环中出，人在青莲瓣里行。”桥下有涵碧潭、水月台，桥南有翠微阁，遥相呼应。

历代骚人墨客对甲秀楼题咏甚多，其中清人刘玉山所撰206字长联脍炙人口。此联概括了山城贵阳的地理形势及历史变迁，比号称天下第一联的昆明大观楼长联还多26字。

过浮玉桥至东岸，还有一座占地 4 000 多平方米的明代园林——翠微园。其主体建筑拱南阁为双层重檐歇山筒瓦顶的木结构楼阁，这是贵阳仅存的一座明代建筑原物，始建于明弘治年间（1488—1505 年），现为市级重点文物保护单位。它造型优美，无论规模、形貌和装修工艺，在贵阳现存木结构古建筑中都首屈一指。

### （二）文昌阁

文昌阁木结构古建筑群位于贵阳旧城东门，以文昌阁为主体，整个建筑群坐东向西，占地 1 200 平方米。文昌阁属于祭祀性建筑，阁高 20 米，两侧配有厢房，阁前有宽敞的露台，阁房与走廊相连，布局对称，并在四面围合，外砌 5 米高的花墙一道，连成封闭性的整体布局。阁楼始建于明万历二十四年（1596 年），以后又多次维修重建。

文昌阁以独特的结构而极负盛名，它的三层三檐九角攒尖的造型，自二层起为不等边九角平面，是目前国内古建筑中绝无仅有的一种形式。更为奇特的是阁楼柱架的用材数，都是 9 或 9 的倍数，设计精良。阁楼造型古朴，色调以青灰为主，二、三层正面各有 3 个透空圆雕花窗，其余窗棂均可开启，窗格窗花雕刻工艺精湛。额枋、底层天棚绘有彩画，翼角起翘平缓，具有明代建筑遗风。

文昌阁现辟为贵阳市钱币博物馆，陈列有贝币、刀币，历代古钱币、纸币以及世界各国硬币近万枚。

## 二、阳明祠

2006 年，阳明祠被国务院公布为全国重点文物保护单位。

阳明祠位于贵阳城东扶风山麓，与尹道真祠、扶风寺共同组成环境清幽、景色秀丽的扶风山风景区。贵阳最早的阳明祠建在白云庵，是嘉靖十三年（1534 年）王杏为纪念王阳明所建。明隆庆五年（1571 年），巡抚阮文中将阳明祠迁于城东，清雍正十三年（1735 年）改为贵山书院（今省府路）。清嘉庆十九年（1814 年）始建扶风山阳明祠，左为扶风寺，右为尹道真祠，形成“两祠一寺”的格局。光绪五年（1879 年）重修阳明祠，时任四川总督的贵州人丁宝桢捐资最多。《重修王阳明先生祠堂记》的碑刻现存于阳明祠内。阳明祠为四合院结构，主建筑为享堂。堂前有两株上百年的桂花树，若赶上开花时节，则花香四溢飘满园。享堂为单檐硬山顶建筑，面阔 5 间，进深 3 间。享堂前有王阳明汉白玉坐像，是王阳明当年谪居贵州的写照。从雕像的坐姿、微闭的双眼，可以感受到当年他静坐顿悟“知行合一”心学的神韵。雕像两边的柱子上，挂有复制的草书木刻对联“壮思风飞冲情云上，和光春蔼双栖秋高”，其撰文、书写者均是王阳明。左侧立有复制的王阳明朝服线刻大像石碑；右侧有复制明隆庆二年（1568 年）明穆宗追赠王阳明新建侯敕书，由清代贵阳书法家重书石刻。左隅立有一碑，刻着日本东宫仕讲学博士三岛毅赞王阳明的七言绝句：“忆昔阳明讲学堂，震天动地话机藏。龙岗山上一轮月，仰见良知千古光。”享堂两侧有诗书木刻，即王阳明的《训士四条》《谕俗四条》。堂外有两重庭院，两侧长廊墙壁嵌有王阳明的《矫亭记》、家书文稿和线刻燕服画像，还有莫友芝、何绍基、郑珍等清代学者考证、游览祠堂题咏及捐资修建阳明祠人员的姓名和石刻数十方。祠内桂花厅设有介绍王阳明显示生平事迹的图片及书画，其中的书画是后人追迹王阳明先生生前所到之处收集资料，由贵阳著名书法家、画家根据王阳明诗中的意境而作。

## 三、黔灵山公园

2000 年，黔灵山公园被评定为 4A 级旅游景区。

黔灵山公园位于贵阳市区西北角，由象王岭、檀山、白象山、钵盂山、大罗岭等群山和黔灵湖组成，面积达 426 平方千米，是一座综合性的游览公园，以明山、秀水、幽林、古寺、圣泉、灵猴而闻名遐迩。公园建于 1957 年，园内峰峦叠翠，古木参天，林木葱茏，古洞清涧，深谷幽潭，景致清远，自古是贵州高原一颗璀璨的明珠，有“黔南第一山”的美誉。

黔灵山的起源与明末清初的赤松和尚有关。赤松，名道领，清潼川杨氏子，为临济宗三十三世。相传赤松和尚把一棵松树倒栽在山上，这棵松树竟奇迹般地活了，于是他就在倒栽松树前创建了弘福寺，并把此山命名为“黔灵山”，以黔之山灵的意思来表示该处为贵州人杰地灵之所。公园主要景观有：

猴群：到黔灵山看猴子是贵阳人周末乐此不疲的休闲活动。整个景区道路沿线处处可见猕猴的身影，它们或游聚在长廊、水榭，或蹲、跳于道旁、树梢，追逐嬉闹，悠然自得，弘福寺附近和猕猴观赏园两处最为集中。这里的猕猴群是由公园投食驯养，属于“半野生”状态，大多比较温和，一般不会主动攻击游人，但为安全起见，也必须遵从公园对逗猴的规定。贵阳人对“黔灵猴”更有一份家人般的亲情，对它的偶尔顽皮也报以“小孩不懂事”般的嗔责，这也许就是贵阳人与自然和谐共处的一段佳话吧。

弘福寺：黔灵山的灵气，一半源自清秀的自然山水，一半就源自这座香火鼎盛的三百年古寺。沿九曲径蜿蜒盘旋，经二十四拐，便可抵达弘福寺。此寺由赤松和尚创建于清康熙十一年登临瞰筑（1672 年），庙内共有三重院落，大雄宝殿（正殿）、观音殿（中殿）、弥勒殿（前殿），另配藏经楼、毗卢阁等。寺院虽不大，却显得精致，院中罗汉堂、经塔都是 20 世纪 90 年代新建的，新旧混搭，却也融洽。寺中宛若吟唱的诵经声，佛前寥寥的紫烟，院内参天的古树，都让人在此地生出恍如隔世的闪念。

九曲径：攀登弘福寺的山路，因九曲盘桓而得名“九曲径”，有石级 380 余步，乃清康熙二十七年（1688 年）辟建，乾隆、咸丰年间各重修。沿径摩崖石刻无数，并有亭、殿筑于其间，设有“古佛洞”“海螺亭”“响石洞”“洗钵池”等景点，让人在游赏把玩间不知不觉地忘记了登山的劳累。

麒麟洞：因洞内钟乳石酷似麒麟而得名。早在明嘉靖九年（1530 年），洞前就建有白衣庵。本是黔中常见的一处溶洞，却因蒋介石囚禁爱国将领张学良、杨虎城两将军于此而名声大噪，引来大量游人对当年历史、风云人物的一番凭吊感叹，成为市级爱国主义教育基地。

黔灵湖：湖水清澈，岸线婀娜，周边山色苍翠，可在湖中游船泛舟，在吱呀的桨声水影中融入这山水翠色。湖畔还可游览“解放贵州革命烈士纪念碑”以及明代就被列入贵阳八景之一的“圣泉流云”。

## 四、阿哈湖国家湿地公园

阿哈湖国家湿地公园前身为小车河城市湿地公园。2013 年年初，贵阳市政府整合小车河城市湿地公园和阿哈水库湿地，申报阿哈湖国家级湿地公园，2014 年，通过国家林业局验收并正式挂牌。

湿地公园地处贵阳市中心城区南部，南明河上游，位于花溪大道西侧、西二环东侧、贵黄路南侧。2012 年 3 月，贵阳市政府将原南郊公园、贵阳苗圃所一片地区整合，启动了小车河城市湿地公园的建设，历经半年改造、提升、扩容，建成了溪谷湿地景观，景观设计突出了野趣、溪流、谷地、溶洞。公园大部分建筑依山傍水，充分发挥了生态多样性的优势，彰显了良好的河谷生态风貌。湿地公园一期建成落英飞雪、碧溪云霞、木兰林语、芰荷深处、茗泉问茶、梓木林香、水磨时光等 13 个景点。二期在原南郊公园基础上升级改造，包括东大门入口广场景观、白龙洞景观、综合服务区、婚庆广场、松林石涧、盘石听涛、游客服务中心、紫薇山、竹林、石海、梅花山、清水吧等。小车河城市湿地公园于 2012 年 9 月 29 日开园迎客，目前已成为深受市民及游客喜爱的观光休闲景区。

## 五、天邑森林温泉

2010 年，天邑森林温泉被评定为 4A 级旅游景区。

天邑森林温泉位于贵阳市云岩区安井村，地处贵阳市东郊环城林带，紧邻绕城高速公路，西距市中心 13 千米，南至贵阳国际机场仅 5 分钟车程，周边群山叠翠，森林葱郁。度假中心为日式风格，精致小巧，现有的营业项目有温泉浴、餐饮、客房、特色美食、棋牌室、理疗保健、会议接待等，是目前在整个贵州省占地面积最大、绿化率最高的原生态森林温泉度假中心。天邑森林温泉属于高温热矿井，水温常年保持在 65°C ~ 67°C，日流量 2 500 立方米以上，水质清澈透明，无色无味。经中国科学院地球化学研究所测定，水质含有氡、偏硅酸、硫、锶、碘等 30 多种丰富矿物质，对皮肤病、风湿性疾病、慢性心血管疾病等有很好的保健治疗作用，长期使用还可以美容养颜、减肥瘦身。

园区共有公共泡池 43 个，设有花瓣池、当归池、酒池、茶池、咖啡池和专为儿童设计的戏水游泳池等特色功能池，还设有特色 SPA 水疗、苗家保健、美容美体等服务项目。同时，天邑森林温泉还有客房 80 余间，全部是日式风格木屋，除标准间以外，其余房间全部配有独立的露天温泉小泡池。另外，度假中心还设有会议室。

# 第三节　贵阳郊区主要景区

贵阳郊区包括花溪区、白云区和乌当区。

## 一、青岩古镇

2005 年，青岩古镇列入第二批中国历史文化名镇；2010 年，评定为 4A 级旅游景区。

青岩古镇位于花溪公园以南 12 千米处，距贵阳市区 29 千米。青岩古镇已有 600 多年历史，由明朝洪武十一年（1378 年）设青岩堡起，便成为当时的军事要塞。青岩古镇人文荟萃，历史上出了乡试第一名的周起渭（字渔璜），乡试第二名的清代知县和知府、主持修成湖北“周公堤”的周钟瑄以及贵州第一个状元赵以炯等人物。古镇宗教氛围浓郁，天主教、佛教、道教、基督教等都在这里汇集，居民的信仰多种多样。

青岩古镇古建筑众多，有一楼、一宫、一院、二祠、三洞、五阁、八庙、九寺等共 30 余处，部分保存完好。历史上，青岩古城四门内外有八座牌坊，保存至今的有 3 座。青岩古镇原来城墙环绕，南面的定广门一带保存尚好，现重修了大部分城墙。

石牌坊：有北门外的“赵彩章百岁坊”、南门内的“赵理伦百岁坊”，以及定广门外的“周王氏媳刘氏节孝坊”3 座。牌坊的建筑造型基本相同，均是南北向建造，四柱三间、三楼四阿顶式，高 9.5 米，宽 9 米，面北背南，属清朝石牌坊建筑风格。三牌坊都没有基槽，靠 4 个长方形柱基直接立在地面上，且一竖就 100 多年。其中“赵理伦百寿坊”距定广门仅几步之遥，创意独特，被艺术大师刘海粟称赞为“实属罕见而不可多得的艺术精品”，3 座石牌坊也成为摄影爱好者的挚爱。

背街：青岩最具特色的一条石巷，路面的青石板经过几百年的冲刷、磨砺，已光可鉴人，如镜面般泛着青黑的光芒，给街巷带来一种独特的时空感与神秘感。街边都是层层片石垒起的院墙，路窄而幽静，沿山势起伏，是摄影的绝佳地点。背街附近也是景点比较集中的地方。

状元府：贵州第一个文状元——赵以炯的故居，坐落在小镇状元街 1 号。状元街与北街交接，靠南边那一截叫“下院街”，北街干道上有指示路牌比较容易找到。大院门前是一副简单的对联“琴鹤谱志，论语传家”，显示了主人一生的志愿。府第坐南朝北，为两进四合院，府第坐南朝北，为两进四合院，均为一正两厢，风格是歇山式，总占地面积 700 平方米左右。现存前殿、正殿、两厢和朝门，朝门内墙上有许多不同“寿”字残迹，据说这是赵以炯曾曾祖父赵理伦百岁时所留。建筑以木质结构为主，气派而不张扬，宁静恬淡，一派书香风范。

文昌阁：位于东街 143 号，占地面积 800 多平方米，建于明万历年间，乾隆年间重修，砖木结构，依山而建，为攒角重楼八角式，是旧时读书人常去读书、聚会、祭拜文昌帝君的地方。

万寿宫：位于西街 3 号，毗邻慈云寺。清康熙年间建，嘉庆三年（1798 年）重修，最早并不是一座道观，而是江西会馆，为南来北往的商贾之所，后来改造为道观。整座宫院由正殿、配殿、西厢、戏楼和生活区组成，坐东向西，总占地 1 000 多平方米，但建筑大多在“文革”中被毁，多是后来重建。宫内最有看头的便是戏楼，其中的木雕精美绝伦。在戏楼右侧的木质横梁上，一组高浮雕人物图案最为著名，内容为“鸿门宴”“十面埋伏”“四面楚歌”等，很有军旅文化特色。

名人故居：抗日战争期间，八路军贵阳交通站在青岩建立安宣点，把许多革命干部家属疏散到这里来，周恩来的父亲、邓颖超的母亲、李克农和博古（秦邦宪）的家属都曾经在青岩住过。

## 二、天河潭风景区

2009 年，天河潭风景区被评定为 4A 级旅游景区。

天河潭位于贵阳市南郊花溪河上游车田河段的石板镇芦笛村旁，距贵阳市市区 24 千米，离花溪公园 13 千米，总规划面积 13.5 平方千米，中心景区 3.5 平方千米。天河潭是典型的薄层碳酸盐岩裸露地块，褶皱频繁，断裂交错，河谷拐曲，纵横深切；河床上堆积的 20 多处钙化滩坝，串连着 20 余个溶洞，形成明河、暗洞、桥中洞、洞中湖、天窗、竖井、绝壁、峡道等复杂纷纭、多姿多彩的岩景观。世人赞它“兼具黄果树瀑布之雄，龙宫之奇和花溪之秀，浓缩贵州山水之精华”，主要有洞外峡谷河滩景观和溶洞两部分。

峡谷中有宽 210 米的钙华滩瀑布，是目前国内发现的最宽的钙华滩瀑布。瀑布下游这一段河叫香粑沟，瀑布飞泻而下，在香粑沟河段星罗棋布，奇形怪状的石灰溶岩洞，或迂回婉转，或奔腾跳跃，形成美水、浣沙洲、绾髻园、仙女出溶等景点。钙华滩上是卧龙湖，长长的龙脊——百步石桥浮现在湖中，湖水清澈如镜，湖岸上桃红柳绿，犹如世外桃源。

景区内的龙潭洞由水洞和旱洞组成。洞口天生桥，由芦荻河经暗湖形成竖井深潭，穿天生石桥流出，天河潭因此得名。水洞洞口就在潭边，水洞须乘船游览，洞内奇观犹如仙境。该洞全长约 1 000 米，最宽处 80 余米，最窄处仅为 20 米，洞顶最高处 50 余米，洞内暗河水深处 21 米。洞内有石钟乳、石笋、石柱等景观。旱洞为 3 层，曲长 200 余米，洞中有一天然石桥——奈何桥，它连续在洞里两座悬崖之间，桥下是深不可测的阴潭，堪称鬼斧神工，令人叫绝。洞内满布玲珑剔透，形态各异的钟乳石，千姿百态。

## 三、花溪国家城市湿地公园

花溪国家城市湿地公园位于贵阳市花溪区中心城区的北部，距离贵阳市中心仅 12 千米，是全国少见的城市湿地。它属于亚热带湿润气候下的高原喀斯特丘陵区，是以喀斯特地貌为特征的城市湿地公园，其独特的地理位置和地质结构形成了丰富多样的地貌风景资源。

花溪国家城市湿地公园以花溪河为纽带，涵盖十里河滩、花溪公园、洛平至平桥观光农业带和大将山景区，总面积达 8.5 平方千米，2009 年 3 月，被国家住房和城乡建设部批准为国家城市湿地公园。

十里河滩：景区南起牛角岛，北至龙王村，西临花溪大道，东抵大将山山脉，长 6.5 千米，面积 2.19 平方千米。十里河滩湿地生态系统包括农田湿地、河流湿地、沼泽湿地、河滩湿地、湿草甸、沟渠等多种类型，具有蓄水及削减洪峰的功能，能够调节气候，改善环境；蕴藏了极其丰富的生物资源，其中有国家级和省级重点保护植物 7 种——香樟、榉树、青檀、沉水海菜花、银杏、牡丹、杜仲，国家重点保护野生动物 5 种——大鲵（俗称娃娃鱼）、游隼、红隼、岩原鲤、多斑金线鲃。十里河滩景区秀峰环抱，竹木夹岸，洲岛错落，鱼游碧水，鹭戏浅滩，还有水车、碾坊、粮仓等人文景观。

花溪公园：花溪公园作为风景区建设，始于民国 28 年（1939 年）4 月，公园原名“中正公园”，1940 年 3 月，公园建设基本完工，由时任黔省政府主席的吴鼎昌亲自主持落成典礼。次年，何应钦为公园大门坊额题写了“中正公园”4 个字。1949 年，正式命名为花溪公园。2009 年 12 月，花溪公园纳入花溪国家城市湿地公园。公园占地 53.33 万平方米，是贵州著名的旅游胜地，它融真山真水、田园景色、民族风情于一体，被称为“高原明珠”。公园风景优美，溪水碧绿，四季花木争奇斗媚；园内的平桥、坝上桥、放鸽桥、芙蓉洲、松柏园各逞风姿，麟山、凤山、龟山、蛇山景色别致。花溪公园在布局上的特点是四山夹一水、一水带四山，山环水绕，相依相存，相得益彰。四山即麟山、蛇山、龟山和凤山，麟、蛇据北岸，龟、凤峙南岸。麟山最高，矗立峭立。山顶独石嶙峋，若麟角，麟山以此得名。登上山顶倚天亭，纵目下瞰，全园都在眼中，花圃农田，朱桥碧水，楼台亭榭，宾馆别墅，绿树纷墙，历历如绘。尤其是放鹤洲上，小汀三五，草长烟生，流水回环，曲桥多姿，各尽其妙。龟山如寿龟匍匐园中，山势西来，流水东去。山上的疏林茂草中筑一阁，供游人闹中取静，品茗对弈。蛇山舞麟前，凤山立龟后，各得其所。陈毅元帅游花溪后，曾留下“真山真水到处是，花溪布局更天然。十里河滩明如镜，几步花圃几农田”的诗句。

洛平至平桥观光农业带：包括花溪平桥、黄金大道、阳光水乡观光农业带。

大将山景区：大将山脉位于花溪大道东侧，于花溪河相依相偎，3.9 平方千米。山势雄伟峻峭，植被良好，山下村庄农舍，溪水蜿蜒，山上松林浓郁，山间多为林间台地，形成开敞的林窗。景区内建有观景亭，可俯瞰十里河滩的优美景色。

## 四、孔学堂

孔学堂地处大将山下，花溪国家城市湿地公园十里河滩中段，占地 30.67 万平方米，分为公众教化区和中华文化研修园两部分。其主要功能为学习、研究、教化、传播中华优秀传统文化，汇聚海内外儒学名家，交流学术成果，开辟国学讲堂，诵读传统经典，演习文明礼仪，兼具典藏与陈列等。

公众教化区占地 8.67 万平方米，建筑面积 2 万余平方米，建设内容包括礼仪广场、大成殿、明伦堂、六艺学宫、乡贤祠、阳明祠、奎文阁、杏坛及高 9.28 米的孔子行教像等。项目于 2011 年 7 月动工，2012 年 9 月 28 日（即孔子诞辰 2563 周年纪念日）落成，2013 年 1 月 1 日正式向公众开放。

2013 年 10 月，贵阳孔学堂与国际儒学联合会（ICA）等联手建设的中华文化研修园开工。中华文化研修园致力打造研究和弘扬中华优秀传统文化国际性高层次人才的培养基地，中华优秀传统文化学术研究成果的产出高地，传播和研究中华优秀传统文化的国际学术交流平台。规划用地面积 21.8 万平方米，总建筑面积 10 万平方米，主要由文化街、研修园、研修社区、草堂、文化园林及相应配套设施组成。

贵阳孔学堂公众教化区建成开放后，开展了形式多样、内容丰富的传统文化活动，深受广大市民和游客喜爱。

## 五、乌当“泉城五韵”乡村旅游区

乌当“泉城五韵”是乌当区 5 个布依族村寨，是集少数民族风情、乡村休闲意境、质朴农耕文化、特色美食文化于一体的乡村旅游区，包含情韵 · 阿栗、醉韵 · 偏坡、美韵 · 渡寨、福韵 · 王岗、古韵 · 陇脚 5 个村寨，分别分布在贵阳市乌当区高新路街道、偏坡乡和新堡乡。

醉韵偏坡：位于乌当区东北面的偏坡布依族乡，距贵阳市区 10 余千米，布依族人口占 97%，是典型的民族风韵悠长的古原生态之乡。偏坡处处青翠深绿，郁郁葱葱，四季如春，生机勃勃，森林覆盖率达 62.8%。突兀耸立的古树群，高大挺拔的古银杏，枝叶茏葱葳蕤，五枝虬蟠，傲指苍穹，气象万千。偏坡的布依族文化丰富多彩，《醉美偏坡》实景歌舞表演把能将游客带入布依人的民俗风情，一同参与布依婚嫁、上梁、抢花炮，丰收的互动，在欢笑中解读布依民族。每年的“六月六”这一天是布依民族传统节日，布依同胞都要举行盛大的祭祀盘古典礼，祈盼丰收。

古韵陇脚：坐落在新堡乡香纸沟景区内，距贵阳市区 42 千米。整个村寨依山傍水，旖旎迷人，一幢幢特色浓郁的布依民居掩映在青山绿水间，一簇簇翠竹婆娑溪水潺潺在奇险峡谷中流动，是一个与世无争、宁静而祥和的世外桃源。其延续近千年的土法造纸工艺，已被列入国家级非物质文化遗产保护名录。

美韵渡寨：位于新堡乡，距贵阳 40 余千米。在这里可以听优美的布依山歌，欣赏独特的原生态簸箕画、竹编画、木贴画、瓢画、烙画。其簸箕画艺术更是在国内外都有一定的知名度，曾被贵州省文化厅命名为“农民画之乡”。其糍粑节、“三月三”地蚕会、布依独特婚俗等传统民俗已形成独特的文化品牌。

福韵王岗：位于乌当区新堡乡，距贵阳 40 余千米，是一个依山傍水的典型布依村寨，干栏式建筑群保存比较完整，2009 年列入省政府公布的首批历史文化名村。这里古树成林，河水清澈，水车悠转，铜鼓声声传递着布依族人热情好客的特点。其“庖汤”宴就是最好的例证，这道传统布依美食以“三盘四碟八大碗”而远近闻名，也使这里享有“庖汤第一村”的美誉。每年春节前，老百姓不论家境贫富，都会杀“年猪”，意为驱邪接福。各家杀了“年猪”之后，都会拿出猪身上肉质最好的部分，采用传统而独特的烹饪方式，做出口味独特的“庖汤”饭，邀请亲朋好友相聚一堂，大口吃肉，大碗喝酒。

情韵阿栗：位于乌当区新添寨镇、东风镇及永乐乡交界处，因产杨梅而盛名。景区林木葱郁，森林覆盖率约 90%，同时拥有科技杨梅、野生杨梅及大粒枇杷等水果基地。每逢水果丰收季节，游客络绎不绝，竞相体验乡野气息。阿栗杨梅园，盛产“火炭杨梅”“老鸭毛”“情人梅”等数十个优质杨梅品种。杨梅有生津止渴、健脾开胃之功效，多食不仅不伤脾胃，且有解毒祛寒之功效。优质杨梅果肉的营养素含量丰富，有“果中玛瑙”之誉。

## 六、保利国际温泉

2009 年，保利国际温泉被评定为 4A 级旅游景区。

保利国际温泉坐落在贵阳北部环城林带内，位于贵阳市乌当区顺海中路 88 号，距市中心 9 千米。占地 10 万平方米的保利国际温泉公园内设国际标准的水疗中心、水上温泉乐园、森林温泉 SPA 会所等温泉主题休闲场所，配备大型演艺中心、博物馆、保利剧院、电影院、欧陆风情商业街、五星级温泉度假酒店、教育配套区和近 70 万平方米的高档住宅，最终打造为一个集旅游、温泉、文化、休闲、居住为一体的高尚文化区。

保利国际温泉取自地下 3 200 米的深层地下水，水温 67°C，无色，略带硫黄味，日流量 1 000 多立方米，pH 6.97，为中性泉，水温较高，无色，略带硫黄味，矿化度低、刺激性小，富含钙、镁、钾、钠、铁、锌、锶、氯、氟、偏硅酸、重碳酸根、硫酸根等矿物质。这种泉质有助于洗浴者缓解压力，促进血液循环，并对多种疾病有辅助治疗作用。

保利国际温泉的温泉区主要由室内、室外两大温泉板块 7 个温泉泡区、1 个露天休息区（小吃坊）、43 个不同种类的特色温泉池组成。其中，室内温泉有风情水疗区 12 个温泉池，室外温泉由水上乐园区、儿童戏水区、足汤区、养生谷、思静台等 31 个温泉池和天一泉府 8 间汤屋组成，还配备一流的 SPA 理疗中心，可谓“集温泉之大成者”。

## 七、贵御温泉

2011 年，贵御温泉被评定为 4A 级旅游景区。

贵御温泉，位于贵阳市乌当区顺海村，距贵阳市中心约 7 千米，距贵阳龙洞堡机场约 8 千米，距火车站约 10 千米。景区青山相拥，空气清新，幽静雅致，是城区难得的天然氧吧，自然环境得天独厚。贵御温泉为自然园林式布局，青石板铺就的小径徐徐环绕，园中布设假山瀑布，小桥流水，温泉池就掩映在庭院各处，一派恬淡宁静的山野仙境。温泉水属于地下 1 900 米深层热水，温度高达 53°C，日流量 1 100 吨。温泉水中含硫、铁、偏硅酸等 30 多种微量元素，水质晶莹，无色无味，可促进人体新陈代谢，增强体质；对关节炎，脊椎炎、神经炎、大脑皮层疲劳、妇科病等 30 多种病有辅助疗效；对血压有双向调节作用。

贵御温泉是集温泉泡汤、客房、餐饮、棋牌、会议、美体保健等为一体的露天温泉休闲度假景区，休闲娱乐功能完备，有温泉区、功能区、休息区。温泉区包含水疗区、儿童戏水区、特效药池区、漩涡浴、波光浴、石板浴、鱼疗、温泉游泳池国标尺寸等形态、大小、水温各异的特色泡池 20 余个。功能区包含健身区、网吧、书吧、简餐区、深呼吸盐房、贵御花道 SPA 馆、餐厅等。休息区包含百人休息大厅、品质温泉房、中西式豪华套房、各种客房、呼噜区、吸烟吧等，可满足游客的不同需求。

## 八、贵阳市蓬莱仙界·白云休闲农业旅游景区

2015 年，该景区被评定为 4A 级旅游景区。

景区位于贵阳市白云区牛场乡蓬莱村。蓬莱村是一个典型的布依村寨，这里布依文化源远流长，布依风情浓郁清新，布依习俗丰富多彩。布依同胞在蓬莱这块美丽神奇的土地上，以自己的勤劳智慧书写了质朴的农耕文化，绘就了闲适的田园画卷。

蓬莱仙界 · 白云休闲农业旅游景区作为贵州省现代农业展示区于 2010 年 3 月经省农委批复实施，2010 年 8 月项目修建性详细规划经专家评审通过，规划建设 5 个展示园（农作物新品种展示园、特色果树品种展示园、特色植物品种展示园、精品茶品种与茶文化展示园、特色水产品种展示园）、4 个基地（农作物新品种区试基地、农作物新品种试验基地、油研试验基地、综合开发基地）、4 个中心（成果展示中心、交易中心、科教培训中心、技术研发中心）。2010 年 11 月 18 日正式动工建设，通过两年的建设，主体基础设施基本形成，修建了亭台水榭、休闲桌椅、长廊栈道等旅游设施，完善了园区绿化美化，增添了温室大棚、节水灌溉、污水处理、蔬菜无土立体栽培等现代化设施，开展了精品水果、特色蔬菜、香草、红豆杉等种植展示，举办了多项活动。展示区初具雏形，新品种、新技术、新设施的展示效果明显，休闲旅游观光功能日益增强，成功申报全国休闲农业与乡村旅游示范点、贵州贵阳国家农业科技园区（白云）、省旅游观光产业化扶贫实训基地。

## 九、贵阳欢乐世界

贵阳欢乐世界位于贵阳市白云区，以白云公园现有资源为主，以“贵阳数字内容产业园”动漫作品为创意来源，采用现代游乐项目运行模式，对原有景观进行升级改造而成。该主题公园是整个西南地区投资最大、规模最大、游乐设施最全的游乐场所，其中悬挂过山车、挑战者之旅、摩天轮、极速风车、双层豪华转马、4D 影院等 40 多个具有国内领先水平的动漫游乐设施都在这里落户。游乐园占地面积达到 46.67 万平方米，先期规划包括悬挂过山车、空中飞舞、悬挂滑车、飓风飞椅、火箭蹦极、浪花翻滚、非洲冲浪以及高度为 108 米的摩天轮等 40 多项游乐设施。

## 第四节　贵阳下辖市县主要景区

贵阳下辖市县包括清镇市、修文县、息烽县和开阳县。

### 一、“四个贵州”

“四个贵州”即时光贵州、四季贵州、乡愁贵州、寻味贵州，是清镇市新推出的旅游名片。

时光贵州是一个集旅游、度假、休闲、食宿、娱乐为一体的休闲旅游地产项目，是贵阳首个以文化传承为基础的休闲旅游主题商业街区。

时光贵州讲述的贵州故事主要侧重于600年来的屯堡文化、会馆文化、建筑文化及海派时尚摩登文化，如安顺的屯堡文化、镇远的会馆文化、贵阳的民国4大建筑等，将这些散落于贵州各地的历史人文特色文化，通过景区的建筑形态、景区布局一一展现出来，赋予其更丰富更多彩的文化内涵。游客在旅游、休闲的过程中，都能够清晰地找寻到贵州文化精髓的影子与符号，从而增进对贵州历史文化的了解。

主入口处的时光广场，中央伫立着的“日晷”，记录着贵州大地上的时光痕迹。从三叠纪时期到秦汉夜郎国，延续到宋朝始名、明朝建省，再到遵义会议召开，每一条刻痕都标志着贵州历史文化的重要节点。而在小镇外的仿古城墙上，三叠纪时期的鱼龙、海百合化石，以及贵州龙化石，都彰显着贵州历史的深厚绵长。

小镇街巷里，文字、图片的史实资料，仿古的实体建筑，活态的现场展示，将贵州的军屯、商屯、官屯、民屯文化逐一诠释。

时光走廊，一个拱形的门洞把游客带入贵州的屯堡文化记忆中。从明朝初年，朱元璋为巩固边疆屯兵贵州的故事，到随着历史变迁“屯堡人”的迁徙演变。600年来，屯堡民居的建筑、服饰以及娱乐方式等，在远道从安徽运来的灰砖墙上，通过图片告诉人们，虽历经变迁，屯堡依然沿袭着明代的文化习俗。

会馆街上，贵州会馆、两粤会馆、江南会馆、江西会馆、山东会馆、福建会馆、四川会馆、两湖会馆8大会馆毗邻而建，成了会馆文化的展示馆，向人们叙述着商屯在历史上的功能和作用。让人仿佛见到明清时期，被誉为“黔东重镇，滇楚要冲”，自古为兵家、商贾必争之地的镇远，在这块不足4平方千米的地方，发达的商贸流通。现在“时光贵州”小镇的会馆，是以餐饮、娱乐休闲的方式存在的，人们置身其中，不仅是看实景，听解说，还能切身去体会随着历史变迁而形成的特殊商屯文化。

四季贵州是清镇市“旅游+体育”示范项目之一，以温泉为核心，水上娱乐为主题，融生态观光、文化旅游、休闲度假、商务会议、运动养生、购物娱乐、生态人居等功能于一体的综合旅游度假区，景区有极地冒险水世界、欧洲风情小镇、山地运动公园、

“双创”旅游文化特色小镇4大主题板块。极地冒险水世界，由“海洋情景室内水乐园”“极地冒险室外水乐园”组成。极地冒险室外水上乐园以穿越极地冰雪世界为设计主题，分为6大主题区，配套有万平巨型海啸池、北海真沙沙滩、30米高的急速滑道、超级悬浮过山车与大喇叭组合、儿童流星滑道等多种具有娱乐及体验性的游玩组合设备区，给游客带来惊险刺激的水上乐趣。海洋情景室内水上乐园2019年建成开放。

乡愁贵州是以乡村良好生态环境为肌理，以阳明文化为哲学精神内核，以乡愁文化、贵州文化为产品打造原型，集农耕体验、户外活动、生态自然休闲观光、生态科普教育等于一体的中国首席乡愁文化主题样板，农耕文明国际休闲度假区。

寻味贵州位于卫城镇。卫城原名镇西卫，始建于明崇祯三年，是明朝节制水西的一个屯兵卫所，至今已有300多年的历史。明清时期，随着镇西卫交通、军事地位的日益凸显，外地客商、本地商人纷纷在此地开埠置店，各种文化、各地习俗在此相互渗透、相互交融，形成了独特的建筑文化、饮食文化、民俗文化。当时卫城商贾云集，店铺林立，会馆兴盛，素有“小荆州”之称。来自云南、四川、两广地方的厨师也慢慢会聚于此。由于各个地方的口味不同，众口难调，厨师们就不断研究，于是“八大碗”就此诞生，包括盐菜、口袋豆腐、火夹兰片、鸡茸蹄筋、清蒸肚片、镶碗、八宝饭、清蒸块鸡。

## 二、修文阳明风景名胜区

修文阳明风景名胜区位于修文县境内，喀斯特地貌发育良好，奇特雄伟的喀斯特峰丛、峰林、峡谷、水洞、石林广布。风景区主要由六广河峡谷和阳明洞等主要景点组成，总面积为112平方千米。

六广河景区：位于乌江上游的六广河上。六广河为修文、息烽、黔西和金沙4个县的界河，两岸河谷陡峭，由水面到山顶一般高达350～400米，峡谷时宽时窄，加上两岸陡崖上多悬挂飞瀑、流泉、山景与水景穿插相应，变幻无穷。1979年乌江渡水电站建成后，形成一个巨大的人工湖，称“六广湖”。该湖从白马滩到姊妹峰40千米的水路上，拥有7峡25景。六广河景区范围就在这著名的“六广七峡”之内，七峡即白马峡、猴愁峡、飞龙峡、赤壁峡、象鼻峡、剑劈峡、恋春峡。

阳明洞：位于贵阳市修文县城北1.5千米的龙岗山上，因“千古大师”王阳明在此悟道而名扬中外，海内外王学研究专家称这里为“王学圣地”。加上著名爱国将领、“千古功臣”张学良将军曾被囚禁于此3年，使阳明洞更加闻名于世。阳明洞现为全国重点文物保护单位。阳明洞洞穴多窍，奇石丛生，洞中有洞，前后贯通，别有洞天。这里是王阳明行踪遗迹和张学良囚禁之处保存得最完整的地方，建筑完好，文化内涵丰富。龙岗山上除有阳明洞外，还有王阳明所建龙岗书院、何陋轩、君子亭、宾阳堂和后来为纪念他而建的王文成公祠等建筑，以及后人瞻仰阳明洞书刻的许多摩崖碑刻。

## 三、贵阳森林野生动物园

2009 年，贵阳森林野生动物园被评定为 4A 级旅游景区。

贵阳森林野生动物园，位于修文县扎佐林场内，为景阳森林公园的主要景点之一，占地面积约 3.33 平方千米，地处川黔铁路边及贵遵、贵毕两条高速公路交会处，距贵阳市市区仅 37 千米。这里以野生动物和森林景观的展示观赏为主线，集野生动物迁地保护、科普教育、繁殖生产、科学研究和休闲娱乐为一体，是为公众提供游览观光、休憩娱乐的综合性森林野生动物园。

园区内地形多样，有缓坡、山坳、宽谷、山峰、石林、溶洞等多种喀斯特地貌，共饲养 200 多种、5 000 多头（只）动物。根据园区自然环境地貌和动物生活习性，因地制宜地将整个动物园划分为：水禽湖、斑马、长颈鹿馆、雉鸡园、珍稀动物区、大象表演场、小熊猫馆、大型猛兽表演场、动物竞技场、猴山、大型动物散放区、鸟艺表演场、鸟类园区、科普馆、儿童动物园及大型游乐场、宾馆餐饮、生态停车场等。为了让游人真正感受到人与动物和谐相处的快乐，品味回归大自然的感受，动物园内部分草食动物可零距离接触。

## 四、扎佐高尔夫球场

扎佐高尔夫球场距离贵阳仅 30 千米，坐落在贵遵高速公路旁被 5 万多亩（33.33 平方千米）森林紧紧环抱，构成了林中有水、水中有山、山中有林的贵州高原特色景观。1997 年 5 月建成开放，为 18 洞 72 杆国际标准球场，也是全国最具高原森林风格的球场。扎佐高尔夫球场气候温暖湿润，冬无严寒、夏无酷暑，依托高原喀斯特起伏跌宕、变化多端的地形地貌，背靠茂密的扎佐林场，利用山上的流水建造了人工湖泊，加上天然兀立的山峰，使这里具有十分难得的高尔夫品质。球场占地 2.04 平方千米，海拔为 1 336 ~ 1 357 米，中部一湾湖水，把球场分成南北两半，南部的面积 0.993 3 平方千米，北部面积为 1.0473 平方千米，两处乐趣各有不同。球道总长 6 728 米，前九洞靠东而建，地势较平缓开阔；后九洞靠西而建，坡度刁钻，球道曲折迷离。此外，度假中心各种配套设施齐备，练习场、网球场、游泳池、会员酒店、度假别墅、高尔夫专卖店等一应俱全，融休闲、运动、交际、度假多种功能为一体。

## 五、修文桃源河景区

2014 年，修文桃源河景区被评定为 4A 级旅游景区。

桃源河景区位于贵阳市修文县六屯乡境内，距贵阳市区 40 千米，全境面积 15.7 平方千米，桃源河贯穿其中。该区素有“人间仙境”“世外桃源”之美称。峡谷内有十里桃花源、情人泉、犀牛潭瀑布、银滩瀑布、三道响大瀑布等自然景观。

香粑房水库：位于桃源河上游景区入口处，婉转于山野之间。两岸多种桃树，春时桃花盛开，落英缤纷，故名桃子湾。湖周有小山数座，苍翠秀丽，晨雾之中，宛如翩翩美少女。湖口处较为平阔，有良田数十亩。布依山寨独山村坐落湖口小丘之上，更增添出浓郁的民族风情。

珍珠滩瀑布：位于香耙房水库大坝之下。白天，瀑水溅起的水花在阳光的照射下闪耀出灿灿金光，夜晚，水花在月光的映照下闪烁着荧荧珠光，故名珍珠滩瀑布。

三道响大瀑布：有三级大瀑布景观，旺水季节，瀑水若千军万马，奔腾呼啸，声震数里，气势壮阔；枯水季节，瀑水柔缓，轻歌曼舞，飘然而落。此地架设悬浮魔幻漂流道，为全国漂流之首创。

犀牛潭瀑布：河谷中段，山顶之上有山泉数组，分流而下，泻入水潭，而水潭之中有一礁石若犀牛仰望，故名犀牛潭瀑布。

## 六、息烽集中营旧址

1988 年，息烽集中营旧址被国务院公布为全国重点文物保护单位；2015 年，被评定为 4A 级旅游景区。

息烽集中营包括猫洞和玄天洞两部分，位于贵阳市北 60 千米的息烽县城附近，是抗日战争时期国民党特务机关在西南的最大监狱之一。2003 年在旧址修建了息烽集中营革命历史纪念馆，是全国爱国主义教育基地、全国 100 家红色旅游景点。

集中营始建于 1937 年“卢沟桥事变”前夕，当时监狱设在息烽县城的几栋木房子内，由军统特务管理，规模较小。“卢沟桥事变”后，蒋介石实施“攘外必先安内”的投降政策，为关押从上海、南京、北平、武汉、四川等地逮捕的大批共产党员、爱国志士，于 1939 年夏，秘密把集中营迁至息烽县城南 6 千米的阳郎坝。里面有山有湖，极为隐蔽。当时，军统特务把重庆望龙门看守所称为“小学”，把重庆白公馆监狱称为“中学”，把息烽集中营称为“大学”，因其关押的多是全国各地押来的“要犯”，如红军第一路总指挥部党代表、中共川康特委书记罗世文，川康特委军事委员车耀先，西北特别支部委员宋绮云，抗日将领和社会各阶层爱国人士如杨虎城、黄显声、马寅初等。集中营关押人数常为 300 人左右，最多时达到 700 余人。

集中营本部面积约 2 平方千米，设监狱 8 栋 43 间，牢房称为“斋房”，按“忠孝仁爱、信义和平”8 字命名，即称“忠斋”“孝斋”“仁斋”等，其中“义斋“为女监。猫洞是一个口小内大、宽 15 米、高 5 米、面积约 30 平方米的天然溶洞，地形极其隐蔽阴森，内设刑讯审讯室。

玄天洞在息烽县城东 8 千米处，南山山脉中段之山腰间。该洞宽大、奇险，洞高 15 米，洞内面积 1 600 多平方米，呈圆拱形，除朝南处有一约 15 米宽的出口外，四周均系天然石壁。洞内的古建筑群始建于明末崇祯年间，经清代多次扩建维修，共建有玉皇殿 5 大间，三官殿 3 间，上殿 7 大间，下殿 9 大间和洞外大、小山门等，从洞口顺势而下 200 米处，建有三清宫 1 座（俗名踏脚寺）。所有殿宇均系明代建筑风格，雕梁画栋，黑底金字楹匾，合抱马桑树梁柱上凸身金龙缠绕，龙头腾空喷珠；20 多尊神像均系铁石雕刻成型后贴金，雄伟壮观，金碧辉煌。玄天洞是息烽集中营的一个看守点，1936 年发动“西安事变”的著名抗日爱国将领杨虎城及夫人谢葆贞被囚于玄天洞长达 8 年。

## 七、息烽温泉

息烽温泉地处息烽城东北 40 千米的天台山脚下，距贵阳市区 112 千米，至遵义市区 76 千米，海拔高度 700 米，四面环山，形成一天然小盆地。黑滩河、清水河南北纵贯其间，汇入洋水河，注入乌江。息烽温泉属亚热带季风湿润气候区，全年雨量充沛（年降雨量 1 100 毫米），气候温和，年平均气温 16.2°C，冬无严寒，夏无酷暑，气候宜人。温泉分布有 3 处涌出热水的泉眼，泉水清澈晶莹，无色无味，水温 53°C ~ 56°C，24 小时涌出量为 1 032 吨，属承压裂隙型循环性温泉，潜流深度 1 232 米，泉水循环年龄大于 30 年。1981 年，经贵州省科学院鉴定为“氡泉”。氡含量每升 11.14%马赫，世界少有。氡对治疗慢性关节炎、腰肌劳损、骨质增生等疾病有奇效，对预防人体癌细胞的产生也有特殊作用。医学观测说明，有氡泉沐浴经历者，其患癌症概率仅是万分之一，而普通人群患癌症概率高达千分之五，所以息烽温泉有“一沐神汤百病无”的美誉。温泉不但以水著称，它的天然奇景也令人流连忘返。温泉有著名的 8 大景，即天台丛林、白石涌泉、奇石观瀑、慈云生佛、清流鸣琴、豸角凌云、天生高桥、洪水古营，还有红水河秀美的山水风光，更为温泉增添了魅力。

息烽温泉的开发最早是在民国 34 年（1945 年）由省主席杨森倡导并拨款，历时两年建成。1956 年省总工会建疗养院，全院占地面积约 866.67 平方千米，建筑面积 2.3 万平方米，主要接待全国各地职工代表及少数港、澳、台同胞和国际友人来此治疗、休养。现在的息烽温泉疗养院，不仅设置了室内泉，室外泡汤池，还设有理疗池、养生池、美颜池、中药池（含泡池）等多种功能池，以满足游客的不同需求。

## 八、开阳南江大峡谷景区

2008 年，开阳南江大峡谷景区被评定为 4A 级旅游景区。

南江大峡谷景区地处开阳县，距贵阳市区 54 千米，以发育典型、气势宏大的喀斯峡谷风光和类型多样、姿态万千的瀑布群落为特色，景象万千。峡谷全长 40 多千米，峭峰顶立，最深处达 398 米，目前已开发 18.4 千米。峡谷两岸峰峦叠嶂，奇峰插天，时而宽谷相间，时而悬崖蔽日，极为雄奇、险峻。周边支流河水沿峡谷跌落，形成诸多瀑布群落，最高落差达 250 余米。丰雨期时瀑声如雷，如银链飞溅，扯出漫天雨雾，清爽宜人。更奇妙的是钙华瀑布，或似亭台、灵芝，或似灵龟、金钟，或似石花、石幔，形态多样，十分瑰丽。峡谷深幽，植被茂密，有如原始森林，石抱树、古藤、奇花异草点缀其间，猕猴穿梭林中，充满了生机和灵气。著名景点有水落亭台、飞龙栈道、金钟瀑布、锣鼓冲等。

## 九、开阳白马峪温泉

2014年，开阳白马峪温泉被评定为4A级旅游景区。

白马峪温泉位于开阳县，占据富有灵气的风水宝地，突显豪华典雅，盛唐浪漫而唯美的艺术气息。地处风景秀丽，水碧如玉清流蜿蜒的白马峪河谷，日涌水量400吨，水温70°C，水质晶莹透亮，“可饮可浴”。泉水口感纯正，富含偏硅酸、锶、锌等13种有益人体健康的微量元素，属低钠，低矿化度，是重碳酸钙型优质天然山泉水。温泉内设六福汤池、药浴池、汤药房等11个不同种类的温泉泡池，室外设有麒麟池、贵妃池、龙牙池等共11个不同种类的泡池。休息区配置有影视专用大厅，可免费观赏影视大片。休息厅可提供各类饮料、简餐及专业的保健按摩服务，还配套设有茶苑、咖啡吧、奶茶吧、棋牌室、专业足疗等，多样化的选择，让游客身心愉悦，康健益心。景区还有标准间、单间、豪华标准间、豪华单间和套房等共63间温馨的酒店客房及多功能会议室。

## 十、开阳“十里画廊”乡村旅游区

2006年，该旅游区被评定为全国农业旅游示范点。

开阳“十里画廊”乡村旅游区毗邻贵开高等级公路，距贵阳市46千米、开阳县城18千米。旅游区由禾丰乡和南江乡沿清龙河畔的10余个自然村寨组成，景区集田园风光、峡谷风光、民族风情、民间文化为一体。“住农家屋、吃农家饭、干农家活、享农家乐”是“十里画廊”乡村旅游区最大的特色，特别是打富硒糍粑、摘富硒枇杷、品富硒绿茶、尝富硒米酒、吃富硒豆花、享富硒盛宴、观民族风情等，更是最大的休闲旅游亮点，也是游客参与率和重游率最高的旅游项目。宁静恬然的田园风光，底蕴深厚的水东土司文化，风情浓郁的布依族、苗族村寨，是十里画廊乡村旅游区的魅力所在。此外，这里的马头寨还是贵州独有的水东土司文化的发祥地。“马头寨古建筑群”是全国重点文物保护单位，主要景点有旧林古渊——凤凰寨，古风河韵——坪寨，万寿古桥——龙滩坝，玉水金盆——底窝坝，土司古寨——马头寨，云山茶海——百花茶场，水调歌头——水头寨，书香门第——王车村。

# 第三章　遵义市旅游业

## 第一节　遵义市概况

### 一、基本情况

遵义，简称“遵”，市辖汇川区、播州区、红花岗区、新蒲新区，桐梓县、绥阳县、正安县、凤冈县、湄潭县、余庆县、习水县、道真仡佬族苗族自治县、务川仡佬族苗族自治县 9 县以及仁怀市、赤水市 2 个县级市。根据第七次人口普查数据，截至 2020 年，遵义市常住人口为 660.67 人，生产总值 3 720.05 亿元，比 2019 年增长 4.6%。

遵义地处贵州北部，介于东经 106°17′22″~107°26′25″，北纬 27°13′15″~28°04′09″。东与铜仁市、黔东南苗族侗族自治州、黔南布依族苗族自治州相邻，南与贵阳市、毕节市接壤，西与四川省泸州市相连，北与重庆市临界，土地总面积 30 762 平方千米，占全省总面积的 17.5%。其中山地占土地面积的 65.1%，丘陵占 28.3%，盆地及河谷坝子占 6.6%，耕地面积为 0.4070 平方千米，占土地总面积的 13.2%。

遵义属典型的亚热带温暖湿润季风气候，四季分明，雨热同季，年平均降水量 1000 ~ 1200 毫米，多年平均气温 14°C ~ 18°C，全年日照时数一般为 1000 ~ 1300 小时，无霜期 270 ~ 280 天。光热水汽条件较好，适宜农作物生长。由于区内地势高低悬殊较大，气候垂直差异明显，局部地区气候多样，为发展立体农业提供了较优越的气候环境。同时，遵义被中国老年学和老年医学学会评选为中国长寿之乡，这也与其宜人的气候是分不开的。

在这温润宜人的土地上，生活着 30 多个少数民族，其中最主要的少数民族包括仡佬族、苗族、土家族、布依族、苗族、侗族等，占全市人口的 12.2%，他们主要分布在务川、道真这两个自治县中，少数民族中人口最多的是仡佬族。

### 二、历史沿革

“遵义”之名始于唐贞观十六年（642 年），取义于《尚书·洪范》“无偏无陂，遵王之义”。今遵义市，在春秋战国时期曾是巴、蜀、夜郎等邦国的领地，秦汉时置犍为郡，唐贞观十三年（639 年）为播州。明万历二十八年（1600 年），播州改置遵义军民府（隶四川）、平越军民府（隶贵州）。清初，遵义府改属贵州省。辛亥革命后，废弃府的建置。1935 年贵州省设 11 个行政督察区，黔北为第五行政督察区，专员公署先设桐梓，后迁遵义县城（即今红花岗区）。1949 年 11 月黔北各县先后解放后设置遵义专区，后称遵义地区。1997 年撤销遵义地区设地级遵义市。

## 三、交通通信

### （一）交通

遵义有贯穿境内的兰海高速公路、G56 杭瑞高速、遵赤高速公路、绥遵高速公路等，截至 2021 年，全市公路通车里程 40 015 千米，占全省公路通车里程的 1/5，其中，高速公路建成通车里程 1 403 千米，高速公路和普通国省干线出省通道增至 24 条。另有川黔电气化铁路、黔渝铁路，通航河流有赤水河、乌江渡库区、羊磴河和大同河，内河通航里程 1 052 千米，年货物吞吐能力 1 750.7 万吨，年旅客吞吐能力 567 万人次。

其中，赤水港是全省最大的港口，年吞吐货物近 400 万吨；遵义新舟机场于 2012 年建成通航，茅台机场 2017 年正式通航。

### （二）通信

市内拥有明线、电缆、无线电短波等多种形式的电话通信网，中国移动和中国联通的基站点已遍布全市，互联网业务已经普及。

## 四、特色食品

### （一）鸡蛋糕

鸡蛋糕各地皆有制作，而遵义鸡蛋糕久负盛名，享誉日本及南洋一带，成为遵义著名特产，备受游客喜爱。遵义蛋糕的生产，有百年以上历史。清末，新城的著名糕点铺“桂香斋”就是享誉遐迩的一家。遵义鸡蛋糕小巧玲珑，形如扁鼓，1 千克有 17～20 个，外棕红而内金黄，饱满油润，香气扑鼻，望而垂涎，松软而有弹性，香甜爽口，咀嚼不粘不腻，口感极好。

### （二）豆花面

豆花面是遵义人的一种独创。面条上盖着一团雪白的豆花，面条浸在豆浆之中。另加辣椒水一碟，配有姜末、细葱、肉臊、麻油、鸡丁、花生米、鱼腥草等，食用时将豆花与面条挑入碟中蘸吃。

### （三）羊肉粉

贵州各地均产羊肉粉，唯有遵义羊肉粉驰名。遵义市的大街小巷，羊肉粉馆栉比鳞次，食客之多，首屈一指。

遵义羊肉粉早在清代中叶就名扬遐迩。羊肉粉的主要原料是羊肉和米粉。其做法是：先将米粉在开水锅里烫 3 次，除去米粉本身的酸味，盛在瓷碗中，然后在米粉上放一层薄薄的羊肉片，这种羊肉片是煮熟后切成的，最后浇上鲜红的辣椒油，撒一些花椒粉、蒜苗、香葱、芫荽等，热气腾腾，香气扑鼻，十分诱人。遵义羊肉粉不仅色、香、味俱全，还是滋阴壮阳的保健品。

### （四）黄糕粑

黄糕粑为遵义县南白镇特产，原料普通，制法独特，兼具“糕”和“粑”的特点，富有传统风味。其原料为上好的大米、糯米各一半，再加两种米总和的8%～10%的黄豆。将米磨成粉，糯米蒸熟，黄豆磨浆，掺和拌匀，待浆干后搓揉成团，打成长条形块状，外包斑竹笋壳，用绳扎紧，然后上甑猛火蒸2～3小时，让粑熟透，再小火焖24小时左右即可出甑。出甑后水分蒸发“收汗”，粑表面黄亮油润，不粘手、不稀皮。上等的黄糕粑切口断面呈金黄色，细腻而油润，其中的糯米粒晶莹闪亮，吃进口中糯而不黏，香甜可口，有冷食或蒸、炸、烤、煎等吃法。

### （五）绥阳空心面

绥阳空心面纤细如发，中间有孔，贯通上下，入锅久煮而不烂，细嚼绵软有劲。空心面由于加工精细，面条本身就有作料，所以味道极为鲜美，如能配以鸡、肉等汤汁，汤汁能自然渗入面条孔中，更味美无比。

### （六）绥阳朝天椒

绥阳朝天椒为全国7大名椒之一，其椒尖簇簇向上，朝天而长，故而得名。绥阳辣椒种植历史源远流长，自明朝万历年间即上市交易，主要品种有大椒、朝天椒、皱椒、菜椒等，其中尤以朝天椒独具特色，驰名海内外。其具有色泽油亮、整齐均匀、浓辣芳香、皮薄肉厚等特点，富含人体所需的多种微量元素和矿物质，深受民众喜爱，为佐餐调味佳品。从辣椒中提取的辣椒碱、红色素作为添加剂和化工原料广泛应用于食品、医药、化妆、军工等行业。

## 五、旅游资源概述

遵义的旅游资源主要集中在红色文化、酒文化、地质地貌和生物资源3个方面。1935年，中国共产党在这里召开了“遵义会议”，遵义也因此于1982年被国务院列入首批公布的24个国家历史文化名城之一。赤水丹霞地貌面积大、景观品质高，2010年作为中国丹霞的组成部分成功申报世界自然遗产。

### （一）红色文化旅游资源

遵义的红色文化旅游资源非常丰富，保存着红军诸多革命活动留下的珍贵遗迹，荟萃了强渡乌江、遵义会议、四渡赤水、娄山关大捷、兵逼贵阳等中国工农红军长征史诗上的精华。全市的红色文化旅游资源现有近百处，1982年被国务院列入首批公布的24个国家历史文化名城之一，2004年遵义被国家旅游局确定为全国10大红色旅游基地之一。另外，遵义还被列为国家重点培育的 12 个“重点红色旅游区”。

### （二）酒文化旅游资源

遵义是世界名酒、国酒——茅台酒的产地。全市有国家级名酒、国家优质酒、省级名酒、地方名优酒等品牌 4 000 多个，常用品牌近千个，有酿酒企业数百家。1988 年，在中国首届酒文化节上，遵义被评为“中国酒文化名城”。2004 年，茅台酒所在的遵义仁怀市被中国食品文化研究会认定为“中国酒都”。2008 年，茅台酒酿制技艺入选国家非物质文化遗产名录。目前，遵义国酒文化体验度假项目被列为贵州省重点建设的 10 大旅游项目之一。

### （三）地质地貌旅游资源和生物旅游资源

地质地貌旅游资源由丹霞地貌和喀斯特地貌旅游资源构成，著名的丹霞地貌集中在赤水市。赤水丹霞是早期丹霞地貌的典型代表，其面积达 1 200 多平方千米，是全国面积最大、最美丽壮观的丹霞地貌。喀斯特地貌的主要代表是绥阳双河洞国家地质公园，双河溶洞群洞穴景观因其独特性、多样性、完整性而被喻为“喀斯特天然洞穴博物馆”，因而也成为洞穴旅游的天堂。

生物旅游资源品位高，品种珍稀，其中最珍贵的是赤水桫椤。桫椤被称为科学研究的“活化石”，是国家一级珍稀濒危保护植物。赤水桫椤国家级自然保护区、赤水竹海国家森林公园、习水国家森林公园、习水中亚热带常绿阔叶林国家级自然保护区、绥阳宽阔水国家级自然保护区是珍稀动植物的宝库和生态旅游的宝地。

## 第二节　中部五区县主要景区

中部五区县包括红花岗区、汇川区、播州区、桐梓县和绥阳县。

### 一、遵义会议会址

1961 年，遵义会议会址被国务院公布为全国第一批重点文物保护单位；2005 年，被评定为 4A 级旅游景区，是全国红色旅游经典景区、全国青少年教育基地、全国爱国主义示范教育基地。

遵义会议会址位于遵义市红花岗区老城子尹路，修建于 30 年代初，是当时遵义城最宏伟的建筑。整个建筑分主楼、跨院两个部分。大门临街，门两侧原是 8 间铺面，当年为房主经营酱菜及颜料纸张。主楼为中西合璧式建筑，坐北朝南，面阔 25.75 米，通进深 16.95 米，通高 12 米，占地面积 528 平方米；分一楼一底，为曲尺形，砖木结构，歇山式屋顶，上盖小青瓦，楼顶有一老虎窗，一层、二层均为回廊环绕，楼房的檐下柱间有 10 个券拱支撑；上下门窗漆板栗色，所有窗牖均镶嵌彩色玻璃，窗外层加有板门；楼内各房间设有壁橱；楼上有梭门梭窗，檐柱顶饰有垩土堆塑的花卉；东西两端各有一转角楼梯，外面加有一道木栅栏。

1935 年 1 月 15 日—17 日，著名的遵义会议在这里召开。遵义会议结束了王明“左”倾主义在中央的统治，确立了毛泽东在红军和党中央的领导地位，使红军和党中央得以在极其危急的情况下保存下来，是中国共产党历史上一个生死攸关的转折点，标志着中国共产党从幼年走向成熟。现在大门正中现高悬“遵义会议会址”巨匾，是毛泽东于 1964 年 11 月题写的（此为毛泽东为全国革命纪念地题字的唯一一处）。进大门，穿过厅，迎面是一座砖彻牌坊，上有彩瓷碎片嵌字，前为“慰庐”，后为“慎笃”。楼上陈列有遵义会议会议室、军委总参谋部办公室、军委副主席周恩来的办公室兼住室、总司令朱德和康克清的办公室兼住室、总参谋长刘伯承的办公室兼住室、参谋长叶剑英的办公室兼住室；楼下有作战室、机要室、三军团军团长彭德怀和政委杨尚昆的住室、一局局长彭雪枫和张云逸的办公室兼住室，还有工作人员、警卫人员的住室。此外，景区还有红军总政治部旧址，毛泽东、张闻天、王稼祥、博古旧居，红军警备司令部旧址，中华苏维埃国家银行旧址等。

## 二、杨粲墓

1982 年，杨粲墓被国务院公布为全国重点文物保护单位。

杨粲墓位于红花岗区深溪镇皇坟嘴山脊上，距市区 10 千米。这里群山环抱，湘江河三面拥抱皇坟嘴，地势险绝，风景绚丽，是红花岗区有名的游览胜地。

杨粲墓修建于南宋理宗淳祐年间（1241—1252 年），1953 年被发现，并于 1957 年清理发掘保护，因早年被盗，清理时仅获陶瓶、影青瓷碗、残铁三角。带柄铜镜、崇宁重（通）宝等物，另有珍贵铜鼓两只，被定为中国古代南方 8 大类型铜鼓——遵义型铜鼓的标准型。墓室的主人杨粲夫妇骸骨早已无存，只留了一空墓。

杨粲是唐末入居播州的土官杨端的十三世孙，南宋嘉泰年间（1201—1204 年）袭播州安抚使，执政掌权 30 余年。杨粲执政掌权期间，支持抗金、平定内乱、扩大领地、推行政治宽简。杨粲墓规模宏大，垒若小山，从前石掘土后显露出墓门，墓室结构为平顶双室，用 496 块白砂岩条石砌筑，石间密合无痕，以子母扣层层套合固定，总面积 64 平方米，夫妻合葬双室结构。南室葬杨粲、北室葬其妻，中间有隔墙，后部有过道相通。两室又分墓门、前室、后室 3 个部分。棺床置于后室正中，由 4 条圆雕石龙衬托，两壁及后壁布满精湛雕刻，上有墓主在内的 28 尊人物造像，雕刻精致、造型精确、栩栩如生，墓主夫妇宝像各居一室，面对墓门，衣冠楚楚，严肃慈祥，两侧文官、女官、武将、侍从、童男童女、贡使等呈现各司其职之状。除人物外，其余只见满室雕龙刻凤，到处奇花异草、飞禽走兽，还刻有器物、几何图案等，墓室富丽堂皇，反映了墓主显赫的身份。杨粲墓石刻刀法娴熟，线条流畅，比例合度，神形兼备，继承和保留了宋代石刻的艺术风格，被誉为西南石刻艺术宝库。

## 三、海龙囤

2001年，海龙囤被国务院公布为全国重点文物保护单位；2015年，列入世界遗产名录。

海龙囤位于汇川区高坪镇以西 10 千米的龙岩山上，始建于唐代。唐僖宗干符三年（876 年），因南诏国攻陷播州（今遵义市以及黔南州部分地区），太原杨端奉命领兵打败南诏，恢复失地，从此杨氏家族开始在播州的世袭统治。据谭其骧《播州杨保考》记载："自唐末以迄明季，虽版籍列于职方，然专制千里，自相君臣，赋税之册，不上户部；兵役之制，不关枢府，名为外臣，实为一独立政权。西南夷族之大，盖自汉之夜郎，唐宋之南诏、大理而外，无出其右者……"说明当时的播州，事实上是一个独立王国，直至明朝万历二十八年（1600 年）被明军剿灭。杨氏家族统治的播州，历经唐、宋、元、明 4 个朝代，传至第二十九代的杨应龙，长达 725 年，较夜郎近 300 年、南诏 200 年和大理 300 年的历史，它存在的时间更长。

海龙囤是贵州省内最大的，集大型军事建筑与宫殿建筑于一体的土司城堡。共设有 9 个关隘，关隘间以高大的石料砌筑的城墙相连，形成三层防御体系。关隘均用重逾数百斤的巨石砌筑，十分坚固，圆拱形的城门高 5 ~ 10 米不等，最大进深可达 32 米，有的门洞内建有耳室。正面的铜柱关和铁柱关为海龙囤的第一级防线。飞虎关最为险要，关隘筑在陡峭的悬崖绝壁上，在绝壁上凿有 470 余米的马道。朝天关最为雄伟，它是通往飞凤关进入城内的主要通道。现在，海龙囤的 9 座关隘和 6 000 米长的城墙保存完好。

由于播州杨氏的第二十九代传人杨应龙已有反叛明王朝之意，重新修建和加固了海龙囤，以拒官军。明万历二十八年（1600 年），明王朝令四川总督李化龙率官军 24 万之众，分 8 路进兵海龙囤，以平定杨应龙的叛乱。5 月 18 日明军开始轮番攻城，至 6 月 5 日，官军攻克海龙囤，杨应龙见大势已去，与妻子在囤上自缢焚身，从此结束了杨氏家族在播州 700 余年的世袭统治。

海龙囤的木结构建筑均已焚毁，但巨石砌筑的城堡遗址至今尚保存完整，是中国唯一保存完好的中世纪军事古城堡。海龙囤地势险要，遗址规模宏大，囤上有杜鹃花林，风景优美，历代前往游览凭吊的学者名流、官绅百姓络绎不绝。

## 四、绥阳宽阔水自然保护区

2006 年，绥阳宽阔水自然保护区被国务院公布为国家级自然保护区。

宽阔水自然保护区位于绥阳县境内。1989 年建立县级自然保护区，2001 年 4 月，经贵州省人民政府批准为省级自然保护区，2006 年晋升为国家级自然保护区。其主要保护对象为中亚热带常绿阔叶林森林生态系统和珍稀野生动植物。

保护区总面积 262.31 平方千米，其中核心区面积 90.85 平方千米，缓冲区面积 61.86 平方千米，实验区面积 109.60 平方千米。保护区内大面积原生性亮叶水青冈林森林生态系统在全国乃至全世界都具有典型性、代表性、完整性和特有性。集中成片的 1 300 平方米亮叶水青冈林是中国水青冈林中最具代表性的林分。区内黑叶猴种群数量大，约 140 只，仅次于目前全球黑叶猴种群数量最大的麻阳河国家级自然保护区。保护区鸟类种类繁多，数量大，有国家二级重点保护珍稀鸟类 14 种，其中受到国际保护组织关注的濒危鸟种，如白冠长尾雉，种群数量大，已被列为国际重要鸟区之一。生物资源丰富，区内有高等植物 250 科 775 属 1 696 种，其中，种子植物 164 科 567 属 1 192 种。

保护区喀斯特地貌与常态侵蚀地貌并存，顶极生态系统与演替生态系统并存，是喀斯特非地带性森林生态系统和地带性森林生态系统动态对比研究的重要基地。目前，保护区已开展生态旅游活动。

## 五、遵义凤凰山国家森林公园

2001 年，遵义凤凰山国家森林公园被国家林业局公布为国家森林公园。

凤凰山国家森林公园位于遵义市中心湘江河畔，因形如“凤翥”得名，由小龙山、沙盐坡、螺丝山、金狮山等 20 余个大小山头组成，平向略呈三角形，方圆 9 千米，水平投影面积 3.5 平方千米，主峰海拔 1 057.9 米，最低海拔 810 米，相对落差 247 米，年平均温度 15.2°C，森林覆盖达 95%以上，茫茫林海，遮天蔽日，植物多达 200 余种。

在凤凰山南麓的小龙山上修建了一座红军烈士陵园。整个陵园坐北朝南，前临湘江，后靠葱茏翠绿的凤凰山。中华人民共和国成立后，遵义市人民政府为纪念在遵义战役中牺牲的红军战士，于 1953 年在松柏翠绿的小龙山修建红军烈士公墓，将烈士遗骸陆续集中迁至山上，同时把早已远近闻名的“红军坟”，从桑木桠也移到小龙山。经过 40 多年的维修整理，现已建成颇具规模的红军烈士陵园。1986 年 10 月 15 日，国务院批准红军烈士陵园为全国重点烈士纪念建筑物保护单位。红军烈士陵园为公益性景区，供市民和游客免费参观、瞻仰。

## 六、遵义大板水国家森林公园

2005 年，遵义大板水国家森林公园被国家林业局公布为国家森林公园。

大板水森林公园位于遵义市区西北 13 千米处，面积 31.32 平方千米。公园由 4 大景区组成：大板水森林游览区、聚仙洞地质景观区、玛瑙湖山水景区、金鼎山宗教文化观光区。公园自然景观资源有林海、雄峰、石林、溶洞、珍稀动植物、山溪、瀑布、温泉、水库、天象 10 种类型，人文景观资源有庞大的寺庙群、古山遗址、土司遗迹、长征遗迹、苗族风情、田园风光、民间传说 7 种类型，共计有 17 种景观类型、68 处景点，是贵州森林公园中景观类型最多的公园之一。

## 七、绥阳双河洞国家地质公园

2003 年，绥阳双河洞国家地质公园被国土资源部批准为国家地质公园。

绥阳双河洞国家地质公园位于绥阳县温泉镇公坪村、桂花村和铜鼓村，距绥阳县城 50 千米，距遵义市区 92 千米，西与宽阔水自然保护区相距 70 余千米。公园面积 318.6 平方千米，以保护喀斯特洞穴和孑遗植物及其产地为主，兼有其他多种地质遗迹如温泉、喀斯特峡谷与峰林等。双河洞群所在地，深山苍茫，群峰秀丽。初步探明，洞长

106.4 千米，由上中下 3 层，8 个主洞和 97 个溶洞组成，是我国罕见的一座最大、最长的世界级景观洞穴系统。洞群主要由石膏洞、水帘洞、莲花洞、桂花洞、山王洞、罗教洞、连望洞、杉林洞、罗汉洞等组成，各洞特色鲜明，因其独特性、多样性、完整性而被喻为“喀斯特天然洞穴博物馆”。加之优美原始的生态环境，组合成集洞、林、山、水、地下、地表景观为一体的风景区。

## 八、遵义水上大天门旅游景区

2011 年，遵义水上大天门旅游景区被评定为 4A 级旅游景区。

遵义水上大天门景区位于新蒲新区三渡镇，距遵义市区 40 千米。乐安江在此穿山而过，留下宽 80 余米、高 100 米的巨型山洞，当地人便将之称为“天门洞”。景区风景分为 5 个部分：乐安江风光、云门囤水上天生桥奇景、湄江河十里画廊观光、牛角塘景区（观天眼地缝）、夜郎古道。景区属贵州高原典型的喀斯特河谷，青峰如屏倒影江中，景色奇幻多姿。景观层次分明，规模宏大，也有夜郎古道、洞穴岩棺、田园风光、亭台楼阁、神奇火雕艺术品等人文景观。

## 九、娄山关景区

2013 年，娄山关景区被评定为 4A 级旅游景区。

娄山关景区位于遵义市汇川区板桥镇。娄山关海拔 1 400 米，两侧有大娄山（俗称笋子山），是娄山山脉主峰，靠近南关口的两个山头为小娄山，东侧为悬灯山，娄山关石碑立于此。娄山关地势奇险，是由黔入川的重要关隘，也是历代兵家必争之地。

1935 年 1 月初，中央红军在毛泽东、周恩来、王稼祥、张闻天、朱德等同志率领下，由南向北分三路突破乌江，进军遵义城。中央军委命令红一军团一个团追歼黔军侯之担部，攻下娄山关，占领桐梓县城。红军过关之后，敌军又卷土重来占领娄山关。1 月 9 日，红军抢占了关口，缴获大批物资，俘敌数百人。1 月 10 日，红军分两路追歼敌人，大部队赶到桐梓，与川军对峙，为保证遵义会议顺利召开创造了有利条件。2 月 26 日下午，毛泽东策马经过娄山关，写出了千古不朽的《忆秦娥・娄山关》。

为纪念遵义会议和中国工农红军长征这段伟大历史，中共贵州省委决定立碑刻石，镌刻了毛泽东《忆秦娥・娄山关》手迹全文：

西风烈，长空雁叫霜晨月。
霜晨月，马蹄声碎，喇叭声咽。
雄关漫道真如铁，而今迈步从头越。
从头越，苍山如海，残阳如血。

金箔帖字，灿烂夺目。如今娄山关既是人民群众游览的胜地，又是接受革命传统教育的重要场所。

## 十、绥阳宽阔水风景名胜区

绥阳宽阔水风景名胜区位于绥阳县城北 53 千米处，是大娄山东段保存下来的唯一一片原生性较强的天然林区。林区南北长约 8 千米，东西宽约 3 千米，总面积约 24.5 平方千米。这片林区的外围，分布着碳酸盐类岩石，喀斯特地貌独特。林区内建有水库，水天一色，风光秀丽，植物种类繁多。林内生长着世界著名的“中国鸽子树”——国家一级保护植物珙桐和南方红豆杉；有贵州省二级保护植物鹅掌楸、水青树、香果树和穗花杉。林内栖息着众多的珍稀动物，如云豹、金钱豹、林麝、毛冠鹿、小灵猫、红腹角雉、红腹锦鸡和白冠长尾雉等。宽阔水的地貌景观有让水溶洞、蛮王洞、天生桥和太阳山等。

## 十一、桐梓天门洞景区

天门洞景区位于娄山关北麓，距桐梓县城 5 千米，有上天门、下天门和小西湖等景点。上天门是一个横跨两山的天生桥，天生桥的正中是一个长约百米的天然溶洞，在洞口平台上可俯瞰洞下奔腾的河水。小西湖形成于 20 世纪 40 年代。当时，这里是修筑水电站拦河筑坝形成的湖面，电站的发电机组是从美国进口的，已有近 70 年的历史，发电机至今仍在运转。湖上仿杭州西湖的部分格局，建有“三潭印月”“望湖亭”“放鹤亭”和“湖心亭”等景观。湖心亭的亭柱上原有一副楹联“一湖西子水，半壁桂林山”，在坝首建有一座纪念塔。1944 年张学良曾被囚禁于此。

## 十二、桐梓凉风垭森林公园

凉风垭省级森林公园位于大娄山中段贵州桐梓县城北面，紧邻遵崇高速公路，交通位置十分优越，公园面积 5.96 平方千米。公园内植被茂密，湖水清澈，夏季凉爽，是避暑旅游的最佳去处。据调查，公园内共有维管束植物 119 科 329 属 470 种，其中有国家一级保护植物南方红豆杉，二级保护植物凹叶厚朴；林中有一株“圆锥柯”（又名“袁山石栎”）古树，胸径达 110 厘米，树龄估计在 200 年以上，是国内同类植物中最大的一株，被植物专家称为“中国圆锥柯之王”。公园内有一个人工湖“滴翠湖”，湖水清澈明净，四周万木葱茏。景区内还有石林、溶洞、石柱等喀斯特景观和夜郎古驿道。

## 十三、湘山寺

湘山寺位于遵义市中心的湘山之巅，原名万福寺，元朝大德年间易名大德护国寺，明末，以湘山湘水之名始称湘山寺。其庙宇规模宏伟，金碧辉煌，素称“黔北第一名刹”。

湘山寺历经沧桑，寺在明代战乱期间被毁，清乾隆丙戌年由照宽和尚重建，前后长达 6 年方竣工。以后又经普印、寿林、法云等维修和扩建，奠定了湘山寺之宏大规模。寺中有韦驮殿、大雄宝殿、山门、舍利塔园等，并衬以禅房、回廊、花苑、池塘和楼台亭阁，环境幽雅。寺外古木参天，香火极为旺盛。1939 年该寺庙沦为国民党兵营，新中国成立初期内设劳改医院，直至 1959 年才恢复为寺。“文化大革命”期间，寺庙受到冲击，变为民宅。党的十一届三中全会以后，恢复其寺，1983 年市政府将湘山寺列为市级文物保护单位，并被定为贵州省佛教重点寺庙之一，1985 年升为省级重点文物保护单位，纳入市政府当年 10 大建设项目之一，开始进行全面修复，后经逐年不断扩大和完善，这一千年古刹旧貌换新颜。

### 十四、乌江渡

乌江渡景区，位于乌江干流与川黔铁路纵横交汇点——遵义市播州区乌江镇境内，北距历史文化名城遵义 40 千米，南距省府贵阳 100 千米。它将雄、奇、险、秀的自然景观，历史悠久的人文景观，风俗民情，饮食文化融为一体，配套互补，使乌江渡成为独具特色的综合旅游区。2005 年景区内乌江渡发电厂被授予全国工业旅游示范点，并且因景区内红色旅游资源丰富，现已纳入全国 100 个红色旅游经典景区系列。

### 十五、绥阳水晶温泉度假村

水晶温泉度假村位于绥阳县温泉镇，距双河洞国家地质公园中心景区仅 8 千米，距历史文化名城遵义 75 千米。温泉度假村分温泉泡浴、酒店、住宿、餐饮、广场、垂钓园、生态园、商务行政等区域。水晶温泉水温和出水量非常稳定，常年水温 46°C ~ 51°C。潜流深度 1 500 米，其原始出露口为一冷热阴阳泉。

水晶温泉属“硫化物、重碳酸、高锶型、二氧化碳”热泉，锶具有防癌治癌作用；二氧化碳具有美容，去死皮、角质皮等作用；水晶温泉富含的几十种微量元素，对心血管理体造血功能、皮肤、风湿、类风湿、关节炎等疾病有良好的疗效。此外，温泉水中所含的氡可以软化血管，对高血压、高血脂具有独特疗效。

## 第三节　沿赤水河三市县主要景区

沿赤水河三市县包括赤水市、仁怀市和习水县。

### 一、赤水风景名胜区

1994 年，被国务院公布为国家级风景名胜区。赤水风景名胜区位于赤水市，总面积 1 801 平方千米，景观以瀑布、竹海、桫椤、丹霞地貌、原始森林等自然景观为主要特色，兼有古代人文景观和红军长征遗迹，被誉为“千瀑之市”“丹霞之冠”“竹子之乡”“桫椤王国”“长征遗址”。

赤水风景名胜区有 4 大特点：

第一，地处贵州高原向四川盆地的过渡地带，海拔高差大（221 ~ 1703 米），地形切割强烈，垂直高差明显，地层多为紫红色砂岩，形成大量的奇峰异石、孤峰窄脊、岩穴等丹霞地貌奇观，这种丹霞地貌与贵州省众多的喀斯特地貌形成强烈的对比。赤水丹霞与湖南崀山、广东丹霞山、福建泰宁、江西龙虎山（包括龟峰）、浙江江郎山 6 个丹霞地貌风景区“捆绑”申报自然遗产的项目，以“中国丹霞”之名在巴西利亚举行的第 34 届世界遗产大会上，经联合国教科文组织世界遗产委员会批准，被正式列入《世界遗产名录》。

第二，赤水属中亚热带气候，雨量充沛，年平均降雨量 1 297.3 毫米。境内有河溪 352 条，湖塘水库 792 处。由于境内有丰富的水资源，有星罗棋布的河溪、泉眼、湖塘、水库，加之有海拔垂直高差明显的地形、良好的植被、富水的岩层，使河溪落差集中，形成了众多的飞瀑流泉、急流险滩和优美的河溪、湖面，组成千姿百态的水体景观。

第三，赤水森林覆盖率达 62.18%，有森林 344.666 平方千米，其中成片原生森林 200 平方千米。赤水是我国 10 个重点产竹区之一，有成片楠竹 180 平方千米，楠竹蓄积量 3 000 万株。

第四，景区景观以瀑布、竹海、桫椤、丹霞地貌、原始森林为主要特色，兼有长征历史文化、文物古迹，是集生态、科普、文化、游娱为一体的一流旅游目的地。

### （一）赤水大瀑布

赤水大瀑布又名十丈洞景区，国家 4A 级风景区，距城区 39 千米，位于赤水市两河口镇，面积 30 平方千米。景区以十丈洞大瀑布、中洞瀑布为特色景观，拥有十丈洞大瀑布、中洞瀑布、万年石伞、奇兵古道、转石奇观、香溪湖、百亩茶花、石笋峰、亿年灵芝、会水寺摩岩造像、红军标语等自然、人文景观。景区原始幽静，林茂峰秀，丹崖艳丽，植物多种多样，山峦四季常青，云豹、麋鹿、猕猴等野生动物活跃出没，溪泉、瀑布密布，香溪湖波平水碧，是一处观瀑览胜、怀古寻幽、避暑休闲的极佳胜景。

### （二）四洞沟景区

四洞沟景区距城区 15 千米，位于赤水市大同镇境内。这里峡谷幽深，谷底翠竹挺秀，山间竹木葱茏，一条欢快的小河清清地、静静地流淌。河中奇形怪状的白垩系红色砂岩星罗棋布，石上生长着繁茂的植物，构成了一个个天然盆景。景区中，桫椤、小黄花茶和鹅掌楸等珍稀植物随处可见，最绝的是在景区内 4 千米的河段上，均匀地分布着 4 个形态各异的瀑布。“四洞沟”，按《说文解字》里所说：“洞者，疾流也。”这里的“洞”就是指这 4 个瀑布。

第一瀑——水帘洞瀑布，高 21 米，宽 35 米，瀑下是比砂岩质软的泥岩，在瀑水的冲击、掏挖作用下，形成一个“岩腔”，这就是“水帘洞”。对这里的美景，清人黄三之写诗赞道：

首洞横滩一字河，水穿岩石鼓琴歌。
湖中小石时藏露，俨若清波涌翠螺。

第二瀑——月亮潭瀑布，其高度不大，宽 42 米，形如偃月缠云，瀑下右岸生长着一株茂密的榕树。黄三之为二洞所题的诗也很精彩：

二洞滩形偃月湾，泉飞十尺注深潭。
悠悠滚滚波涛涌，浪沃山花落叶船。

第三瀑——飞蛙岩瀑布，悬崖中间，一个三角状巨石向前伸出，其状如“牛”“牛”前有细条状小岛，形若游蛇，“蛇”前又有石崖，酷似青蛙，因此，当地有“三洞滩头石牛追，蛤蟆欲跳避长蛇”的歌谣。

第四瀑——白龙潭瀑布，最高，而且瀑布周围景色最优美。该瀑高 45 米，宽 30 米，瀑下有一巨石，形状似鞋。相传古瀑布下面的深潭中，经常有一只金鸭戏水。有一次，一位仙人路过这里，捉走了金鸭，不慎失落的一只鞋在这里化为一石鞋。第四座瀑布处风景优美，是拍照留影的最佳地。

四洞沟景区附近尚有渡仙桥和古节孝坊等景点。在景区大门约 500 米处的溪咀，有一座“旌表处士刘祖相之妻郑氏节孝坊”，用紫红色砂岩打造而成，高 10 米，宽 6 米。该石坊石雕工艺极为精湛，石坊顶部中央“圣旨”两字周围，全为镂空的花纹，极为精美，石坊上的书法极好。这是四洞沟景区一个很有观赏价值的人文景观。

### （三）天台山景区

天台山景区位于赤水河畔的川黔边境，据赤水旧志记载：“天台山，在城东北，原名大佛脑，高十余里。诸山环拱，高出云表，巨石横亘。”赤水市是贵州地势较低处，海拔只有 220 米，而天台山最高峰海拔 1 000 余米，高低悬殊。山上原有较大面积的赤水蕈树构成的常绿阔叶林，赤水蕈树是赤水市的特有植物，巍巍险峰和特有植物构成了又一黔北胜景。

### （四）长嵌沟景区

长嵌沟景区位于官渡镇与习水县城之间，是贵州省出口马合公路的必经之路，是典型的丹霞地貌景区，有九曲湖、蕨基地、二郎坝、黑串孔 4 个水库组成的人工湖群，以及长嵌沟、官渡古镇等景点。

### （五）七里坝景区

七里坝景区距马合公路约 10 千米，是赤水市内的高峡平湖景观。景区主要由七里坝、大闪坪、石瓦房、搭沟岩、倒流水、水茶溪 6 个人工高峡干湖组成，另还有长沙古镇及月亮岩、花瓶岩等丹霞地貌景点。

### （六）九角洞景区

九角洞景区的丹霞地貌十分典型，以湖南岩最为雄美。整个景区以丹霞地貌景点为主，在这里，300 余米高的丹峰悬崖拔地而起，3 个高达 200 余米的瀑布从石峰间飞涌而下，红岩、绿树、银瀑汇成一幅浑然天成的国画。

### （七）丙安古镇景区

2008 年，丙安村在被国家住房和城乡建设部、国家文物局命名为“中国历史文化名村”。

丙安古镇自古为川黔贵播驿道和川盐入黔水陆盐道上的著名盐埠商市和军事关隘，踞守陆路驿道，扼控赤水河航道，地理位置十分重要，为兵家必争之地，被誉为“千年军商古城堡”。这里有传承乡土文化的古建筑群——濒河临空的吊脚楼建筑群，保存完好的石砌古寨门，独具特色的青石板葫芦街，巨型条石架建而成的“双龙三兽八墩”古石桥，古驿道，红军长征第一方面军一军团军团部、红二师师部旧址以及赤水河丙安红军渡口等。川风坳古驿道在赤水至桐梓公路修通前是赤水到遵义的主要陆路通道，据《增修仁怀厅志》载“由丙滩进山出芿照路狭如泉甚为陡险”。川风坳位于丙滩场与芿照最为险要处，在新中国成立前多为土匪出没之地，为保障来往客商的安全，而在川风坳山头修建了一山寨，后被土匪所毁。现存川风坳朝天门，为石砌寨门，保存完好。

## 二、赤水桫椤自然保护区

1992 年，赤水桫椤自然保护区被国务院公布为国家级自然保护区。

赤水桫椤自然保护区于 1984 年建立，是以物种保护为主的综合型自然保护区，1992 年晋升为国家级自然保护区，1993 年被接纳为中国生物圈保护区，被誉为“赤水河畔的桫椤王国”。保护区以常绿阔叶林森林生态系统及国家二级重点保护植物——桫椤等及其生存环境为保护对象，保护面积 133 平方千米。

保护区地处赤水河畔的坡麓地带，属中亚热带湿润季风气候。区内沟谷深切，河溪纵横，地貌崎岖，瀑布众多。区内植被在海拔 700 米以上的为中亚热带湿润常绿阔叶林，在海拔 700 米以下的沟谷中为南亚热带沟谷雨林，林下生长着成片的桫椤。桫椤是一种古老的大型树蕨，其种群在一亿八千万年前与恐龙同生共荣，享有“活化石”盛誉。保护区桫椤宜生环境是中生代侏罗纪时期“避难所”，自然生态保持着远古原始的“本底”状态。桫椤数量达 4 万余株，其数量之多、面积之大，实为国内罕见，有“桫椤王国、竹子之乡”的美称。保护区野生动植物种类繁多，资源丰富，森林覆盖率 90%以上。由于地理位置独特、自然条件优越，天然常绿阔叶林及野生动植物资源丰富。其中种子植物 1 100 多种，蕨类植物 175 种，苔藓植物 130 种，兽类动物近 100 种，鸟类 120 种，两栖类 30 多种，爬行动物 40 多种，鱼类 50 多种，昆虫 114 种，已列为国家重点保护的珍稀动植物 50 多种，珍稀动物如云豹、猕猴、苏门羚等，珍稀植物如桫椤、福建柏等。

## 三、习水中亚热带常绿阔叶林自然保护区

1997 年，习水中亚热带常绿阔叶林自然保护区被国务院公布为国家级自然保护区。

习水中亚热带常绿阔叶林自然保护区位于贵州省北隅，习水县西北部，总面积486.66平方千米。1992年建立县级自然保护区，1994年7月晋升为省级自然保护区，1997年12月晋升为国家级自然保护区，主要保护对象为中亚热带常绿阔叶林生态系统和珍稀野生动植物。

保护区内茂密的原生常绿阔叶林保存完好，分布集中，森林覆盖率90%，是我国乃至世界研究亚热带常绿阔叶林森林生态系统最有代表性的基地之一。保护区水热条件优越，生态环境特殊，动植物区系成分复杂，物种资源十分丰富，生息繁衍着各类动植物3 000多种，其中有国家一级重点保护植物南方红豆杉和二级重点保护植物桫椤、福建柏、鹅掌楸、楠木等15种；有国家一级重点保护动物豹、云豹和二级重点保护动物猕猴、藏酋猴、黑熊、红腹锦鸡、白冠长尾雉等29种。桫椤、福建柏形成单优群落，尤为珍奇的是保护区内三梢、四梢桫椤，在我国极为罕见。此外，还有贵州省重点保护动物和植物38种，中国新纪录及贵州新纪录物种不少于20种。

## 四、赤水竹海国家森林公园

1993年，赤水竹海国家森林公园被国家林业局公布为国家森林公园；2013年，被评定为4A级旅游景区。

竹海国家森林公园位于赤水市葫市镇境内，距赤水市区40千米。公园占地面积119.30平方千米，其中楠竹面积32平方千米，内分3个景区，中心景点为野竹坪休闲区。景区中有一“鸳鸯树”景点，这是一株赤水市特有植物“贵州石笔木”，树形十分奇特，还有“天锣地鼓”景点和形态奇特、酷似少女身形的“圣女瀑布”。中心景区是一处以竹海风光、瀑布群、原始森林、野生动物和丹霞奇观综合构成的秀美景段，是人们休闲、度假、疗养的理想胜地，同时也是文人墨客挥毫泼墨的天然佳景。

## 五、燕子岩国家森林公园

2001年，燕子岩国家森林公园被国家林业局公布为国家森林公园；2009年，被评定为4A级旅游景区。

燕子岩国家森林公园位于赤水市风溪河西岸，距赤水市区25千米，总面积107.2平方千米，分别由燕子岩、皇水沟、石闪坪、恒山林海4大景点构成。景区环境封闭，森林原始，生态系统完整，地势险峻，风景独具翠、秀、幽、奇、绝，是中外旅游者观赏自然生态风光的理想胜地，也是科普考察的重要基地。

燕子岩有南园、北园、一帘幽梦、金龟观瀑、燕子岩瀑布、燕子岩穴、长寿泉、生命之源、猕猴穴天桥、莲台瀑布、桫椤树和古竹道等景点，以及无数的地学、水体、生物、森林奇观。

## 六、习水国家森林公园

2003年，习水国家森林公园被国家林业局公布为国家森林公园。

习水国家森林公园位于习水县，总面积 140.274 6 平方千米，由地域上不相连接的3 大片区组成。其中，中国杉王片区位于县城北 8 千米，面积 37.023 5 平方千米；飞鸽片区和三岔河片区在县的西北部，与重庆市江津四面山国家级风景名胜区接壤，距县城 50 千米，面积分别为 47.012 4 平方千米和 56.238 7 平方千米。处于大娄山山系西北坡、向四川盆地南缘的过渡地带、侵蚀强烈的中山峡谷区，丹霞地貌发育典型，虽地处中亚热带，因地形切割深、海拔差异大，森林茂密，立体气候特点显著。

习水国家森林公园丹山叠嶂，红崖壁立，悬幔飞瀑，清流妙曼，茂林修竹，山花烂漫；登临纵目，苍山如海，烟霞虹霓，气象万千，堪称原始生态胜地。来到这里，能体验和感悟：历经 800 年风霜雪雨的神州瑰宝——中国杉王，科学考察与探险运动处女地——猿峒悬谷，举世罕有的丹霞板状河床风景廊道——水上公路，谱写伟大革命英雄史诗的红军长征四渡赤水鏖战地。

## 七、习水县土城镇

2005 年，习水县土城镇被建设部和国家文物局评为中国历史文化名镇。其中，四渡赤水战役旧址于 2006 年被国务院公布为全国重点文物保护单位；四渡赤水纪念馆于 2011 年被评定为 4A 级旅游景区。

土城镇位于习水县西部，地处赤水河中游河畔。土城老街和四周有不少历史古迹，同时也是古代川盐入黔的重要码头和集散地。现在保存下来的有古盐号、古船帮等旧宅，还有明万历二十六年（1598 年）前后修建的九龙囤等军事囤堡。

土城是举世闻名的红军渡口。2007 年 7 月 9 日建成的四渡赤水纪念馆包括四渡赤水纪念馆主馆、中国女红军纪念馆、红军医院纪念馆、红九军团陈列馆、赤水河航运历史展览馆、赤水河盐文化陈列馆、土城古镇博物馆等馆群，以及毛泽东、周恩来住居，朱德住居，红军总司令部驻地，红军总参谋部驻地，红三军团司令部驻地，土城老街红军驻地，青杠坡战斗遗址，女红军街，土城渡口纪念碑和二郎滩、淋滩渡口等十多处全国重点文物保护单位。土城被誉为长征路上的红宝石，地球红飘带上的明珠，被授予长征文化艺术之乡称号，是革命传统教育基地。

## 八、中国丹霞谷旅游景区

中国丹霞谷旅游景区位于习水县三岔河，距习水县城 45 千米，景区面积达 80 平方千米，动植物近 4 000 种，野生动植物 1 600 多种。地处贵州习水国家级自然保护区内，是国家级森林公园、人与生物圈保护区、国家 4A 级景区。

丹霞谷是地球上高原峡谷青年期丹霞地貌的典型代表，为地球同纬度上面积最广，保存最完好的中亚热带常绿阔叶林带。它是 6 500 万年前，远古绿色世界劫后余生留给习水的宝贵自然遗产，是镶嵌在黔北高原上一颗璀璨的生态明珠。

丹霞谷深藏于绿色林海之中，九沟十八岔涧谷纵横，山原逶迤，林莽苍苍，千峰竞秀，碧水萦绕。嵌入群山之间的条条沟谷叠翠千丈，浓荫蔽日。一根根红色石柱在浓绿中拔地而起，傲视林层；一块块巨大厚重的红层丹崖，色彩斑斓、幻影重重，拟人拟物，栩栩如生。瀑布跌水隐匿于青山翠谷之中，宛如铺在绿树丛中的一张张网，悬挂在红岩之上的一道道帘，散发出高山流水的悠悠情思。

## 九、仁怀茅台风景名胜区

仁怀茅台风景名胜区位于仁怀市境内，主要包括国酒文化、长征文化、赤水河吴公岩和盐津河人工湖的自然风光 4 部分内容，共有景点景物 50 处，总面积约 50 平方千米。

仁怀是国酒茅台的故乡，酒文化源远流长，特别是近百年更是声名远扬，饮誉海内外。建于茅台酒厂内的“国酒文化城”是世界上规模最大的酒文化博物馆。国酒文化城占地 3 000 平方米，建筑面积 8 000 余平方米，规模浩大，气势恢宏，建有汉、唐、宋、元、明、清及现代 7 个馆。每个馆均体现了各个时代建筑美学的典型风格，反映出人们在造酒、用酒、饮酒过程中表现的思维方式、民族性格、宗教信仰、伦理道德、人格情操等酒文化的核心内涵。

仁怀是一片英雄的土地，当年红军在此辗转奋战，四渡赤水被誉为毛泽东思想军事指挥艺术的得意之作。从茅台渡口纪念碑到四渡赤水纪念塔，寄托着人们对红军的一片深情。

赤水河吴公岩一带峭壁悬崖，河水浊浪滔滔，曾是“川盐入黔”的最险处。两岸摩崖石刻较多，其中“美酒河”3 个大字被上海大世界吉尼斯总部授予“世界上最大的汉字摩崖石刻”。

盐津河人工湖因修筑拦水大坝而成，高峡出平湖，长虹映碧波。岸边山势嵯峨，湖面曲折多变，可领略青、清、幽、悠的迷人景色。茅台风景名胜区的景源类型多样，分布相对集中，尤其是人文景观，内涵丰富，特色鲜明，具有重要的观光游览、历史文化和科学教育价值，在省内外有较高的知名度。

## 十、赤水大同古镇

大同古镇地处赤水市西部，距市区 10 千米，与四川省合江县、叙永县，本市复兴镇、文化办事处接壤，是一个竹业、旅游重镇，原名大洞场，在原大同区所在地，1991 年建并撤为大同镇。大同镇距今已有 2 000 多年历史，是贵州省 13 个明令保护的文化古镇之一。

大同属中亚热带温暖湿润季风气候区，气候温和、温润，年平均温度 12°C ~ 17°C，年均降雨量 1 280 毫米，海拔 228 ~ 1 280 米，具亚热带生物生存繁衍和活动的优越条件，全镇森林覆盖率达 69%。拥有森林面积 33.33 平方千米，其中楠竹 3 平方千米，杂竹 23.33 平方千米，年可供商品楠竹 50 000 余根，杂竹 40 000 余吨；有野生动植物 2 300

多种，其中有桫椤、云杉、银杏等国家重点保护珍稀植物 8 种，长尾雉、大雉、大鲵、山羊等国家一、二级保护动物 10 余种。

### 十一、复兴江西会馆

复兴江西会馆又名万寿宫，位于赤水市复兴镇，建于清道光十二年（1832 年），光绪八年（1882 年）被火焚毁，宣统二年（1910 年）重建，后由江西籍商人集资修建，现保存完好。

整个会馆坐南向北，中轴对称，四合院布局。会馆占地 1215.12 平方米，由山门、戏楼、两厢、正殿、后殿等建筑组成。正殿面阔 5 间、通面阔 24 米，进深 3 间、通进深 10.5 米，抬梁穿斗混合式硬山封火山墙青瓦顶。撑拱、雀替、挂落、驼峰等构件雕刻精湛。后殿除体量稍小外，制式与正殿一致。3 道大门均为石刻梁柱，正门上方刻馆名“江西会馆”（现清理为“万寿宫”竖幅），整个建筑由 28 根高 13 米、直径 0.75 米的圆柱形和八方柱形的大石柱支撑，所有支撑木梁柱都有镂空雕或浮雕，以人物、禽兽、山水、花鸟图案为主，檐悬挂铜铃，屋脊由宝顶、龙兽等泥塑组成。

外观为砖木串架结构，小青瓦屋面，两侧有风火墙。馆内由前殿、正殿、后殿及左右厢房等组成，前殿为一楼一底，楼上为戏台。戏台木雕富有戏剧情节，栩栩如生。

## 第四节　东部六县主要景区

东部六县包括正安县、凤冈县、湄潭县、余庆县、道真县、务川县。

### 一、正安九道水森林公园

2006 年，正安九道水森林公园被国家林业局公布为国家森林公园。

九道水森林公园位于正安县境内，平均海拔 1 500 米，规划面积 12.445 平方千米。公园野生动植物资源丰富，是天然的动植物园，有种子植物 124 科、342 属、612 种，各类动物有 389 种。公园森林覆盖率达 90%，亚热带常绿落叶阔叶林、针阔混交林广泛分布，苔藓植物、竹类植物、种子植物种类繁多，珍稀植物随处可见。林中鸟语花香，彩蝶飞舞，飞禽走兽异常活跃。其生物的丰富多样性，被林业和生物专家称为“贵州生态的典型模式”。

公园内山谷寂静，林木葱郁。森林水库蜿蜒隐秘，水质清澈，微波荡漾。游人身临其中，才闻空山鸟语，又听林涛隐隐，既可感受绿树层林、落日气清的闲恬野趣，又可独享雾余水畔、爽气扑面的淡淡静谧。这里四季景色各异：春天，山茶科、杜鹃花科、蔷薇科等观赏植物百花争艳、五彩缤纷；盛夏，平均气温在 20.9°C，凉沁宜人，洗涤心肺；金秋，层林尽染，雾霭缠绕，山水缠绵，让人禅悟人生真谛；严冬，银装素裹，一片北国风光。

公园交通便捷，距离正安县城 37 千米。园内建有九道水森林宾馆，功能设施齐全，山野美食令人啧啧称赞，是休闲度假、观光旅游、消夏避暑、会议的理想去处。

## 二、湄潭浙江大学西迁旧址

湄潭浙江大学旧址又称浙大西迁陈列馆，位于湄潭县县城中部，原为湄潭文庙，是贵州保存完好的 4 大文庙之一。湄潭文庙始建于明万历四十八年（1620 年）。明天启二年（1622 年）及清咸丰九年（1859 年），文庙曾两次毁于战乱，又两度重修。光绪四年（1878 年），城乡民众募银上漆饰金，方使其“画栋雕梁，流光溢彩，美轮美奂”。湄潭文庙及左侧文昌宫、东书院，堪称旧时湄城高尚文化的象征。

1940 年初至当年 9 月，因抗战浙江大学西迁到遵义湄潭办学，将其作为分部办公室、图书室、公共课教室、医务室及竺可桢居室和印度留学生居室。英国皇家学会会员李约瑟曾把在湄潭的浙江大学誉为“东方剑桥”。

因红军长征与浙大西迁在遵义湄潭交会，所以，浙大西迁又被誉为“文军西征”。留下了苏步青、卢鹤绂、王淦昌、谈家祯、陈建功、贝时璋、李政道等 51 位蜚声海内外两院院士、学界泰斗的足迹，使湄潭一度成为中国乃至世界瞩目的科学圣地而名满华夏。

## 三、湄潭天下第一壶茶文化旅游景区

2013 年，该景区被评定为 4A 级旅游景区。

天下第一壶茶文化公园是以“秀甲天下茶品质、海纳天下茶文化、诚聚天下爱茶人”为主题的茶文化公园。公园主要由天下第一壶、天壶茶廊、水上乐园、茶文化广场及茶文化古道 5 部分组成。其中“天下第一壶”体积 28 360.23 立方米，总高 73.8 米，是目前世界上最大的茶壶实物造型，获上海大世界基尼斯总部认证的“大世界基尼斯之最”称号。

公园的落成，打破了遵义一楼（遵义会议会址）、一瓶（茅台酒）、一林（赤水竹海）的“三一”旅游旧格局，形成一楼、一瓶、一林、一壶（天下第一壶）的“四一”旅游新局面。从原来的一楼醒脑、一瓶洗胃、一林润肺的“三一体验”发展为一楼醒脑、一瓶洗胃、一林润肺、一壶静心的“四一体验”，是观光、旅游、休闲、度假的佳景胜地。

## 四、余庆飞龙寨景区

2013 年，该景区被评定为 4A 级旅游景区。

飞龙寨景区位于余庆县大乌江镇贵州省余庆县花山苗族乡花山村水口组，距贵州西电东送标志性工程构皮滩电站 30 千米，傍依贵州第一大湖飞龙湖。景区周边有飞龙赤壁、乌江沿岸原始森林、飞龙洞等自然景观，有沿江古渡、红军强渡乌江战斗遗址等历史人文景观，有全长 999 米的飞龙长廊、贵州第一高坝构皮滩电站大坝等现代建筑景观。特别是构皮滩电站蓄水形成的飞龙湖，有 34 个孤岛和众多半岛，湖面山峦起伏，形成了“湖连谷、湖中峡、峡湖相间”的奇特山水景观。

## 五、湄潭湄江风景名胜区

湄江风景名胜区位于湄潭县境内，面积 530 平方千米，主要由天门峡景区、湄江峡景区、野猴谷景区、仙谷山景区、三道河景区、三层崖圣泉景区、琴洲景区、蓝伞洞景区、神龙架景区等自然景区，浙大西迁历史博物馆、天主堂红军标语、贵州高原西南茶城、浙大文化广场、新世纪广场、茶乡文化广场等人文景观和茶海公园、东方农业博览园等组成，集山水风光、历史文化为一体。此外，还有西河字库塔、西河砖塔、犀牛洞、花水奇葩、金竹林洞、金桥洞、金桥宋墓、茅坝石头古寨、普陀岩、万鸟归巢、朝阳古洞、大水井节孝牌坊、龙天园、茅坪苗寨风情、望乡台、三元洞、石莲双阁、马屋水等近百个景点分布全县各地。

## 六、湄潭龙泉森林公园

龙泉森林公园位于湄潭县城郊的龙泉山上，面积 4.754 平方千米，是湄潭县城郊的休闲度假旅游区。公园是一座绿色的植物园，林海出清泉，龙泉从山之罅隙汩汩而出，龙泉山便由此得名，龙泉水质百里挑一，装桶后成为千家万户的饮用水。龙泉顺山而下，画地为井、为湖，在湖边修房建屋，栽花插竹，营造出和谐愉悦的休闲意境；在湖边的平地上，雕塑有一只展翅欲飞的大鹏。桃花江和湄江两条清澈的河流从公园旁流过，增添了公园的秀美。半山建有桃、李等果木园和苗圃基地。密林间有一个废弃的球场，旁边有一幢陈旧的木楼，一块木牌注明这里是浙江大学畜牧场的旧址。抗战期间，浙江大学在竺可桢校长的带领下，几经迁徙，最后在湄潭办学 7 年。这里是当年浙大的畜牧场，这幢木楼就是当年浙大畜牧系学生学习、生活的地方。

## 七、湄潭中国茶海公园

中国茶海也叫万亩茶海，位于贵州省湄潭县永兴镇境内，是世界上面积最大的茶海，连片茶园近 28.67 平方千米，是集茶叶销售、科研、检验、培训、文化、旅游、休闲于一体的国内规模最大、产业链最完善的中国第一茶海，2010 年获得“贵州十大魅力旅游景区”称号。景区主要包括四品君“翠缘”、芸香茶庄、“十谢共产党发祥地”——田家沟、湄潭县现代高效茶业示范园区 4 个核心景点。景区内所产湄潭翠芽、茅贡米、永兴板鸭都是富有特色的旅游商品，深受旅游者的喜爱。

## 八、务川县大坪镇龙潭村

大坪镇龙潭村，是全国仡佬族文化保存较好的村寨，位于乌江主要支流洪渡河畔，建寨已有700多年。这里地势平坦，土地肥沃，环境优美，冬无严寒，夏无酷暑。仡佬族占全村总人口的99%以上，为申姓仡佬族世居地。

在仡佬族的母亲河——洪渡河畔，由前寨、中寨、后寨3个自然村寨组成的龙潭村，居住的215户837名仡佬族人，至今仍然保持着传统的农业生产和生活方式。龙潭村古名“火炭垭”，早在秦汉时期即已有人聚居于此开采朱砂，流风所布，千年积淀，造就了仡佬族独具特色的丹砂文化，龙潭也因之成为中国丹砂文化的中心。迄至明清时期，寨内修筑大量建筑，一度繁盛，申姓仡佬族在此繁衍生息700余年，形成了具有显著特征的仡佬族聚落发展的文化脉络。龙潭村已成为全国仡佬族同胞寻根问祖的圣地，游客体验仡佬文化和丹砂文化的中心，感受黔北渝南民族文化风情的旅游目的地。

龙潭村三面环山，一面临水，寨前一方水塘，四季不干，荷香满塘，龙潭村由此得名。寨内石板铺路，石巷相连，幽深古朴，景色迷人。道路、建筑、垣墙相互连通，构成了村寨军事防御的体系，遗留至今，成为古寨富有特色的建筑。龙潭村自然风光优美，村寨布局有特色，建筑风格独特，集历史遗存和自然山水为一体，文化景观品位较高，在仡佬族村寨中具有典型性和代表性。

## 九、凤冈万佛山森林公园

万佛山森林公园位于凤冈县境内，是省级森林公园，面积21.877平方千米，森林覆盖率在70%以上，是以森林为特色的旅游胜地和休闲度假地，由3大部分组成：

（1）万佛山景区，位于县城南部的进化镇，以万佛峡谷中具有较高的美学观赏价值和科研价值、姿态各异的瀑布群景观最具特色。峡谷内共有瀑布十多条，目前可供观赏的瀑布主要是峡谷中上段的瀑布。其中最著名的瀑布有银珠潭瀑布、仙女瀑布、相思岩瀑布、小漂滩瀑布、三叠银瀑和洞中瀑布等。

（2）西山景区，位于县城西部，距县城4千米，是凤冈县居民的休闲度假旅游区。景区中有一株拐枣（枳椇）树，胸径达150厘米，是全省最大的一株。

（3）古银杏景区，位于凤冈县东南部的进化镇河头村。该景区以野生的古银杏林及其古村落为其特色。这里分布着大大小小的银杏160株，其中最大的一株，其胸径可达220厘米。野生银杏为国家一级重点保护植物，林中还有国家一级重点保护植物南方红豆杉和二级重点保护植物榉木等。

## 十、凤冈茶海之心茶文化旅游度假区

2014年，该景区被评定为4A级旅游景区，同时也是全国农业旅游示范点、全国休闲农业和乡村旅游示范点。

茶海之心茶文化旅游度假区位于凤冈县永安镇，是中国富锌富硒有机茶之乡，面积69平方千米。景区环境优美，年均气温15.2°C，夏季最高温28.8°C，冬暖夏凉，气候宜人。森林覆盖率高达90%以上，空气中负氧离子（也称空气维生素、空气长寿素）

含量每立方厘米 1.2 万个，是名副其实的“绿色大空调、天然大氧吧”。因土壤富含人体内必不可少的锌硒微量元素，生产的锌硒有机茶极具养生功效，所生产的凤冈锌硒茶是全国独一无二的养生茶，曾 45 次荣获国际国内金奖。贵州 10 大名茶有 3 个品牌来自该景区，备受海内外游客青睐。景区以茶园、茶庄为旅游配套服务设施，以茶文化体验为灵魂，是自驾游客的理想选择，也是休闲、度假的极佳目的地。

# 第四章　六盘水市旅游业

## 第一节　六盘水市概况

### 一、基本情况

六盘水位于贵州西部乌蒙山区，是国家“三线”建设时期发展起来的一座能源原材料工业城市，1978 年 12 月 18 日经国务院批准建市。全市辖区面积 9 914 平方千米，共辖六枝特区、盘州市、水城区、钟山区 4 个县级行政区和 5 个省级经济开发区、87 个乡镇（街道）。根据第七次全国人口普查数据，六盘水市常住人口为 3 031 602 人。2021 年，六盘水地区实现生产总值 1 473.65 亿元，比上年增长 8.2%。

六盘水市矿产丰富，有煤炭、铁、铅、锌等 30 多种，其中煤炭资源最突出，具有储量大、煤种全、品质优的特点，是全国“14 个亿吨级大型煤炭基地”之“云贵基地”的重要组成部分，是长江以南最大的主焦煤基地，素有“江南煤都”之称。六盘水作为国务院确定的全国 31 个成长型资源城市之一，现已形成以煤炭、电力、冶金、建材和新型煤化工为支柱的现代工业体系，境内拥有首钢水钢集团、盘江精煤公司、水矿控股集团、六枝工矿集团 4 户“三线”建设时期发展起来的国有大型企业。

近年来，六盘水“贵州屋脊·中国凉都”的知名度和美誉度不断提升，荣获“美丽中国·十大生态文明城市”“全国文明城市”“中国红豆杉之乡”“中国野生猕猴桃之乡”“中国烙锅美食之都”等称号；上榜中国十佳开发潜力城市，连续多届入选“中国十大避暑旅游城市”，上榜中国康养城市排行榜 50 强。

六盘水市地处贵州高原西部，乌蒙山脉南端，介于东经 104°18′～105°42′、北纬 25°19′～26°55′。西与云南曲靖地区相邻，并靠毕节市，东接安顺市，南与黔西南布依族苗族自治州接壤，全市地处黔中高原向滇东高原和广西丘陵向黔西北高原的过渡地带。地势西高东低，北高南低。乌蒙山东南支脉横贯全境，成为长江水系与珠江水系的分水岭，境内海拔高度多为 1 400～2 900 米，最高处海拔 2 900.6 米，最低处茅口河谷海拔 586 米，境内山体高大，重峦叠嶂。山地占总面积的 65.2%，丘陵占 16.9%，盆地（坝子）占 8.5%，山原占 4%，高原占 3.7%，台地占 1.7%。

六盘水气候属北亚热带湿润季风气候，气候类型多样，垂直变化明显，生态类型完备，夏无酷暑，冬无严寒。年日照时数为 1 300～1 600 小时，年平均气温 15°C，夏季平均气温 19.7°C，冬季平均气温 3°C；年降雨量 1 200～1 500 毫米，无霜期 228～298 天。气候凉爽、舒适、滋润、清新，紫外线辐射适中，被中国气象学会授予“中国凉都”称号，是全国唯一以气候特征命名的称号。2020 年，六盘水荣获第六届全国文明城市称号。

## 二、历史沿革

今六盘水所辖地域春秋时期为牂牁国地；战国时期为夜郎国地；秦统一中国后，属马郡汉阳县地；汉代分属牂牁郡夜郎县、宛温县、平夷县、犍为郡汉阳县、鄨县；三国时分属“南中”的牂牁郡平夷县、兴古郡宛温县，魏仍分属平夷县、宛温县；晋为平夷县、宛温县地；隋为爨氏所有，未入职方；唐隶汤望州、盘州；宋为罗殿国、罗氏鬼国、于矢部地；元分属普安路、普定路、八番顺元宣慰司；明分属普安府（州、卫）、西堡长官司、贵州（水西）宣慰司；清置水城厅、普安州（厅）、郎岱厅；民国时期置水城县、盘县、郎岱县。新中国成立初期，建制未变。

1964 年，根据中共中央工作会议精神，国家计委和煤炭工业部经过调查对比，决定在贵州西部煤藏丰富的六枝、盘县、水城三县境内建立煤炭基地，六盘水这个组合性的专名由此而得。接着六枝、盘县、水城 3 个矿区（后改特区）作为煤炭基地相继成立。1966 年，中央批准成立六盘水地区工业建设指挥部。1967 年 10 月，六盘水地区革命委员会筹备小组成立，六盘水开始成为一个政区，下辖 3 个特区。1970 年 12 月分隶安顺地区、兴义地区、毕节地区的郎岱县、盘县、水城县分别与六枝、盘县、水城 3 个特区合并，合并后仍称特区，隶属六盘水地区。1978 年 12 月，地区改为省辖市，市革命委员会驻水城特区。1987 年 12 月，国务院批准撤消水城特区，分设钟山区、水城县，市人民政府驻钟山区。1999 年 2 月，国务院批准撤消盘县特区，设立盘县，以原盘县特区行政区域为盘县行政区域，县人民政府驻红果镇。2017 年 4 月，经国务院批准，同意撤销盘县，设立县级盘州市。2020 年 7 月，经国务院批准，同意撤销水城县，设立六盘水市水城区。

## 三、交通

六盘水市交通发达，境内有贵昆铁路、内昆铁路、水柏铁路、株六复线、盘西铁路、六盘水南编组站以及沪昆客专，安六城际铁路；沪昆高速铁路于 2016 年 12 月建成投用，安六铁路于 2020 年 7 月 8 日开通运营，六盘水实现“县县通高铁”。高速通车里程达 440 千米，国家级高速公路有 5 条通过六盘水市境内，分别为沪昆高速（G60）67 千米（已建成通车），都香高速（G7611）145 千米（已建成通车），杭瑞高速（G56）65 千米（已建成通车），纳兴高速（G7612）60 千米（在建），安盘高速 98 千米（拟建），省级高速公路有 4 条，具体为水兴高速（S77）152 千米（已建成通车），六赫高速 28 千米（在建），六安高速 20 千米（在建），玉普高速 126 千米（拟建），地方高速有 1 条，具体为机场高速 11 千米（已建成通车）。“十四五”期间，将进一步推进高速公路建设，通车里程力争突破 640 千米，待目前在建和拟建高速实施完后，高速公路总里程将达到 770 千米，将形成“四横四纵两环”的高速公路主骨架。

六盘水月照机场于 2014 年 11 月 28 日建成通航，现开通航线 11 条，拟建盘州官山机场。六盘水处于华南、西南铁路大通道交会点，形成北上四川入江，南下广西入海，东出湖南到华东，西进云南进入东南亚的铁路大“十”字，六盘水市在西南地区重要的交通枢纽地位将更加凸现。不久的将来，综合立体交通运输将成为六盘水的主要交通方式。

## 四、特色饮食

### （一）郎岱酱

郎岱酱历史悠久，以小麦粉、食盐与优质矿泉水为原料，经独特繁多的工序制作而成。无任何添加剂，色香、味纯、天然，是蒸、烩、炒、烧烤、凉拌食品的调味佳品。其中，“郎山牌”郎岱酱在 2005 年首届中国黔菜美食文化节荣获“名特优调味品”称号，被国家轻工质量检测中心授予质量信得过好产品。

### （二）信友核桃乳

信友核桃乳由位于盘州市的信友实业有限公司核桃乳厂生产，用清泉水与本地特产核桃经科学配方精制而成。产品含有人体所需的 18 种氨基酸、不饱和脂肪酸、磷脂、脂溶性维生素和微量元素，具有润肺、生津、补肾、健脑、生发乌发和美容养颜功效。

### （三）姜系列产品

姜系列产品包括速溶姜茶、原汁姜汤等，其原料为水城小黄姜。水城小黄姜产自国家生态保护区——乌蒙山麓北盘江河谷自然保护区，属世界名姜。经中国科学院地球化学研究所测定，水城姜含姜精油 0.72%、姜辣素 2.85%、硒 1.2ppm，营养成分居全国姜类之首。姜系列产品采用现代最先进的低温工艺提取加工，最大限度地保留了水城生姜的姜精油、姜辣素等活性成分，生产过程中严格执行国家食品生产的各种标准和规定，是纯天然的绿色食品。

### （四）苦荞系列食品

六盘水市境海拔高，气候温凉，因而盛产苦荞。苦荞糊、苦荞面、苦荞饭、苦荞茶等苦荞系列食品均选用海拔 2 000 米以上的无污染优质苦荞精心加工而成，含有生物类黄酮，多种有益人体健康的无机元素钙、镁、磷、铁、铜、锌和微量元素硒、维生素 B2 及维生素 E 等多种营养成分，风味独特，具有软化血管、降血脂等功能，是老少皆宜的纯天然保健食品。

### （五）盘县火腿

盘县火腿历史悠久，其形似琵琶，皮色蜡黄，瘦肉桃红色或玫瑰色，肥肉乳白色，肉质滋嫩，香味浓郁，咸香可口，以色、香、味、形著称。盘县火腿成功通过国家地理标志产品评审，标志着盘县火腿成为继云南宣威火腿、浙江金华火腿之后的中国3大名火腿之一。

### （六）水城烙锅

水城烙锅是一种烙制食物，即烙即食，流行于水城县和钟山区，发源于清代。最初，烙锅工具为瓦片，烙制的食物为洋芋、臭豆腐、魔芋片、黄粑、饵块粑。现今工具改用中间厚两边薄的砂锅或带边的平底铁锅，食物发展到几十个品种，蔬菜类有韭菜、卷心菜、芹菜、黄瓜、南瓜、红辣椒、茄子，野菜有荠菜、灰灰菜（藜菜）；水产类有虾、蟹、鱿鱼、带鱼、鲤鱼、鲫鱼；肉类有毛肚、牛肉、羊肉、猪肉、羊杂、鸡杂、鸡皮；山珍有蘑菇、木耳等。2001年，中央电视台记者对水城烙锅采访报道后赠予“中国西部一绝”的美誉。

### （七）水城羊肉粉

水城羊肉粉是水城地区有名的小吃。其汤选用本地无羊膻味的黑山羊肉，辅以开胃健脾、强身健体的上乘中草药熬制，米粉为本地精制米粉，作料的选配也十分讲究，即使是花椒、辣椒也经过严格筛选、精心制作。烹调出来的羊肉粉，肉嫩而不烂、粉白而不碎、汤鲜而不浊、油红辣而不燥。吃到嘴里鲜美可口，常吃有滋补养身的作用。

### （八）蒸蒸糕

蒸蒸糕是一种小糕，以糯米制成粉，加白糖搅拌后舀入木制模具中，加上佐料，放在特制的铜罐上蒸熟而成。蓬松软糯，香甜而不腻，滋润而不粘牙，回味悠长。

### （九）荷叶糯米鸡

荷叶糯米鸡为盘州风味小吃，采用优质糯米、本地鸡肉和板栗做原料，配以各种作料，用荷叶包裹蒸制而成，口味鲜美清新，风味独特。

### （十）水城猕猴桃

水城猕猴桃是六盘水特产水果，中国国家地理标志产品。水城猕猴桃呈绿褐色，长卵形，果皮光滑、果毛稀少，果肉翡翠绿，果心乳白色，沿果心呈放射状血红色条纹，果实细嫩多汁、香味浓郁、口感甜美、甜酸宜人，具有独特的品质和风味。

## 五、旅游资源概述

六盘水山奇水秀，气候宜人，融民族风情和喀斯特地貌风光为一体的旅游资源别具一格。喀斯特自然风貌、古文化遗址、灿烂的民俗民风和民间文化，犹如颗颗明珠镶嵌在这块乌蒙大地上。旅游资源主要包括气候旅游资源、地质旅游资源、民族文化旅游资源、古人类历史文化旅游资源。

### （一）气候旅游资源

在全球气候变暖的背景下，避暑气候成为一种重要的旅游资源。在区位、交通、城市、生态环境等综合因素的作用下，六盘水气候凉爽的优势可以充分发挥，深度打造“贵州屋脊·中国凉都”品牌，发展气候旅游，并逐步深化和延展，打造以气候为依托的体育旅游、生态旅游、自驾车旅游。

### （二）地质旅游资源

六盘水地形复杂，地貌丰富，有非常丰富和高品位的地质景观资源。乌蒙山国家地质公园就是六盘水地质旅游资源的典型代表。乌蒙山国家地质公园以乌蒙山顶峰及其东坡高原喀斯特地质为特色，以北盘江大峡谷为主体，拥有青藏高原东坡新生代以来各个时期形成的各种类型的喀斯特地质遗迹和地貌景观，区内的喀斯特地质地貌遗迹、山原地貌、构造遗迹、古生物化石与古人类遗址构成了园区极具特色的景观。特别是不同时期不同地质地貌条件下形成并发育的喀斯特地质现象，是世界典型的高原喀斯特地貌区。

### （三）民族文化旅游资源

一是夜郎文化旅游资源，这是一块沉睡的旅游资源宝库；二是少数民族文化，有苗族、布依族、仡佬族、彝族等丰富的少数民族文化、村寨和风情，发展乡村旅游潜力巨大。

### （四）古人类历史文化旅游资源

盘州大洞古人类遗址位于盘州东南部珠东乡十里坪，为溶盆早期的伏流入口洞穴。经 1993 年深入发掘，获数千件旧石器、动物化石 50 余种，其中有各类牙齿化石 800 余枚，古人类牙齿 4 枚，研究确定系中更新世纪沉积，为旧石器文化遗址。盘州大洞古人类遗址曾被列为 1993 年“全国十大考古发现”之一，属全国重点文物保护单位。

# 第二节　六盘水市主要景区

## 一、野玉海国际山地旅游度假区

野玉海国际山地旅游度假区位于六盘水市区南郊，距离市中心城区 12.57 千米。水盘高速、杭瑞高速、市区外环高速交会于此，有较强的通达性，是贵州省 4A 级景区。景区总面积 509.76 平方千米，核心区面积 68 平方千米。核心区由野鸡坪亚高原户外运动基地、玉舍国家级森林公园和海坪彝族特色旅游度假小镇组成。野玉海景区取野鸡坪、海坪和玉舍 3 个景点的首字组合而成。

野鸡坪高原户外运动基地位于水城县玉舍镇玉新村与坪寨乡野鸡坪村交界，距市区 40 千米，平均海拔 2 300 米。景区依托山地生态资源、亚高原地形地貌条件，构筑西翼山地旅游产品的多元化开发。景区由 10 000 平方米湖区、草场、花海、精致别墅、奇特山形等组成，有清脆悦耳的鸟鸣声，婉转悠扬的牧歌声，节奏分明的虫鸣声，以及无处不在的牛羊唤青长叫声，真实和虚幻云雾环绕山间，交融一体，浑然天成，构成一种奇特的意境，让人产生一种似梦非梦的感觉。目前已建成的项目有亚高原山地户外运动基地、房车营地、游客中心、休闲木屋、自行车赛道、万亩花海湿地、军事训练营等，拟建的项目有观光小火车、可渡河漂流、温泉、索道、滑雪场等旅游项目。

玉舍国家森林公园位于贵州省六盘水市水城县南部，离市区 30 千米，属乌蒙山支脉，地处处珠江水系上游，总面积 36.21 平方千米，沟壑纵横、雄奇险峻，最高海拔 2 503 米，最低海拔 1 700 米，相对高差 803 米，是贵州省目前海拔最高的森林旅游景区。公园林木繁茂，以松树、杉树居多。有 0.87 平方千米保存完好的原始林，盘曲老枝、披藤带萝、苔丝遍体。公园内国家一、二级保护植物有光叶珙桐、西康玉兰、水青树、南方红豆杉等 12 种，有不同种类的杜鹃花丛、草甸湿地和枫叶林；林中红腹锦鸡、小灵猫、花面狸、野兔等动物时有出没。林区内有大小溪流十几条及多处规模较大的瀑布。公园一年四季景色各异，春天杜鹃遍谷，山花满壑；夏天重峦叠翠，绿荫蔽日；秋天枫叶似火，野果累累；冬天银装素裹，冰凌挂树，雪凇、雾凇和雨凇景观是这里较为突出的特色景观。景区内保存有一段当年奢香夫人修建的古驿道，这是明末清初连接滇、黔的主要通道，给公园平添了一份传奇色彩。

海坪彝族文化小镇是野玉海景区“一核两翼”规划布局中的核心区，总占地面积 21 平方千米，距六盘水市区约 28 千米。海坪二字来自彝语，意为“欢乐的地方”。小镇以彝族文化为主线，建成目前全国占地面积最广的彝族风格建筑群。小镇地势平坦，周山环绕，居山而建，林木丛生。小镇有一大一高三瑰宝：一大是全国最大的火把广场；一高指全国最高的彝族始祖塑像希慕遮；三瑰宝包括九重宫殿、彝族十月太阳历广场、彝族文化长廊，均是历史悠久、底蕴深厚的彝族文化结晶。

## 二、乌蒙山国家地质公园

2005 年，乌蒙山国家地质公园被国土资源部公布为国家地质公园。

六盘水乌蒙山国家地质公园位于贵州省西部的六盘水市，地处青藏高原东坡，云贵高原向广西丘陵过渡地区，是以喀斯特地质遗迹和地貌景观、山原和峡谷地貌景观、古生物化石和古人类踪迹地质景观为主，以自然生态和人文景观为辅，集科学价值与美学价值于一身的综合型地质公园。公园总面积达近 400 平方千米，主要包括北盘江峡谷和碧云洞溶洞群 2 个园区及盘州大洞古人类文化遗址、盘州三叠纪海生物化石群落、金盆天生桥景区、韭菜坪黔之巅景区、阿勒河景区等 5 个特色景区。

北盘江园区：以北盘江峡谷为主体，包括六盘水市南水城峰林景区、北盘江峡谷景区、发耳三个屯旋卷构造台地景区、坡上牧场（玄武岩方山地）景区、六车河峡谷景区、格所河峡谷景区及白雨竖井、花嘎天坑等景点。

碧云洞溶洞群：以盘州城关镇西南山地为中心，向南至水塘镇丹霞山，向东至武英乡，以喀斯特洞穴和山地为主要景观，包括碧云洞、丹霞山等。

盘州大洞古人类文化遗址：位于盘州东南 49 千米的珠东乡十里坪村。研究确定，洞中古人类生活的时代为距今 30 万年以前，有力地反驳了“非洲人在距今 30 万年时期迁徙到东亚”的假说，为中国和东亚地区古人类独立进化的理论提供了有力的证据。该景区主要景点有大洞旧石器文化遗址、大洞博物馆、老厂竹海。

盆天生桥园区：位于六盘水最北端，一条北西、东南向河流明暗相交纵穿园区，主要以天生桥为核心景点。

韭菜坪黔之巅景区：位于六盘水市西北部钟山区大湾镇，距市中心区 90 千米，主峰海拔 2 900.3 米，是乌蒙山的最高峰，也是贵州省的最高点，有贵州屋脊之称。该景区主要景观有贵州屋脊韭菜坪、石芽、杜鹃、箭竹、灌木丛、野生韭菜、夷平面、奇石。

阿勒河景区：位于六盘水市水城县保华乡与钟山区月照乡的交界处，距市中心区 17.85 千米，有干线公路直达，交通十分便捷。景区总面积 20 平方千米。主要地质景观有喀斯特洞穴地貌、溶洞、群山簇拥，壁立千仞。该景区主要景点有水洞、旱洞、峡谷风光、洞中乌蒙山。

盘州三叠纪海生物化石群落：位于六盘水市盘州新民乡羊圈村，保护区面积 7 平方千米。该地埋藏主要以鱼龙为主，种类与兴义顶效绿荫村的相似，且化石形态相当完整。该景区主要景点有化石发掘现场、羊圈村海生爬行动物化石陈列馆、羊圈村海生爬行动物化石研究工作站。

## 三、明湖国家湿地公园

明湖国家湿地公园位于贵州省六盘水市钟山区明湖村，有“凉都生态会客厅”的美誉。公园四周峰峦叠嶂，景色秀美，山与水交相辉映，桥与道错落有致，遍地鲜花、草地、绿树和翠叶，共同交织出一幅出湖光山色美丽画卷。

公园面积 1.977 平方千米，由龙贵地水库、窑上水库、水城河源头段、明湖湿地及明湖小三峡（俗称一线天）5 个湿地群组成。湿地类型为人工库塘湿地和河流湿地，湿地面积 0.8465 平方千米，分保育、管理服务、宣教展示、恢复重建和合理利用 5 个功能区。

公园内动植物种类繁多，有维管植物 98 科 209 属 259 种，野生脊椎动物 151 种，其中有国家Ⅱ级保护动物贵州疣螈、白腹锦鸡、普通鵟、红隼等 11 种。园内有一座蜿蜒的异型飘带钢构桥，因其形、色酷似彩虹，故名“彩虹桥”。有一座 3 千米长的峡谷，由“空谷传音峡”“一水解石峡”和“三层楼板峡”组成，号称“明湖小三峡”。景观最佳者为“三层楼板峡”，一洞悬空分三层，自成名景。此峡谷因山高谷深，谷体狭窄，又名“一线天”，两岸悬崖绝壁，浓荫密蔽，一水中流，顺势腾落。

明湖与周边的“天湖”“德湖”“龙池”“凤池”“瑶池”形成“三湖三池”的城市湿地群景观，成为新“六盘水”的另一种注解。

## 四、梭戛苗族生态博物馆

梭戛苗族生态博物馆位于六枝特区与织金县的交界处梭戛乡，由原生状态的 12 个村寨和位于陇戛寨脚的资料信息中心组成。博物馆于 1998 年 10 月 31 日建成开馆，是中国和挪威合建的第一家生态博物馆，也是亚洲第一座民族文化生态博物馆。

博物馆社区内居住着一支古老而又神秘的苗族支系——“箐苗”，也称作“长角苗”，共有 4 000 多人。这支苗族支系的标志是其独特的头饰，即头上戴一把 1.5~2 尺（1 尺≈33.33 厘米）的长角大木梳，两角高于头顶两侧，再以麻线、毛线和头发混合而成的假发挽在木梳上形成一个倒八字的大发髻，如同两个长角，因此得名。过去，梭戛苗族无论男人女人都戴角，而现在，戴角的男人已很少能看到了，但妇女戴角仍较普遍。

由于历史上梭戛与外界联系很少，所以梭戛“长角苗”民风民俗保存完整，仍过着男耕女织的农耕生活，日出而作，日落而息，民族文化丰富深厚。为保护和延续这支独特的苗族文化，中国和挪威政府在此共建了中国第一个生态博物馆。

## 五、六枝牂牁江风景名胜区

六枝牂牁江风景名胜区为省级风景名胜区，位于贵州省六枝特区西部，距离六枝特区中心区 67 千米，距六盘水市中心 50 千米，面积 259 平方千米，是集旅游观光、民俗考察、寻幽探险、休闲度假为一体的综合性旅游胜地。

风景区以夜郎文化为灵魂，郎岱古镇为支撑，牂牁古渡为依托，生态博物馆为映衬，乡村旅游为载体，黄果树瀑布为源头，分为 12 个重点开发的分景区，即十二朵夜郎花，分别是：梭戛生态博物馆—民族夜郎花、牂牁湖景区—水上夜郎花、郎岱古镇景区—古城夜郎花、凉都·月亮河夜郎布依文化生态园—情话夜郎花、回龙溪景区—回龙夜郎花、底溪森林生态游乐园景区—时尚夜郎花、可布寨景区—水彩夜郎花、水落洞寨景区—乡土夜郎花、滴水潭瀑布景区—钻石夜郎花、木贡温泉景区—沐浴夜郎花、月亮河省级森林公园景区—月色夜郎花、戈厂景区—金果夜郎花。

牂牁江风景名胜区区内喀斯特地貌发育典型，地形多样，绿水绕青山，奇峰藏异洞，激流飞瀑，星罗棋布，形成了神奇壮丽的高原自然景观。

该景区历史文化厚重，少数民族文化多姿多彩，奇特的山名、地名、江河名和优美的神话传说，为景区蒙上了一层神秘的夜郎文化色彩，依山顺势而建的碉楼古堡和古朴浓郁的苗族、布依族、彝族风情，形成了其独具特色的旅游资源。

## 六、盘州市娘娘山旅游景区

景区位于盘州东北部普古乡与水城县的交界处，海拔 2 319 米，是中国西南最大的高原湿地。娘娘山景区以娘娘山国家湿地公园为依托，开发打造周边有“贵州张家界”之称的六车河峡谷景区、天山飞瀑景区、天生桥景区、江源洞、特色民族村寨等风貌优良的自然景观，先后被评为“全国休闲农业和乡村旅游示范点”，为全省 100 个旅游景区，国家4A级景区和省级旅游度假区。

娘娘山园区总规划面积275平方千米，以普古特色农业和秀美自然山水景观+丰富的少数民族传统文化为中心向周围扩展，含水城县的龙场乡、顺场乡、花嘎乡和盘州普古乡、淤泥乡和保基乡等两县六乡。景区游览主要分为山水人文景观和生态农业体验两大板块，自然山水人文旅游景区有：娘娘山国家高原湿地公园、天山飞瀑、江源洞、舍烹水爬坡、六车大峡谷、仙人洞、天生桥景区和温泉小镇休闲，以及布依族、苗族、彝族等3个传统民族村寨。生态农业观光体验有：生态农业科技示范观光园、精品水果采摘园、布依梯田、舍烹村史馆、“三变”陈列馆以及传统农耕文化体验等。

## 七、盘州大洞竹海风景名胜区

大洞竹海景区地处盘州东南部，主要由云上竹海景区和大洞古人类遗址两部分组成。

云上竹海景区位于盘州东部竹海镇（原老厂镇），东于普安接壤，南与马依镇相连，北与马场乡相邻，距盘州城关镇53千米，距红果91千米，距六盘水市区202千米。该区属亚热带季风气候，气候温和，冬无严寒，夏无酷暑，年平均气温为13.5°C。地势高峻，海拔为1 500~2 133米。以竹海风光为主要特色，境内有连片灰竹林16.67平方千米，是凉都六盘水境内稀有的竹海。因竹海形成的“竹根水”，是该地区森林竹海特殊地理条件下形成的一种天然的低变化的极软水，属国际首次发现的优质饮用水，具有防癌、抗癌等医疗保健功能。目前，云上竹海围绕万亩竹海开发的旅游景点包括竹园溪风情酒店、竹海文化广场、七姊妹林场、竹海寺和狗跳崖、体验式栈道、古法造纸体验馆、竹工艺体验馆等景观，是兼具游赏审美、休养身心、养生保健功能的休闲度假型风景名胜区。

盘州大洞古文化遗址，位于盘州珠东乡十里坪村，距县城49千米，是一个发育于厚层灰岩中的巨大溶洞。它东临被称为“十里坪”的宽阔的坡立谷，洞口宽55米，高约40米，主洞长1 600米。进洞即为一个大厅，长220米，平均宽约30米，洞因其大而得名“大洞”。1996年，被国务院公布为全国重点文物保护单位。

1990年6月，经过对洞口出露的堆积物仔细考察，从中采集到精良制品。有关专家认为这些石制品上显示和修理台面技术的痕迹清楚而标准，而这种技术过去被认为是西方同期文化专有的。后又采集到大批哺乳动物化石，其中包含东方剑齿象、中国犀等绝灭物种。1993年，再次对大洞遗址进行正式发掘，发现了大量石制品化石标本，更重要的是为此前清理和采集的文化遗址找到了对应层位依据。经贵州大学专家用铀系法测定，确定为30万年前的两颗钟乳石的下伏地层。此外，队员们还找到了4件石制品，这是目前贵州发现得最早的文物。

大洞石制品显示的修理台面技术在中国南方旧石器工业中并不多见，可以和非洲、欧洲同期文化做比较研究。大洞遗址的文物遗品和原始生活面保存了弃置时的状态，包含着丰富的潜在信息。大洞的第四纪堆积物丰厚且保存完好，为建立华南第四纪洞穴堆积标准剖面提供了理想的条件。

## 八、盘州市哒啦仙谷旅游景区

哒啦仙谷位于盘州市鸡场坪镇岩脚村，海拔为 1 700~2 100 米，年平均气温 15°C，夏季平均温度 19.7°C，可以说是冬无严寒，夏无酷暑，全年凉爽舒适级气候达到 223 天以上，具有“凉爽、舒适、滋润、清新，紫外线辐射适中”的特点，是低纬度、高海拔地区少有的夏季避暑胜地。这里不仅气温适中，而且生态良好、空气清新，空气质量优良率超过 96%，是名副其实的天然大空调、生态大氧吧，是居住、休闲、养生的绝佳之地。当地就有“人间仙境，哒啦仙谷，都市养生，返璞归真”的说法。

鸡场坪镇是一个少数民族聚居地，主要有布依族、彝族等少数民族。“哒啦”在少数民族语言中是“团结互助”“牵手”之意，这个地方本是四面环山围成的山谷，山谷之中有山、有湖，常年云雾缭绕，宛若仙境，故而被命名为“哒啦仙谷”，象征着这里是团结和谐、互助共赢的人间仙境。2012 年 8 月，还获得“水稻之父”袁隆平先生的亲笔提名。提名位于哒啦仙谷光景台（迎客峰）。

哒啦仙谷被建设成一个现代高效农业示范园区。园区分为核心区和拓展区，总规划面积 48 平方千米，其中核心区 8 平方千米，拓展区 40 平方千米。园区以保存完好的喀斯特山区湖泊地貌为基础，以特色示范和创意休闲农业为基本产业，以园区规划的“产业农业”“观光农业”“休闲旅游”“养生度假”4 大功能板块，提供特色鲜明的特色农产品以及休闲养生服务，打造国际性旅游度假目的地。

## 九、盘州市妥乐古银杏旅游景区

妥乐古银杏景区位于石桥镇妥乐村，距离盘州市红果新城 21 千米，是国家 4A 级景区和省级旅游度假区。景区面积约 19.14 平方千米，由妥乐古银杏自然艺术村、千户所城文化旅游区、鲁番温泉养生度假区、九坎森林大健康旅游度假区、古银杏文化产业园几部分组成。核心区形成“一廊、一环、七区”空间结构。“一廊”即银杏主题景观走廊、“一环”即串联景区主要景点的旅游环线、“七区”即 7 个主题功能区，分别是游客中心、杏林湖湾观光区、杏林果园观光区、幸福旅游小镇、旅游休闲度假区、银杏文化核心区、东盟十国论坛区。

景区不到 3 平方千米的核心区范围内拥有千年千株古银杏，是目前世界上发现的个体最大、历史最久、古银杏生长密度最高、种群最集中、保存最完整的古银杏群落。银杏最大树龄 1 500 年以上，植株高大，胸径大多在 1~2 米，树冠高度 15~30 米。古银杏树以其刚劲有力的高大树干和金黄的扇状树叶，形成了独一无二的特色景观资源。

妥乐有古银杏林、妥乐村寨、小石桥、西来寺等景点。在这里，古银杏成片成林，人与自然和谐相处，随处都能看到一幅“小桥流水人家”的精美画面，是婚纱摄影的天堂。妥乐村又被称为“树根上的村庄”，在 1 000 多株古银杏树林中居住着近百户人家。远远望去，银杏树盘根错节，在地上交相缠绕，连接着妥乐的家家户户。人树相依，古树与村寨完美相容，随处都可以领略到古银杏树那“千年人代惊弹指，独有参天鸭脚存”的风韵。

## 十、韭菜坪旅游景区

韭菜坪旅游景区位于钟山区最西端的大湾镇，距离六盘水市中心 60 千米。景区依托丰富的生态山地资源和人文资源，打造以“贵州山地圣地、避暑度假胜地、山地运动基地、文化风情体验地”为引领的知名生态旅游度假区。

韭菜坪因夏季山上草丛中长出大量野韭菜而得名。主峰海拔 2 900.6 米，面积 30 平方千米，为贵州省最高峰，号称“贵州屋脊”。山体由石炭纪一二叠纪地层组成，为一不对称单面山，山体北西、北东陡峻，南西缓和，气势雄浑壮阔。因高海拔和景观独特，构成一独立旅游区。登临主峰峰顶，极目远眺，乌蒙千里，浩浩荡荡，云山雾海，峰峦叠嶂，气势磅礴，蔚为壮观。晴日观景，数百里群山尽收眼底，仿佛置身于九天之上，令人心旷神怡。山上植被为典型高山寒冷低矮灌木植物群落，主要品种有羊耳杜鹃、马缨杜鹃、箭竹、高山栎等，各自成片分布。灌丛之间，常嵌以大片缓坡草地，绿草如茵，常有彝族同胞前来放牧，呈现出一幅原始古朴的田园牧歌景象。主峰及其附近的石炭纪灰岩在大气降水溶蚀作用的影响下，形成了大片连续、形态各异的石林、石芽景观。峰顶的石炭纪灰岩分布区岩石大片裸露，可见大量海生贝壳、珊瑚和海百合类化石。

## 十一、贵州“三线建设”博物馆

贵州“三线建设”博物馆成立于 2005 年 9 月，2013 年 8 月建成开馆。博物馆坐落于钟山区荷城街道办事处荷城社区，与观音阁、凤池园毗邻。

博物馆占地 11 268 平方米，含主楼、还原馆、市情馆、室外展区、三线广场和思源广场 6 个部分。展出面积 7 000 余平方米，其中，室内近 5 000 平方米，室外 2 000 余平方米。主楼展区分序厅、人民礼堂、主楼展厅 3 个部分。其中主楼展厅共 3 层，分为 7 个展厅，共展出图片 1 000 余张，实物 1 000 余件；还原馆、市情馆展出实物 300 余件；室外展区，主要展出大型实物，如蒸汽机车、行车、龙门刨床、蒸汽发电机组、钢水包等 11 件。

## 十二、六盘水梅花山旅游景区

梅花山旅游景区位于六盘水市钟山区西郊，海拔最高处 2 800 多米，距六盘水市中心 5 千米，是中国凉都六盘水重点打造的国际生态休闲度假区。景区总占地面积为 30.98 平方千米，现有梅花山索道、国际滑雪场、梅花坪景区、回民风情园、彝家乐园、贵龙路、度假区集散中心等重点项目。

“春赏梅，夏避暑，秋踏青，冬滑雪”是梅花山景区的四季布局，还可赏日出、云海、佛光、雾凇等奇特景观。梅花山一年四季都可游玩。初春可赏梅，不同的梅花绵延在山峰之间，每年 12 月到 3 月随着高差不同，品种不同先后开放；夏季气候凉爽，六盘水别称中国凉都，夏季平均温度 19.7°C，梅花山的海拔高出市区 700 米左右，几乎要低 3°C ~ 4°C，是避暑度假、休闲徒步的理想场所。随着入秋，气温下降，湿度上升，选择这个时候登山，常会遇到云海的奇观。冬季积雪期为 12 月至 2 月，此时梅花山国际滑雪场将会开放，将会迎来景区的旅游旺季。梅花山索道是国内最长的索道，沿途经过城市—湿地—湖泊—峡谷—山脉等多元景观。索道高差 620 米，均速 6 米/秒，单向通行耗时 27 分钟。

# 第五章　安顺市旅游业

## 第一节　安顺市概况

### 一、基本情况

2000 年经国务院批准，安顺撤地设市，成为贵州省管辖的 6 个地级市之一。现辖西秀区、平坝区、普定县、镇宁布依族苗族自治县、关岭布依族苗族自治县、紫云苗族布依族自治县和安顺经济技术开发区、黄果树旅游区 8 个县（区），总面积 9 267 平方千米，市政府驻西秀区。根据第七次人口普查数据，截至 2020 年 11 月 1 日，安顺市常住人口为 2 470 630 人，少数民族人口占全市总人口的 39%。

安顺位于贵州省中西部，东经 105°15′～106°29′、北纬 25°21′～26°38′，南北长约 150 千米，东西宽约 70 千米。东北部与贵阳市相连，东部与黔南州交界，西部与六盘水市连接，西南部及南部与黔西南州毗邻，西北部与毕节市接壤，历来为兵家必争之地，素有“黔之腹、滇之喉、粤蜀之唇齿”之称。

安顺地处云贵高原东斜坡的中央脊部之上，具有西部高、中部平缓、边缘较陡的特点，最高海拔 1 850 米，最低海拔 356 米。其是长江流域和珠江流域的分水岭地带，河流大体以西秀区—普定县一线为界，以北属长江流域，以南属珠江流域，河流纵横交错，暗河多，落差大，是典型的喀斯特地貌集中地区，碳酸盐类岩石广布，喀斯特地貌发育良好，山奇水秀，异景迭出。

安顺属于亚热带湿润季风气候类型，年平均气温 14°C～16.2°C。大部分地区位于 1 000～1 300 米这样一个“黄金海拔高度”上，具有得天独厚、优越和最宜于旅游的气候条件。

近年来，安顺围绕推动经济高质量发展，集中力量主攻新型工业化、新型城镇化、农业现代化、旅游产业化。2020 年实现地区生产总值 966.74 亿元，占贵州省生产总值总量的 5.42%，比 2019 年增加 42.8 亿元，增长 4.63%；人均生产总值为 3.91 万元。

### 二、历史沿革

安顺是一个历史悠久的城市。早在春秋战国时代，这里就是古西南夷著名的牂牁和夜郎国的发祥地。秦代设郡置县属象郡，开始受到中原文化和先进耕作方式的影响。

汉代，这里与中原在政治、军事上关系日益加深，经济文化交流逐渐增多。元代，这里开始形成集镇，至明代徐霞客游西南时，已是“城垣峻整，街衢宏阔”……“城楼跨街，市集甚盛”。清代，地方工商业逐步发展，形成“黔中商埠”“商业之盛，甲于全省”。历史上的安顺是贵州高原经济开发较早的中心区域，是古代黔中文化的发祥地，是近代贵州中西部经济和文化中心。

红一方面军长征时经过安顺，播下革命的火种。新中国成立后，安顺是国家“三线”建设的重点地区之一，成为航空工业的重要基地。西部大开发以来，安顺成为贵州实施“西电东送”工程的重点地区之一。随着南（宁）贵（阳）昆（明）经济区的建设，安顺城市建设日新月异，以市区为中心的城市群格局初步形成，城市功能日益增强。安顺农业发展平稳，长期作为贵州省优质大米、油菜、茶叶、生姜、油桐、烤烟、蔬菜、水果、地方名畜良禽等大宗农畜产品主产地和各类中草药材的生产及加工基地，是贵阳、昆明等城市农副产品的重要供应基地之一。

## 三、交通通信

### （一）交通

安顺是贵州交通最为发达的地区之一。沪昆高速公路横贯东西，境内高速公路通车里程达 511 千米，相继建成安紫、花安、织普、紫望、都香高速；2009 年年底，坝陵河大桥建成，沪瑞国道主干线镇胜高速公路全线通车，4 小时可到云南昆明。贵昆铁路穿越全境，沪昆高铁在安顺设有平坝南、安顺西、关岭 3 个站点。疾驰的高铁将安顺与外界的距离大大缩短，安顺至贵阳的铁路旅行时间从最快的 1 小时 14 分钟缩短至 30 分钟左右，安顺至上海等长三角区域可缩短在 7 个小时内，安顺至昆明可缩短为 1.5 小时范围内。市区的黄果树机场已开通至北京、上海、重庆、深圳、南京、青岛等 10 余条航线。位于珠江水系上游北盘江的镇宁坝草码头可以直接通江达海。全市逐渐形成了以现代化公路、高速化铁路、全国化航线为主的综合交通体系，初步形成了纵横交错“一环、一纵、四横”的高速公路通行廊道。

### （二）通信

安顺通信事业迅猛发展，邮电通信实现了全市电话交换程控化、长途传输数字化。

安顺按照“一个坚定不移、四个强化、四个加快融合”新时代贵州大数据发展思路，深入实施数字经济、数字治理、数字民生、数字设施、数字安全 5 大攻坚战。智慧城市建设主要开展的工作如下：

一是强化顶层设计。将智慧城市建设纳入《安顺市国民经济和社会发展第十三个五年规划纲要》，以“智慧+互联+协同”的现代城市管理运营理念，不断推进智慧交通、智慧城管、智慧旅游等领域实践，探索适合本地智慧城市建设的重点和发展路径，持续开展国家新型智慧城市评价工作。

二是强化“多规合一”信息平台建设。启动集多项业务查询、审批等协同一体的“多规合一”信息平台建设，目前已经搭建完成“多规合一”信息平台框架，与市政务服务网、市工程建设项目审批平台接通，硬件存储已部署在“安顺彩云”上，移动端APP 已同步开发完成。

三是强化信息基础设施建设。制定出台《安顺市5G建设工作实施方案》，统筹推进安顺市5G等信息基础设施、国电南自数据中心等建设，积极开展“小康讯”电信普遍服务。截至2020年7月底，全市建成5G基站518个，实现了县县通5G；“小康讯”行动实现全市30户以上自然村4G网络覆盖率达98.5%。

四是强化政务服务能力建设。实施“云上贵州·安顺彩云”分平台、市级政务数据共享交换和开放平台建设，建成承载22家单位26个业务系统数据上云的“云上贵州·安顺彩云”，以及汇聚31个市直单位和8个县区792个数据目录的“数据共享交换平台和数据开放平台”。安顺市被列为贵州省“互联网+政务服务”试点示范市州，平坝区率先实现电子政务外网村级覆盖成为全省建设示范点。

五是强化重点项目和试点带动。积极推动实施智慧安顺（城管、住建、房产）管理信息系统一期、贵州（安顺）数据中心及科技孵化中心、“智慧城市照明”等项目建设，为完善智慧城市各项细胞提供基础支撑。制定印发了《安顺市西秀区国家智慧城市试点实施方案》，大力推进西秀区智慧城市试点建设，推动平坝区“全省智慧城市时空大数据与云平台”试点城市建设。

## 四、特色饮食

### （一）镇宁波波糖

波波糖是镇宁布依族苗族自治县颇具特色的一种民族传统食品，香甜、易化，又叫“落口酥”，主要特点是香、甜、脆，色泽麦黄，食之口内久留芝麻的清香。其制作过程有发、榨、熬、扯、起酥等十几道工序。它不仅好吃，还含有大量维生素、葡萄糖和脂肪，营养丰富，并有润肺、止咳、化痰和助消化的作用。

### （二）旧州鸡辣子

旧州鸡辣子是安顺市旧州镇的屯堡人特制的一种传统美味小吃，采用当地林间散养的土鸡和红辣椒，佐以生姜、大蒜等多种调料烹制而成。鸡肉又香又辣，入口回味悠久。相传，明朝洪武年间，30多万明军远征云贵，消灭了元朝的残余势力后，就地屯兵，屯堡人即为明代屯军的后裔。当时，征战的明军需要一种既可驱寒去湿，又可长期存放且携带方便的食物，“鸡辣子”由此诞生，其传统的制作手艺流传至今。

### （三）荞凉粉

荞凉粉用甜荞米磨浆熬制冷却成型，配红油、腐乳等调料拌制，成品细软、滑爽，微辣鲜香。

（四）油炸粑稀饭

油炸粑稀饭是传统早点，用糯米、豆沙、面浆、苏麻粉制成，干稀搭配，油而不腻。

（五）素卷粉

素卷粉用米粉皮改刀成条状，配以红油、酱油、酸菜等作料，清淡爽口。

（六）丝娃娃

面粉调成浆状，特制工具制作成面皮，包上酸菜、萝卜、咸菜、折耳根、海带丝、绿豆芽、炸黄豆等，浇上蜜制汤汁便可食用，因包裹好的形状如襁褓中的婴孩，故名丝娃娃。

（七）裹卷

米皮卷粉，切成正方形，裹入特制油辣椒和各类蔬菜，卷成圆筒状，就可食用。

（八）安顺麻饼

安顺麻饼是传统中秋面点，外酥，内香甜软糯。一般 6 个为 500 克，表示六六大顺、团团圆圆、芝麻开花节节高。

（九）五仁冲冲糕

五仁冲冲糕用优质米面、荸荠粉（安顺史载“贡粉”）蒸调制成，作料为香酥干果仁等，成品香甜软糯。

此外，天麻酒、杜仲酒、刺梨花粉酒等也较有特色；“普定韭黄”“关岭牛”“平坝灰鹅”“镇宁樱桃”“紫云林下鸡”“板贵花椒”等特色农产品在市场上也有一定影响力。

## 五、旅游资源概述

安顺市地处黔中腹地，是贵州历史上开发最早的区域，古代黔中文化的发祥地。神奇的自然风光与多彩的民族风情交相辉映，拥有“中国瀑乡”“屯堡文化之乡”“蜡染之乡”“西部之秀”的美誉。2007 年，荣膺中国优秀旅游城市称号；2009 年，获得中国 10 大特色休闲城市称号。安顺是贵州旅游资源富集度、美誉度最高的地区，也是贵州旅游开发最早、旅游产品最为成熟的地区，被贵州省委、省政府确定为全省优先发展重点旅游区。安顺的旅游资源主要包括喀斯特景观旅游资源、历史文化旅游资源、民族文化旅游资源和气候旅游资源。

安顺的喀斯特景观旅游资源不仅品位高、分布广，而且开发成熟。安顺地处中国华南喀斯特地貌中心，喀斯特地貌发育最成熟、最典型、最集中。漫长而奇妙的地质构造过程孕育了遍布安顺各地的奇山秀水、飞瀑异洞、温泉湖泊，境内有 100 多个大小不一、形态各异的瀑布和 1 200 多个悠长奇妙的溶洞，形成了无数奇特瑰丽的自然景观，与古朴神秘的山地文化交相辉映，构成一幅幅举世罕见的立体画卷。以安顺城区为中心，方圆 100 千米以内高密度地聚集了黄果树、龙宫、格凸河 3 个国家级风景区（其中，黄果树、龙宫是国家首批 5A 级旅游景区）以及九龙山国家森林公园、关岭化石群国家地质公园。全市的喀斯特景观旅游资源不仅面积大、类型多、品位高，而且分布集中，成线成片，保护、开发、利用的条件极为优越。

安顺是古人类活动区域，是古夜郎国政治文化中心，又是汉代以来 3 次大移民交汇处，历史悠远，文化丰厚，古迹众多。安顺境内国家级、省级、市级重点文物保护单位达 119 处；有国家重点文物保护单位普定穿洞古人类遗址、云山屯古建筑群、安顺文庙、云台山伍龙寺、宁谷遗址；有全国爱国主义教育基地和全国百个红色旅游经典景区——老一辈革命家王若飞同志故居；有较为完整地保存着明代江南汉族遗风的屯堡文化村落群；有中国八大神秘文字之一、世称“千古之谜”的关岭红崖天书；有三国时期诸葛亮七擒孟获的孔明塘、孟获屯等百余处古遗址、古驿道、古墓葬、古建筑、古崖画、摩崖石刻等众多人文景观。

安顺民族风情资源原始古朴，绚丽多彩。安顺境内布依族、苗族、仡佬族等少数民族人口占全市总人口的 39.2%。众多民族在这片土地上繁衍生息，民族风情多姿多彩。有西秀区娄家庄的苗族歌舞、蔡官的地戏表演、普定马官的花灯艺术、镇宁石头寨的布依族蜡染、紫云白石岩的布依族民间杂技艺术等，古朴神秘、丰富多彩。民族服饰色彩斑斓，刺绣、挑花等传统工艺品图案精美、手法独特，审美价值极高，特别是安顺蜡染，以其浓郁的民族特色和古老精美的制作工艺在国内外享有很高的声誉。民族节日丰富多彩，布依族的赛马、赶表，苗族的跳花、对歌，仡佬族的吃新节等情趣别样。民族木雕艺术品，造型奇特，线条古朴。

安顺的气候资源得天独厚，生态环境自然宜人。安顺属亚热带季风性湿润气候，年平均气温 14°C，最热的 7 月份平均气温 21°C ~ 24°C，最冷的元月份平均气温 4°C ~ 6°C，冬无严寒，夏无酷暑，温和宜人，山地常绿，空气清新，是避暑度假的最佳理想之地。安顺海拔 1 200 ~ 1 400 米，是全国天然辐射率最低的地方，因负氧离子含量高又被称为“天然氧吧”。科学调查表明，这是最适宜人类居住的自然环境，不但有益于人的健康长寿，更能控制多种病毒的滋生和蔓延，对多种疾病的天然疗效明显，是开展健康游、生态游的理想之地。

## 第二节　北部区县主要景区

北部区县主要包括西秀区、平坝区、普定县。

### 一、龙宫风景名胜区

1988 年，龙宫风景名胜区被国务院公布为国家级风景名胜区；2007 年，被评定为

5A 级旅游景区。

龙宫风景名胜区位于位于安顺市南郊，与黄果树风景区毗邻，距省会贵阳市 116 千米，是一个以典型喀斯特风光和宗教人文景观相结合的风景名胜区。整个景区山峦起伏，溪流环绕，自然环境质朴清新，大气、水体未受污染，海拔 1 000 ~ 1 400 米，属珠江水系，冬无严寒，夏无酷暑，年平均气温 14.6°C。景区以壮观瑰丽的地下暗湖溶洞群、洞穴瀑布、旱溶洞为主体，洞内景色奇异，宛若人间仙境，洞外有秀丽的田园山寨，粗犷雄伟的山野峰峦，嶙峋古怪、翠竹簇拥的石林，以及丰富多彩的民族风情，集山、水、洞、瀑、溪、湖、石于一体。景区“三最”最具特色，即洞中瀑布最大、地下暗河溶洞最长、天然辐射率全国最低。龙宫总体面积达 60 平方千米，分为龙宫、漩塘、油菜湖、仙人箐 4 大景区。

### （一）中心景区

中心景区即溶洞部分。其中水溶洞全长 5 000 米，洞内钟乳石发育齐全，奇形怪状，似龙似凤，似人似兽，似树似花，琳琅满目，栩栩如生，令人目不暇接，称绝不已，素有“地下漓江”和“天下第一水洞”之称，是内容丰富的喀斯特博物馆，世间少有的旅游胜地。

这一景区主要有以下景点。

#### 1. 龙宫

龙宫俗称“响水龙潭”，为龙潭河伏流形成的地下暗湖。龙潭河伏流由蚌壳岩下的地下洞穴奔泻入宫后，在洞内轻荡细漾，盘旋回转之后缓缓流出宫外，与入口处的天池相接，长 840 米，洞内最宽处 30 余米，窄处仅 2 米，最高处约 80 米。洞穴的崖上有“龙宫”两个摩崖大字，为我国著名书画家刘海粟先生 90 高龄时亲笔题写。乘小舟入内，洞口似龙牙交错，进洞时须匍匐在小船上而行。进到厅内，眼前顿然开阔，入口处钟乳石酷似龙头饮水。已开发的龙宫分为 5 个洞厅：一厅为群龙迎宾殿，洞顶垂悬下来的数十条钟乳石，形如小龙，平添了一种神秘莫测的气氛。二厅为浮雕壁画宫，经过千万年形成的石幔、石花在洞壁组成各种各样的景物形象和图案，形似一幅幅自然山水壁画。三厅为五龙护宝宫，洞顶悬挂着五条形似龙形的钟乳石和两颗椭圆形的“宝石”，惟妙惟肖。四厅为水晶宫，洞厅宽大，钟乳石堆积物最为丰富，有“龙女闺阁”“老龙坐宫”“哪吒闹海”“荷花柱”“仙翁醉酒”等各式形态。五厅为高峡幽谷宫，洞厅呈长形，洞顶至水面 80 米，坐在船上抬头仰望，气势宏伟，有“洞中小山峡”之称。

#### 2. 龙潭天池

龙潭天池位于龙宫入口处，四面环山，中间现出一泓碧潭，天池长 140 余米，最宽处为 57 米，平均水深 30 米。潭水澄碧如玉，水面宽阔，天池三面为峭崖陡壁，崖壁上古木森森，风光优美。

3. 龙门飞瀑

龙门飞瀑是龙潭天池前方的又一天然溶洞，潭水由此下泻，形成奇特的“龙门飞瀑”景观。龙门高 50 余米，瀑布高达 38 米，宽 26 米，天池之水倾泻而下，如巨龙出洞，吼声如雷，气势磅礴，卷起水珠，形成彩虹，是龙宫的独特景观。

4. 天梯洞

天梯洞地处龙门瀑布左侧，为不相连接的竖井状溶洞，分为一天梯、二天梯，洞高 4~8 米，洞顶有少量钟乳石沉积，为连接龙门飞瀑和天池的游览步道。

5. 蚌壳岩

蚌壳岩为一断层崖壁，崖高 80 余米，崖顶倾斜呈弧状覆盖一进龙宫后山入口处的天空，极像一只巨大的蚌壳半覆洞口。崖壁上有无数大大小小的洞穴，群燕营巢于其上。群燕归巢时，常有数千只燕子飞旋于崖壁之间，景象独特奇丽。

6. 虎穴洞

虎穴洞是一个长约 400 余米的旱洞，里面钟乳石发育非常完好，有“锦绣中华”“镇宫宝刀”“虎牢关”“鸳鸯柱”“斩断瀑水”“犀牛望月”等喀斯特景观。

**（二）漩塘景区**

这一景区主要有以下景点。

1. 漩塘

漩塘为一圆形消水洞型池塘，位于马鞍孤丘与漩塘寨之间龙宫地下河系明流与暗流交汇处。池塘直径为 101 米，水面面积 5 012 平方米，水深多为 15 ~ 20 米，最深处达 43 米。漩塘塘底呈漏斗状，河水由北部注入塘内，由塘底消水洞潜入地底，其最大流量达每秒 50 立方米，推动塘内水体顺时针旋转，形成塘水旋转之奇观。

2. 观音洞

观音洞为洞中佛堂，非常独特，洞中塑有如来、观音、十八罗汉等佛像，而观音像高 12.6 米，塑像表情丰富，神态庄严，气势宏大。洞中有盆景等映衬，洞外有成片的水竹，环境极优雅，令人流连忘返，是虔诚信徒的朝圣之地。

3. “龙”字景观

漩塘景区入口处，2009 年，龙宫第七届油菜花旅游节为迎接中国生态旅游年，景区结合中华五千年文化，在田间精心利用油菜和胡豆套种了一个植物汉字“龙”，其造型拓自唐代著名书法家怀素的草书，总占地面积 8 万余平方米。巨大而狂放的“龙”字，从景观台眺望，美景和艺术相得益彰。

### （三）油菜湖景区

该景区距龙宫上游 8 千米。景区为人工湖泊，面积达 25 平方千米，湖内岛屿相连，奇峰林立。水面开阔，可供水上娱乐观光。丰水期，水域宽阔，湖光山色秀丽异常；枯水期仅余蛇状河道，清流蜿蜒，另是一番景象。两岸为秀丽的田园风光，春末夏初，遇油菜花盛开季节，两岸菜花连绵不断，一片金黄，有“金花醉春”的意境。

### （四）仙人箐景区

该景区位于龙宫中心景区以西 5 千米处，景区内山清水秀，石林、怪石林立，形态各异，小河蜿蜒，贯穿全境，景区内植被完好，林木郁葱。

## 二、安顺九龙山国家森林公园

2001 年，安顺九龙山国家森林公园被国家林业局公布为国家森林公园。

贵州九龙山国家森林公园位于贵州省安顺市以南 22 千米，属生态休闲度假型森林公园，由中心景区、天落湾石林景区、海子景区、云山屯景区构成。

由于地形独特，九座山峰如龙头昂首啸吟而得名九龙山。景区内群山连绵起伏，松林、杉林、油茶林、杜鹃林、茶园、药园组成了绿色的世界，鸟啼蝉鸣，四季常青。群山环抱之中的湖泊，幽深碧绿，清澈宁静。公园立体气候明显，以浩瀚的林海、茂密的植被为主体，是人们休闲避暑、旅游观光、探险考察、科普科研的游览胜地。

景区内有九龙湖、老虎洞、江坪水库、天落湾石林、山京海子、宁谷汉墓群、明洪武年间所建的海神庙、屯堡村落“云峰八寨”、安榨城遗址等一大批自然景观和具有浓郁屯堡文化及夜郎民风民俗的人文景观。

## 三、平坝天龙—天台山景区

天台山伍龙寺，2001 年被国务院公布为全国重点文物保护单位；天龙镇，2008 年被建设部、国家文物局授予“中国历史文化名镇”称号。

在距平坝区城区 13 千米处有一座孤峰——素有“黔南第一山”之誉，东南西面为悬崖，唯北面 465 级台阶可登，如临绝壁，如登天台，故名天台山。建有伍龙寺古建筑群，始于明万历十八年（1590 年），因其设计建造独具匠心，造型奇特，浑然天成、规模宏伟，被誉为“世界石头建筑的奇迹”“高原山地石头建筑的典范”“深山明珠”。

伍龙寺主体梁架高大，气势宏伟，是军事功能和宗教功能合一的建筑。山墙石壁用当地盛产的石板铺盖，结实坚固，冬暖夏凉。它由山门、大佛殿、两厢、倒座、玉皇阁、经堂、祖师殿等组成。寺前设四道山门。第一道为石砌衡门，门额镌“黔南第一山”。第二道为石砌牌楼门，券洞门上的竖匾刻“天台山”三字，其下刻横批“天中之天”。第三道亦为券洞门，门洞深，与山石连为一体，门楣上有“八仙”浮雕，其下刻楷书“印宗禅院”四字。门旁的石刻有佳联“云从天出天然奇峰天生就；月照台前台中胜景台上观”，恰似伍龙寺的真实写照。第四道是伍龙寺的正门，券洞门上刻“清净禅院”四字。清初吴三桂赴滇黔途中，偕陈圆圆朝拜山寺，并留赠承身朝服、朝笏、佩刀等。历代名人墨客留下诸多珍贵遗迹，以“云从天出天然奇峰天生就，月照台前台中胜景台上观”的楹联最为著名。

天台山下的天龙古镇是著名的屯堡村镇，具有600多年历史，以其保存完整的大明时期江淮汉族文化为亮点，充分展示了屯堡人独具特色的建筑文化、服饰文化、戏曲文化、宗教文化、农耕文化、饮食文化和传统习俗。在这里可触摸屯堡石头建筑，听屯堡乡音，领略明代江南的民风民俗，观赏被誉为“戏剧活化石”的屯堡军傩地戏，品尝独具风味的屯堡特色美食，购买精工巧作的手工艺品，感受天龙屯堡神秘独特的文化魅力。

## 四、云峰屯堡景区

云山屯古建筑群，2001年被国务院公布为全国重点文物保护单位；云山屯村，2005年被建设部、国家文物局授予“中国历史文化名村”称号，2014年被评定为4A级旅游景区。

云峰屯堡景区位于安顺市区以南18千米，由云山屯、本寨、雷屯、小山寨等8个屯堡村寨组成。在方圆11平方千米的青山绿水间，8个村寨分布有序，疏密得当，既可各自为政，又能彼此为援，堪称军事防御体系的杰作。每个寨子都建有寨墙、碉楼，石头墙内包裹着的具有江南民居风格的四合院鳞次栉比，巷巷相遇、户户相连，既适宜人居又利巷战，被学者誉为“冷兵器时代的最后堡垒”。屯堡建筑把石头工艺发挥到了极致，从高处向下放眼望去，白白的一片，错落有致。走进屯堡村寨，所看到的是石头的瓦盖，石头的房，石头的街道，石头的墙，石头的碾子，石头的磨，石头的碓窝，石头的缸。屯堡民居就是一个石头世界，住宅门上还有雕琢精美的垂花门罩和隔扇门窗，这些都是明代江南住房的建筑风格。古老的屯堡建筑，虽然经历了百年风雨，仍保存完好，岿然屹立。

居住在这里的屯堡人都是600年前从江南一带迁来的军士后代，他们一直保留着明代祖先的传统习俗，其语音、服饰、民居建筑及娱乐方式与周围村寨截然迥异。这一独特的汉族文化现象被称为“屯堡文化”。

云山屯建于云鹫山下，有100多年的历史，具有极强的防御性，寨墙坚实高大，建有石梯，院墙上砌有碉堡，石巷中留有枪眼，其山体、屯墙、院墙、门楼、哨棚、碉楼、连接各家各户的小巷，组成了一个全封闭的整体，攻防相济，是当地防守最严密的村寨以及控制周围道路的军事要地。现在在古城堡上仍依稀可见旧时战乱留下的痕迹。

## 五、山里江南景区

山里江南旅游休闲度假区位于贵州省安顺市西秀区旧州镇，距贵阳约80千米，距安顺市区 28 千米，西靠大屯山，东抵邢江河，依山傍水。

山里江南旅游休闲度假区占地面积 1.73 平方千米，依托国家 4A 级景区旧州古镇，将“江南元素、旧州古镇、屯堡文化”融为一体，形成了包括蝶恋花海、幸福花田、欢乐街区、度假酒店在内的，独有的屯堡民族风情和山里江南风光。欢乐街区错落有致，滨水田园曲径通幽，碧水杨柳姿态万千，邢江河岸诗意盎然；淳厚的屯堡文化诉说着历史的沧桑变化，浪漫的蝶恋花海透露着现代的时尚气息历史与现代的文化碰撞，在景区内体现得淋漓尽致。

蝶恋花海位于山里江南景区西北部，占地面积 0.67 平方千米，以花海景观和乡野风貌为载体，以大地艺术为特色，结合主题文化设计景观小品和体验项目，从花田景观到乡野风貌，从花卉种植到主题文化，从花田农事到浪漫休闲，构建以赏花为核心的观光产品体系。戏蝶花园、彩蝶纷飞、紫蝶翩跹、翠蝶逐芳、粉蝶絮舞等景点有机结合，花团锦簇，云霞灿烂、千姿百态、色彩丰富，带来“园门尚远花光来，漫天锦绣连云开”的非凡体验。

幸福花田位于山里江南景区东部，占地面积 0.47 平方千米，景区运用现代设计手法将园林景观与田园风光完美融合，一步一景，随着景观层次的变换，感受“山里江南”独特的生态之美。景区包含幸福广场、拈花走廊、芳香花园、幸福梅林、翠荷喧、环翠廊、步步生莲、芝樱长堤、忘忧岛等景致，以及山里江南烧烤吧、洛嘉儿童乐园、慢递、弄影、愉阅、花作、驻味等娱乐休闲项目。

欢乐街区位于山里江南景区中南部，通过高低错落的建筑群体、众多空间的穿插、江南园林的基调，结合当地屯堡文化元素，营造幽静、高雅的园林格调，展现江南文化特色为主的肌理空间。欢乐街区由乐家亲子客栈、乐尚街、乐味街、乐艺街、乐宿客栈构成。容纳传统手工艺、民俗文化、民间艺术，并提供有特色、高品位的休闲、餐饮、住宿等配套服务设施，可以满足不同年龄层次的消费者需求。

## 六、普定穿洞遗址

1988 年，普定穿洞遗址被国务院公布为全国重点文物保护单位。

穿洞遗址位于普定县城西约 5 千米处的新寨村孤山上，四周为溶蚀性谷地，洞口海拔 1 286 米，山顶与谷地的相对高度为 87 米，洞口位于孤峰半腰，洞口距地面 26 米，为一石灰岩溶洞，因洞口南北对穿而得名。洞长 30 米，宽约 13 米，洞顶做弧形，顶高 9 米。

普定穿洞遗址发现于 1976 年。1979 年南京大学岩溶队和贵州省博物馆相继对洞内堆积物做了小规模发掘，发现了不完整的古人类头骨及上颌骨、牙齿，石器、骨器等。1981 年和 1982 年，中国科学院脊椎动物与古人类研究所、贵州省博物馆、普定县文化馆、岩溶办等组成的联合发掘队两次对穿洞进行系统发掘，共出土包括两个相当完整的古人类头骨化石在内的古人类遗骸百余件；石锤、石钻等各类石器 2 万余件；骨锥、骨针、骨铲等 1 000 余件及大量的动物化石和用火痕迹。经放射性同位素 14 测定，普定地质年代为旧石器时代晚期文化，距今约有 16 000 多年。穿洞遗址出土文物之多，骨器之精，均为世界罕见，被誉为“亚洲文明之灯、南方智人故里”。

我国著名考古学家、北京猿人头盖骨的发现者裴文中教授生前实地考察了穿洞遗址，肯定了“穿洞文化”在中国考古学上的价值和地位，亲笔题写了“普定穿洞旧石器文化遗址”。

## 七、安顺文庙

2001 年，安顺文庙被国务院公布为全国重点文物保护单位。

安顺文庙又名“府学宫”，坐落于安顺城区东北黉学坝，占地约 8 750 平方米，是一座规模宏大、布局严谨、庄严典雅的古建筑群。文庙始建于明代洪武二十七年（1394 年），曾毁于兵燹，后进行重建，经清康熙、道光年间几次修复，臻于完备，现存单体建筑 27 处。

安顺文庙是中国西南民族地区较早建成的文庙之一，是明王朝为永镇边陲，“以怀柔而教化边夷之民”，实施“移风善俗，礼为本；敷训导民，教为先”政治手段的反映，充分体现了明清儒文化由中原向西南边陲延伸的历史。文庙的修建，开启了黔中 600 多年的兴学历程，有“黔中儒学圣殿”“中国现存最精致的文庙”之美誉，是研究西南地区庙堂文化最好的实物资料。

安顺文庙建筑群，依古称“孔明观星台”的缓坡而建，坐东向西，沿中轴线对称布局，形成了一座典制齐备、布局严谨、捭阖有致、工艺精巧绝伦的府级文庙，至今仍保留着明、清文庙的历史原貌。文庙石雕，体裁广泛，技法多样，图案生动，寓意深远。尤其是大成殿前一对整石镂空雕云龙石柱，不仅体现了中国传统“天圆地方”的天地观，而且集多种精湛石雕技法于一体，目前在国内绝无仅有。著名古建筑专家单士元、祁英涛先生考察安顺文庙时，曾为之惊叹，夸赞为“石雕艺术的殿堂”。现安顺文庙内陈设了“中国科举文化”“孔子圣迹图”“乡贤、名宦”等展览，复原了大成殿内的孔像、“四配”“十二贤哲”陈列及“万世师表”等匾额，举办了多次大型文化活动，使安顺文庙所承载的历史文化和教育传统更加凸显于世人面前。现在文庙已成为一个历史厚重、环境古朴的文化旅游景观。

## 八、安顺宁谷遗址

2006 年，安顺宁谷遗址被国务院公布为全国重点文物保护单位。

遗址位于安顺市西秀区的宁谷镇，距市中心约 8 千米，由 160 余座汉墓、8 个汉窑、1 个汉民居遗址构成。该遗址发掘获得大量文物，有几何纹方砖，秦半两、汉五铢、大泉五十等圆形方孔小钱；金器、铜器、铁器、陶器、木器等生产、生活军事用器数百件。

遗址主要分为建筑遗址和陶窑遗址两部分。建筑遗址位于龙泉寺境内，总面积共 9 万余平方米，出土遗物有铜珠、铜箭镞、玉铢钱、四铢半两钱、木犊、木楔、木枋等，还有少量泥质灰陶、红陶及夹砂陶。绳纹板瓦和筒瓦数量较多，其中包括“长乐未央”铭文瓦当，车轮纹、云纹瓦当。建筑遗址南 1 千米处是陶窑遗址，面积约 5 000 平方米，发现了 5 座保存较完整的陶窑。

根据出土文物考证，遗址的对应时期为汉代。特别是出土的“长乐未央”瓦当，本是西汉高祖刘邦时萧何在长安督建的“长乐宫”和“未央宫”专用，可想此处当年绝非一般建筑物所能承托。

根据史籍记载和考古发现，宁谷极有可能为已经湮没了 2 000 多年的汉代牂牁郡治。

## 九、王若飞故居

2013 年，王若飞故居被国务院公布为全国重点文物保护单位。

王若飞故居位于安顺市西秀区中华北路 10 号，由朝门、过道、门楼、正房、南北厢房、对厅房等建筑组成，是典型的中国南方民居四合院。整座建筑均为木结构小青瓦建筑，建筑年代为清代早期，距今已有 200 多年历史。

陈列馆是展示王若飞同志光辉事迹的专题性纪念馆，全部陈列分为 8 个部分，设 11 个展厅和 1 个多媒体放映厅，有照片 166 幅、实物 97 件、景观 6 个、塑像 11 尊、油画 4 幅、插图 8 幅、灯箱 6 个，展柜、展台 20 个，为中型规模陈列布展。整个布展配以现代的声光技术、多媒体技术、绘画雕塑艺术等，充分展示了王若飞同志在各个不同时期的重要经历以及王若飞为中国革命建立的丰功伟绩。故居陈列馆于 2009 年 4 月 8 日全面对外开放。

## 十、兴伟石博园

2014 年，兴伟石博园被评定为 4A 级旅游景区。

兴伟石博园创建于 2004 年，坐落于安顺经济技术开发区，位于喀斯特王国的中心地带，是闻名世界的黄果树大瀑布旅游线上的一颗闪亮的明珠，总面积两万余平方米，是目前国内规模最大、品种最齐、档次最高的超大型奇石展示中心，建成当年就被《中国商报》评为中国民间最具影响力的六大收藏馆所之一。

石博园汇集了各地数以万计的奇石精品、古生物化石和矿物晶体，广纳了大量根雕、木雕精品，绝大部分是红豆杉、海南黄花梨、香樟木、小叶紫檀、沉香木、金丝楠木、楠木等雕刻而成的大型根雕、木雕精品，使兴伟石博园再次增添了一份文化气息，并不断地从全国各地精选了上万件奇石、名石，形成了集观赏性、科学性、学术性，商业性于一体的全国奇石网络、信息、博览、贸易中心，对国际社会和国内外专家学者及科考专家具有强劲的吸引力。

## 十一、斯拉河景区

景区内的苗族棺材洞，2013 年被国务院公布为全国重点文物保护单位。

斯拉河景区位于平坝区境内，主要有斯拉河峡谷、苗族棺葬洞、引子渡主湖区、多缤洞、穿青人文化、桃花苗族风情村、天然温泉等景点。其中，斯拉河峡谷有“十里长峡一线天”之称，悬崖耸立，水质清澈见底，两岸风光旖旎，集高原平湖和峡谷风光为一体，具有特、新、奇、险的特点。“水深不见底，山高不见顶，峡长不见头，树古不知龄”是斯拉河景观的主要特征，船行其间，如临画中。多缤洞全长约 12 千米，洞中有 10 余个大厅，最大的达 600 平方米，钟乳石丰富多彩，造型奇特，暗河水清凉甘甜。

景区内文化旅游主要以“歪梳苗族文化”和“穿青人文化”为主，其中桃花歪梳苗民族村以自己独特的习俗，如服饰、婚嫁、歌舞、丧葬等原生态文化吸引着四方游客，是全省著名的歪梳苗文化保护区。该村刘姓先人埋茔的“棺材洞”，现存完好的各种形状的棺木 540 多具，随葬器物数百件，出土的鹭鸟纹彩色蜡染百褶裙是人类存世的第一件古代彩色蜡染实物。经科学检测，该裙最迟为 11 世纪（北宋时期）之物，虽经历了千年时光的销蚀，布料已朽损脆弱，但彩色的图案花纹却是艳丽如新。它的发现填补了蜡染史的空白。

## 十二、夜郎湖景区

夜郎湖即梭筛水库位于普定县东北三岔河上，全长 42 千米，水域面积 21 平方千米，蓄水 4.2 亿立方米，水面最宽处回水长度达 2.5 千米，距县城仅 5 千米。

夜郎湖水质优良，盛产各种鱼类。湖区山映碧水、水抱群山，构成上百个半岛、岛屿和湖湾。两岸高山对峙，形成高原“三峡”自然景观，峡奇、峰险、优美、静谧是景区主要特点；湖湾伸进散落村寨，炊烟袅袅，草坡数里连绵，芦花遍野。清风徐来，水波不兴，置身于湖光山色间，令人心旷神怡。

位于夜郎湖下游的电站大坝是夜郎湖科考旅游的亮点，坝高 75 米，呈弧形，是我国工程技术人员自行设计、自行施工的碾压式混凝土拱坝。它改写了世界最高碾压混凝土拱坝在南非的历史。人们在这里既可参观大坝雄姿，又可领略大坝泄洪形成的壮观的人工瀑布。

夜郎湖景区曾是古牂牁夜郎国属地，历史文化源远流长，名人迭出，孕育出曾主修《贵州通志》的著名学者、诗人、书法家任可澄；著名花鸟画大师、雕塑大师袁晓岑；哲学家、美学大师刘刚纪；著名画家、雕塑家、肖像外交大使袁熙坤等享誉海内外的文化精英。民族风情绚烂多彩，汉、苗、布依、仡佬、白族、彝族等传统的铁水冲龙、跳花、三道茶、吃新节、三月三、六月六等民俗及节庆日组成了景区多元的民族文化形态，构建了以生态山水资源、民族文化资源、乡村旅游资源为主题，集休闲度假、旅游观光、科普教育、运动探险为一体的综合型旅游景区。

# 第三节 南部区县主要景区

安顺市南部区县主要包括镇宁布依族苗族自治县、关岭布依族苗族自治县、紫云布依族苗族自治县。

## 一、黄果树风景名胜区

1982 年，黄果树风景名胜区被国务院公布为国家级风景名胜区；2007 年，被评定为 5A 级旅游景区。

黄果树风景名胜区位于镇宁布依族苗族自治县和关岭布依族苗族自治县接壤处，距安顺市区 45 千米，距省会贵阳市 128 千米，贵（阳）黄（果树）高等级公路、清（镇）黄（果树）高速公路直达景区。它以黄果树大瀑布景区为中心，以 18 个千姿百态、风格迥异的瀑布组成的瀑布群为主体，其中有级数最多、落差最大的滴水潭瀑布，有瀑顶最宽的陡坡塘瀑布，有滩面最长的螺丝滩瀑布，有流量最大的关脚瀑布和形态最美的银链坠潭瀑布等，并与亚热带喀斯特山水植被、布依族苗族风情融为一体，集山、水、林、洞、根、藤、石、瀑为一身，有“喀斯特瀑布博物馆”之称。黄果树瀑布群被吉尼斯总部评为世界上最大的瀑布群。

整个风景名胜区由以下景区组成。

### （一）黄果树大瀑布景区

黄果树大瀑布景区位于镇宁、关岭两县境内北盘江支流、打帮河上游的白水河和坝陵河上。因在黄果树瀑布左侧有一株黄桷树，当地土语“桷”和“果”谐音，且本地过去盛产黄果，故称黄果树瀑布。它是河流侵蚀裂点多次逐级后移而形成陡峭的瀑布，是我国最大的瀑布，也是世界上最壮观的瀑布之一，是唯一可以从上、下、前、后、左、右 6 个方位观赏的瀑布，是世界上唯一有水帘洞从其半腰贯通且能从洞内向外听、观、摸的瀑布。瀑布海拔 903.9 米，高 77.8 米，宽 101 米。河水从 70 余米高的层崖之巅跌落，凭高作浪，发出轰然巨响，云垂烟接，万练倒悬，倾入犀牛中。飞瀑跌落处掀起层层巨浪，流花四溅，水珠高扬。盛夏，遇太阳照射，飞扬的水珠便化作长虹，五彩缤纷，霞光遍地。

瀑布对面筑有观瀑亭，亭柱上镌刻着清代诗人严寅亮撰写的一副楹联“白水如棉不用弓弹花自散，红霞似锦何须梭织天生成”，来赞美美丽的黄果树大瀑布。倚栏纵目，可正面观赏飞流奔腾喷薄之状，并可俯瞰下游玉龙飞渡，峡谷回流诸景。

水帘洞位于大瀑布 40~47 米的高度上，全长 134 米，由 6 个洞窗、5 个洞厅、3 股洞泉和 6 个通道组成。沿着弯曲的石径，游人可经水帘洞钻到瀑布后面，在洞内向外欣赏大瀑布，惊心动魄。瀑布底部有一犀牛潭，是瀑布的冲蚀坑，水深 17 米，常为溅珠所覆盖。

明代伟大的旅行家和地理学家徐霞客亲临考察后盛赞大瀑布“捣珠崩玉，飞沫反涌，如烟雾腾空，势甚雄厉”，认为在其见过的瀑布中，“高峻数倍者有之，而从无此阔而大者”。清代大诗人郑子尹用一连串神奇的比喻来形容大瀑布的雄丽：“九龙浴佛雪照天，五剑挂壁霜冰山。美人乳花玉胸滑，神女佩带珠囊翻……银虹坠影饮欲罄，天马无声下神渊。沫尘披散汤沸鼎，潭日荡漾金熔盘……”近、当代众多名人游历黄果树赞美大瀑布的诗文、题记更是多不胜数。

2014 年 4 月 18 日黄果树半边街生态覆绿主体工程正式完工，全长 3.6 千米的半边街新景，于 5 月 1 日正式接待游客，游客可从落虹桥出发，乘坐观光小火车或徒步穿过蕴含布依文化的风雨长廊，观赏四季花园及徐霞客游记文化后到达观瀑台，从上方俯览雄伟的大瀑布。

半边街共分为观果区、观花区、古榕园区、微雨密林区、草坪教堂区、红海桂香区、霞客溶洞区 7 个景观区域。整个区域内配置彩色树种、香花树种、体现彩化、香化。整个绿化面多用乡土树种，使其与山体植被协调，达到郁郁葱葱的森林景观和满足植物季节变化的效果。同时，充分融合自然景观与教堂、历史人物、当地民族文化氛围，是旅游休闲的一道亮丽风景线。

2021 年 5 月 27 日，黄果树景区夜游模式开启，这是“自然奇观”“传统文化”和“创新科技”的共融之作，也是国内首个以 5A 级自然峡谷景区为载体打造的沉浸式光影夜游。项目在保护瀑布原生态的前提下，借助光影科技，凸显自然之美，原生之美，和谐之美，最终呈现“天瀑奇观”的胜境，将黄果树瀑布这个独特景点，打造成有别于日间体验的“超震撼”沉浸式光影视觉盛宴。

### （二）天星桥景区

天星桥景区位于黄果树大瀑布下游 6 千米处，是一座规模巨大的天然园林，主要观赏石、树、水的美妙结合。如果说黄果树大瀑布的特点是气势磅礴，那天星桥则是玲珑秀美。“风刀水剑刻就万顷盆景，根笔藤墨绘制千古绝画”的对联，概括了天星桥景区的神韵。该景区由天然盆景区、天星洞景区和水上石林区 3 个景区组成，有 4.8 千米的游览小道将其相连，其中有各种跳墩、大小桥梁、惊险栈道，使游人在这里既欣赏奇景，也领略奇险、享受奇趣。

天然盆景区由大大小小的水池、天然山石、水石盆景组成。游览小道周围，抬头是景，低头是景，前后左右处处皆成景，雅致空灵，令人赞不绝口。

天星洞景区在景区中段，主要有天星洞和冒水潭等景观。

水上石林区在景区下段，与天星洞景区以 1 千米的石板小路连接。景区内水流蜿蜒曲折，石林星罗棋布露于水面，奇妙的是石上竟在奇特植被生长，如石笋上长着各种各样的小灌木，重重叠叠的仙人掌，星星点点的小花，石壁上披挂着密密层层的常青藤，最神奇的是有些石头上竟盘满了树根，大的石包上还长着大榕树或其他乔木。这里石上流水，水上有石，石上有树，构成了由石景、水景、树景奇妙搭配组合而成的独特石景观，很有欣赏价值。

### （三）陡坡塘瀑布景区

景区位于黄果大瀑布上游 1 千米处。陡坡塘瀑布为天然坝型瀑布，瀑顶宽 105 米，高 21 米，是黄果树瀑布群中瀑面最宽的瀑布，其顶上一个面积达 1.5 万平方米的巨大溶潭瀑布则是形成在逶迤 100 多米长的钙华滩坝上。远观瀑面洁莹，如一袭纱丽披拂在钙华组成的瀑檐上，近视则跳珠溅玉。瀑下有一岩穴，一泉覆于其上，是天生沐浴合佳处，洞内还有渗漏泉，形成奇妙的洞中瀑，瀑下可见戏水踏浪觅欢的情景。陡坡塘瀑布还有一个特殊现象，每当洪水到来之前，瀑布都会发出“轰隆轰隆”的吼声，因此又叫“吼瀑”。

“遥闻水声轰轰，从陇隙北望，忽有水自东北山腋泻崖而下，捣入重渊，但见其上横白阔数丈，翻空涌雪，而不见其下截，盖为对崖所隔也。”这是徐霞客在《徐霞客游记》中对陡坡塘瀑布的描述。

## 二、关岭化石群国家地质公园

2004 年，关岭化石群国家地质公园被国土资源部公布为国家地质公园。

关岭化石群国家地质公园位于贵州省西南部的关岭布依族苗族自治县，距贵阳市 188 千米，距黄果树瀑布 52 千米、龙宫溶洞 90 千米，规划面积 26 平方千米，保护区 200 平方千米，核心区 0.94 平方千米。

关岭化石群保存在黑色泥岩和页岩之中，形成于距今 2.2 亿万年前（三叠纪晚期）的海湾或陆间残留盆地环境。含化石地层面积达 200 平方千米，主要化石门类包括：大量完美保存的海生爬行动物（鱼龙、海龙、楯齿龙、龟）、海百合以及菊石、双壳类、牙形石、鹦鹉螺、腕足类、鱼类、鲨鱼牙齿和来自附近陆地的古植物，特别是海生爬行动物化石和海百合化石数量巨大、种类繁多、保存精美。如此丰富、多样和完善保存的化石群在世界上极为罕见，堪称世界上独一无二的晚三叠世海生爬行动物和海百合化石库。龙化石经专家研究，这是首次用“中国龙”“关岭鱼龙”“瓦窑龙”“新铺鱼龙”“贵州鱼龙”等地名命名龙的种属。该化石群不仅具有极高的观赏性和收藏价值，更重要的是它们对于研究晚三叠纪地层、古生物、古生态和古埋藏学，以及海生爬行动物和海百合的分类及演化等均具有特别重要的科学意义。

## 三、夜郎洞景区

2009 年，夜郎洞景区被评定为 4A 级旅游景区。

夜郎洞景区位于镇宁县城西北 28 千米的扁担山区、营里山麓的上硐村旁，距安顺市区 51 千米，是一个集溶洞群、民族风情及体育、休闲、娱乐为一体的多功能旅游区。

夜郎洞群主要由上洞、双洞、天狮洞、梁将诺洞、石花洞、响水洞、蜂子岩洞等 10 个溶洞构成的洞群组成。已开发的上洞（即夜郎洞主景区）全长 6 000 米，高 63 米，宽 48 米，第一层为水洞，第二层和第三层为旱洞。洞内密布大大小小的石幔、石花、石笋、石柱等，并天然形成了酷似“万里长城”“中国地图”的造型。溶洞景观异彩纷呈，争奇斗艳。洞外伴有官寨、白骨塔、麻元河、麻元水库、普里山间盆地等田园风光，景点丰富，组合和谐，内外协调。粗犷与细腻兼得，壮丽与纤巧包容，具有理想的观赏价值。

夜郎洞内主要景观有夜郎王迎客大殿、夜郎前宫、夜郎中宫、夜郎天宫、地下河莲花郎道、洞中水上石林、钟乳奇石厅等，景致奇异罕见，美不胜收。洞中石林晶莹洁润、形态逼真；钟乳石造型千姿百态、精妙绝伦。

景区建有拓展训练基地，修建有 3 600 平方米的地掷球场，为国家地掷球训练基地，承办了 2008 年全国青年暨大学生地掷球锦标赛、2009 年全国大学生地掷球锦标赛暨第四届全国体育大赛资格赛、2013 年全国掷球锦标赛和全民健身展示大会。

## 四、贵州九仙旅游景区

贵州九仙旅游景区位于贵州省安顺市关岭县，距离黄果树大瀑布 15 千米，区位优势明显、旅游资源丰富，气候宜人，文化底蕴深厚，交通方便快捷，是大众旅游、休闲、娱乐、养身地。

景区分为溶洞观光和亲水娱乐两大功能区。溶洞景区即九仙洞天，乃典型的地底喀斯特侵蚀风貌，由 1 个世界绝景、7 大主要景点、36 个特色景致构成。溶洞景区九仙洞天，是典型的地底喀斯特侵蚀风貌。九仙洞天在 7 亿年前的震旦纪处于稳定的陆源滨海环境。从 5 亿年前的寒武纪到 2 亿年前的三叠纪，反复经历了 4 次海浸和海退。1.9 亿年前的侏罗纪，这一地区地壳上升，沦为大陆剥皱带，奠定了它的地质构造格局。此后，这些以碳酸盐为主的地质构建，在地表及地下水的长期溶蚀作用下，形成了众多神奇的岩溶、裂谷、漏斗。洞内的石乳、石笋、石林造型奇特，九仙洞天是一个年轻的溶洞。亲水娱乐区中，建有目前全国落差大、弯道急、景致奇的洞穴漂流——九仙洞漂，还有九仙水世界（8 000 平方米水域的洞天海啸）、九天瑶池、亲子乐园。

## 五、花江大峡谷风景名胜区

花江大峡谷风景名胜区位于关岭县境内，距省会贵阳市 160 千米，距黄果树大瀑布 40 千米，有 320 国道、210 省道等公路贯穿景区。

风景区西北起岗乌镇的毛草坪，东南至板贵乡的三江口，全长 79 千米，宽 3 千米，面积 300 平方千米，分为夹山景区、铁索桥景区、下瓜寨景区、盘江桥景区和古生物化石景区 5 个景区，有 50 处自然景观景点，12 个人文景点，9 个民族村寨。景区具有壮美的自然景观与古朴浓郁的民族风情、神秘久远的海百合、龙化石构成雄奇、宏大、险峻、神秘的鲜明特色。

风景区相对高低悬殊，最高处海拔 1 650 米，最低处海拔 370 米，山高、谷深、水急。峡谷两岸峰峦蜿蜒，山崖耸峙如犬牙交错。谷底奔腾的花江河，水势汹涌，浪花翻滚，响声如雷。绝壁上，藤蔓攀附，古木丛生。这里碳酸盐岩分布广泛，喀斯特地貌发育，形态类型多样，峰林、峰丛、孤峰、石林、石牙、溶洞、漏斗、落水洞、洼地、沟谷、溶丘、岩溶瀑布、伏流、暗河丰富多彩，千姿百态的各种钙质沉积一应俱全，形成贵州喀斯特地貌类型最为齐全的亚热带岩溶景观博物馆。花江桥一隅，黄浪滔天，浊浪滚滚，岩石丛立，多处曾是电视剧《西游记》的拍摄景点。两岸民族村寨，竹木夹岸，古桥流水，文物古迹随处可寻，古迹关索岭上的“古驿道”“御书楼”“双泉寺”“马刨井”“刀把井”等。

风景区内的红崖古迹是贵州省著名古迹之一。在晒甲山一块长约百米，高约 30 米的巨大浅红色岩壁上，呈现出 20 余个铁红色字体，形似远古文字遗迹，非镌非刻，若篆若隶，粗犷古拙，雄奇瑰丽，被人称为“红崖碑”或“红崖天书”。奥妙难解的文字，从古至今，若干中外专家学者亲临考究，众说纷纭，莫衷一是。光绪年间日本学者德丸作藏、德国学者柏如雷・弗岗海尔等考察后认为这一遗迹“含有绝对的神秘性”，成为我国 8 大神秘文字之一，史称“南中第一奇迹”。种种传说和猜测，使红崖古迹这一千古之谜，不断地吸引着海内外的专家学者、游人们纷纷前来破译。1994 年，相关部门在历代 20 余种摹本中选出 6 种刻于红崖周围，供游人鉴赏。

## 六、坝陵河大桥

坝陵河大桥位于关岭县与黄果树风景名胜区交界处，是沪昆高速公路上的控制性特大桥梁，全桥长 2 257 米，主跨 1 088 米，最高桥墩 202 米、桥面高度 370 多米，是山区桥梁中当时排名“中国第一，世界第六”的世界级大跨径钢桁梁悬索桥，创造了 5 项中国第一，跻身世界高桥网前 10 名，桥面至水面高约 370 米。该桥荣获 2017 年“鲁班奖”。大桥是贵州省桥梁建设史上新的里程碑，也将是全国在高山峡谷区域修建上千米超大跨径桥梁的新起点，同时将成为黄果树瀑布风景区又一景观。

大桥创造了 5 个“第一”：在高山峡谷区修建如此大跨度桥梁，世界建桥史尚属首次；西岸隧道式锚碇长 7 434 米，为世界第一大隧道锚；东岸重力式锚碇混凝土浇筑方量达 81 662 立方米，位居国内第一；全桥长 2 257 米，为山岭重丘国内第一长桥；全桥投资 148 亿元人民币，为目前省内交通建设独立大桥之最。建造技术采用了 5 个“首次”：世界首次用 3 节间架设桥梁；桥面吊机为国内首次采用技术；为提升桥梁颤振稳定性，该抗风措施是国内首次采用；机制山砂 200 米以上的高塔混凝土为国内首次；移动模架施工为贵州省桥梁建设首次采用。

坝陵河大桥是国内少有、贵州唯一可以进入桥体内部旅游观光的世界级大桥，以“旅游观光黄果树，极限运动坝陵河”的定位，融入大黄果树旅游整体布局，重点打造的高桥观光、极限运动、研学旅行、峡谷民宿等成为新旅游项目聚集地，是桥旅融合的新亮点、旅游投资的新热土。坝陵河大桥还在创造世界极限运动的新纪录。2019 年 1 月，坝陵河大桥 370 米高度刷新了吉尼斯世界纪录，成为世界最高蹦极。

景区还建有坝陵河桥梁科技馆，这是贵州第一座以桥梁为主体的科技馆。该馆位于坝陵河大桥东岸，建筑面积 4 220 平方米，分为两层三厅。在馆内，通过展板、模型、艺术造型、5D 影院、互动建桥游戏等对坝陵河大桥进行了全面了解，参观者可详细了解大桥的建设历程以及我国桥梁发展历史、建设成就等内容。这里是中国公路学会和贵州省科普基地、贵州省爱国主义教育基地，正在申报贵州省研学基地和贵州省体育旅游示范区。坝陵河大桥是我国桥梁建设成就的标志性景点，是超级工程与超级风景的完美融合，每年接待大量团体研学考察。

## 七、紫云格凸河风景名胜区

2005 年，紫云格凸河风景名胜区被国务院公布为国家级风景名胜区，2006 年 6 月被列入首批国家自然与文化双遗产名录，正在申报世界自然遗产。

格凸河风景名胜区位于紫云苗族布依族自治县境内，距贵阳市 161 千米、安顺市 76 千米，总面积 56.8 平方千米。“格凸”一词为苗语，意译为“跳花胜地”。它集岩溶、山、水、洞、石、林组合之精髓，融雄、奇、险、峻、幽、古为一身，构成一幅完美的风景图画，是稀世之珍的喀斯特自然公园。这里既有举世无双的大穿洞绝景——燕王宫，又有古朴的民族文化之景悬棺洞葬；既有巨大幽深、气势恢宏的世界第一大洞厅——苗厅，又有景观壮丽的星星峡谷；既有堪称一绝的世界最高古河道遗迹——盲谷，又有国内最深的竖井——通天洞，还有地球上人类最后穴居部落——洞中苗寨；既有明媚多姿的格凸鹰燕以及众多珍奇动植物，又有浓郁独特的民风民情。

整个风景名胜区由以下景区组成。

### （一）大穿洞景区

这一景区主要有以下景点：

#### 1. 燕王宫

燕王宫为伏流入口第一厅，高 116 米，宽 25 米。在天然拱门之下，是 270 米的长形湖。洞内栖息着几十万只燕子，早晚在洞口翻飞，遮天蔽日，蔚为壮观。

#### 2. 穿上洞

穿上洞是一段古地下河的遗址，由一处悬挂岩洞地道进入，地道长 137 米，宽 70 米，高 50 米。它与河流入口处的燕王宫相比，相对高度高 226 米，地道底部长满了各种珍奇小灌木及藤本植物。

#### 3. 盲谷

盲谷是一个槽形凹地，长约 1 千米，宽 30 ~ 150 米，深 200 ~ 400 米不等。四周为峭壁陡岩所围，可通过竖井洞进入，是世界最高的古河道遗迹。

4. 通天洞

通天洞是一个碳酸盐类岩石地区的巨大竖井，深 370 米，宽 200 米，是目前国内最深的竖井，好像为地下开的一道天窗，故称“通天洞”。

### （二）小穿洞景区

这一景区主要有以下景点：

1. 苗厅

苗厅从伏流入口进入，有一巨大的溶洞厅，面积达 0.15 平方千米，是巨大幽深、气势恢宏的世界第一大洞厅，洞中钟乳石高大而怪诞，拟物逼真。

2. 小穿洞

小穿洞又名“冒鼓天”，洞口高 50 米，宽 40 米，海拔 790 米。格凸河与摆河汇流后从小穿洞口流出，景色秀美。

3. 中洞人家

在小穿洞出口的上方，有上、中、下 3 个溶洞，上洞右侧 300 米处是中洞，又称“棕洞”，洞口高 50 米，宽 100 米，深 200 米。洞内居住着 18 户苗族人家，房屋建筑为无顶木柱竹篱。中部有一间石屋为小学，学校后面有一小球场，旁边有个约 3 米长的蛙形钟乳石，从中流出的清泉供人畜享用。有的居民，为求近路常徒手攀缘于洞壁，人称“蜘蛛人”。这里是穴居文化的经典之作。

4. 竹林寨

竹林寨位于格凸河伏流中段的山上，居住的是高山苗族，以吊脚楼著称。寨子周围是高大茂密的古树林，翠竹丛生，紫藤缠绕，并有造型奇特的“方竹”“棕竹”等。

### （三）大河景区

这一景区主要有以下景点：

1. 夹山

夹山地处大河村与大穿洞之间，在两岸层峦叠嶂之间，忽见两山夹峙，孤峰挺立，取名“夹山”。

2. 大河村

大河村为一布依族村寨，所处的自然环境可谓得天独厚，周围群山环绕，格凸河从村前流过，中有田畴百亩，村舍依山而建，疑是陶渊明笔下的世外桃源。

3. 天星洞

天星洞高约 110 米，宽 40 米，洞口呈长方形，洞口巨口横跨，洞壁石幔悬挂，游客可乘船进洞约 200 米深，洞中景色与洞外风光相互辉映，格外迷人。

4. 天星洞葬

天星洞葬位于天星洞入口左边的旱洞内，洞中有 3 层自然台阶，每个台阶高约 2 米，洞内有悬棺，悬棺自上而下先后放置。悬棺多为榉木制成，头里脚外。洞内共有棺木 104 口，其中基本完好的有 40 余口。

5. 天赐湖

天赐湖为喀斯特地貌天然湖泊，犹如一面镜子映在万绿丛中，湖长 350 米，宽约 100 米，海拔 980 米，湖中有 3 个泉眼，水质环境极好。

**（四）黄家湾景区**

这一景区主要有以下景点：

1. 古坳平湖

古坳平湖是黄家湾地区建造的一个大型的人工湖泊，面积为 31 平方千米，容量 27 亿立方米，主航道长 28 千米，其中有孤岛 23 个。湖面开阔，分为南湖和北湖两片，青山环绕，碧波荡漾，水天一色。

2. 星星峡

星星峡位于坐马河下游的妖岩，是两山对峙的长谷。谷中清溪石涧曲折蜿蜒，景色秀美，两旁奇峰叠翠，呈现峡谷套嶂谷的景观。

3. 塔山石塔

塔山石塔位于紫云县城东南的高山之巅，建成于清乾隆四十九年（1784 年），具有一定的历史价值。

# 第六章　毕节市旅游业

## 第一节　毕节市概况

### 一、基本情况

毕节位于贵州省的西北部、川滇黔三省交界、乌蒙山腹地，总面积 2.69 万平方千米，辖七星关区、大方县、黔西市、金沙县、织金县、纳雍县、威宁彝族回族苗族自治县、赫章县 8 个县（自治县、市、区）和百里杜鹃管理区、金海湖新区 2 个正县级管委会，279 个乡（镇、街道），3 701 个村（居），居住着汉、彝、苗、回等 46 个民族。2020 年年末，户籍人口 950.29 万人，全市生产总值 2 020.39 亿元，同比增长 4.4%。城镇常住居民人均可支配收入 34 274 元、增长 5.0%，农村常住居民人均可支配收入 11 238 元、增长 8.4%。境内居住有汉、彝、苗、回、布依、白、蒙古、壮、侗、黎、满、瑶、土家、哈尼、傣、景颇、仡佬、京、维吾尔等 35 个民族。

毕节地处乌蒙山腹地，川滇黔锁钥，贵州高原屋脊，长江珠江屏障，位于贵州省西北部，地处川、滇、黔三省结合部，东靠贵阳市、遵义市，南连安顺市、六盘水市，西邻云南省昭通市、曲靖市，北接四川省泸州市，为乌江、北盘江、赤水河发源地。毕节平均海拔 1 600 米，最高处位于赫章县珠市彝族乡与威宁县交界的小韭菜坪，海拔 2 900.6 米，为贵州屋脊。

毕节大部分地方属亚热带湿润气候，年均日照 1 231 小时，气温 13.09°C，降雨量 1 129mm，无霜期 266 天，森林覆盖率 38.75%，冬无严寒，夏无酷暑，四季分明，气候宜人。

1988 年 6 月，经国务院批准，在毕节建立“开发扶贫、生态建设”试验区。

### 二、历史沿革

今毕节市辖地，元代为湖广八番顺元宣慰司、云南乌撒宣慰司分辖，明代设水西宣慰司和毕节卫、乌撒卫。清康熙五年（1666 年），置黔西、大定（今大方）、平远（今织金）3 府。民国 3 年（1913 年）废府、州置县，民国 24 年（1935 年），设贵州省第四行政督察专员公署。1949 年年底，置毕节专区。1970 年更名为毕节地区行政公署，2011 年年底撤销毕节地区和县级毕节市设立地级毕节市和七星关区。2021 年经国务院批准，民政部批复，同意撤销黔西县，设立县级黔西市，以原黔西县的行政区域为黔西市的行政区域。黔西市人民政府驻莲城街道迎宾路168号，黔西市由贵州省直辖，毕节市代管。

## 三、交通

杭瑞高速公路、厦蓉高速公路、贵阳至毕节高等级公路、毕节至威宁高速公路、黔西至织金高速公路、321国道、326国道贯通市内外交通网络；2020年6月，连接贵州省威宁彝族回族苗族自治县中水至石门高等级扶贫公路通车，作为贵州省20个极贫乡镇之首的石门乡，脱贫攻坚迈入“快速车道”。市内已开通威宁、织金两县的火车客运专线，成贵高铁于2019年12月开通，标志全市进入高铁时代。截至2020年，境内铁路通车里程538千米（其中，高铁125千米），叙毕铁路正在加快推进，累计完成投资17.4亿元，2022年建成通车；纳雍至六盘水、昭通至黔江等规划建设铁路项目正开展工作。2013年6月，毕节市飞雄机场正式通航，标志着毕节立体交通网络正式形成。截至目前，毕节飞雄机场已开通至北京、上海、广州、深圳等20多个大中型城市直飞航线。目前，飞雄机场二期改扩建工程即将开工建设。

## 四、旅游资源概述

毕节位于乌蒙山腹地，是川滇黔锁钥、贵州高原屋脊和长江珠江屏障，境内旅游资源丰富，开发潜力巨大。毕节的旅游资源主要包括地貌和生物旅游资源、历史文化旅游资源、民族文化旅游资源、红色旅游资源和避暑旅游资源。

### （一）地貌和生物旅游资源

毕节是洞的王国、花的世界、鸟的乐园。国家级风景名胜区织金洞被誉为中国最美旅游洞穴之首，流光溢彩，恢宏壮观；国家森林公园百里杜鹃享有“天然花园”之称，灿若织锦，飘芳竞艳；国家级自然保护区威宁草海，珍禽云集；国家级风景名胜区九洞天，是集奇山、秀水、异石为一体的“岩溶百科全书”，洞中有洞，天外有天；高峡平湖洪家渡水库（支嘎阿鲁湖），碧波荡漾，岛屿林立。另外还有赫章国家森林公园和毕节国家森林公园，生态良好。

### （二）历史和民族文化旅游资源

毕节历史悠久，文化灿烂，民风古朴。夏为梁州献域，殷周至元朝，属古夜郎、罗施等国，明隶属贵州布政司水西宣慰司，新中国成立后设毕节专员公署。黔西观音洞遗址、奢香墓、大屯彝族土司庄园、可乐遗址、织金古建筑群等被列为全国重点文物保护单位，可乐遗址被评为2001年“全国十大考古发现”，向旅游者展示着古人类的历史遗踪、水西文化的灿烂、夜郎文化的神秘。毕节还有多彩的民族服饰，原生态的民间音乐，婀娜多姿的民族舞蹈，彰显出民族民间文化的无穷魅力。

### （三）红色旅游资源

毕节是革命老区，红色热土，红色旅游资源丰富。1934 年 1 月，贵州省第一个中共地下党支部在毕节建立；1935 年 2 月，中共中央政治局在现七星关区林口镇的“鸡鸣三省”村召开了常委分工会议；1936 年 2 月，红二、六军团在毕节创建了黔西北革命根据地，成立了中华苏维埃人民共和国川滇黔省革命委员会，组建了全国唯一的省级抗日武装——贵州抗日救国军。夏曦、钱壮飞、吴正卿等中共要人和许多红军战士热血洒毕节，长眠在此地。

### （四）避暑旅游资源

毕节全市属低纬度高海拔地区，垂直差异明显，分为中亚热带、北亚热带和暖温带 3 个气候带。其气候特点为：夏无酷暑，雨量充沛，水热同季；东部四季分明，中部冬长夏短，西部长冬无夏，春秋相连。2011 年毕节市入选“2011 中国避暑旅游城市榜（TOP50）”。

## 第二节　西部区县主要景区

毕节市西部区县主要包括七星关区、大方县、咸宁县、赫章县。

### 一、九洞天风景名胜区

2004 年 2 月，九洞天风景名胜区经国务院批准列入第五批国家级风景名胜区名单。

九洞天风景区位于贵州省大方县，距大方县城 60 千米，离纳雍县城 50 千米，离毕节市 70 千米。景区位于大方、纳雍两县交界处，这里是乌江源头——六冲河流域一段伏流的喀斯特地貌综合地带，景区内有 9 个伏流“洞口”，称“九洞天”，由九洞天云洞天开景区、总溪河碧水长廊景区、梯子岩层峦叠嶂景区组成。

#### （一）九洞天景区

九洞天属典型的喀斯特景观，景区内天窗、天坑、峡谷、石瀑、石笋、伏流等多种景观巧妙结合，有较高的科研价值和观赏价值，有喀斯特地质博物馆和中国喀斯特百科全书的美誉。因其天窗洞口共有 9 个，因此谓之“九洞天”。

一洞天“月宫天”，是一旱洞，是进洞的大厅，巍峨雄壮，大气磅礴，钟乳倒悬，奇异多姿，面积 3 000 多平方米，平均高 80 米，洞壁洞顶上钟乳石千奇百怪，壮丽非凡。

二洞天“雷霆天”，现辟为发电洞室，为宏伟的地下宫殿，上有白云悠悠，下有碧水清清，浑然天成，钟乳石千奇百怪，异常瑰丽。

三洞天“金光天”，洞内迂回幽静，左岸石壁异常光滑，如刀砍斧削，右岸壁上悬挂着五颜六色的钟乳石。

四洞天“玉宇天”，是由多个洞穴组成的天然景点，洞内钟乳石或似塔形，或如殿宇，晶莹剔透，似玉竹林，形象逼真。

五洞天“葫芦天”，呈葫芦状的暗湖，上收下放，自然而成；形似葫芦，天水呼应，自然而成。

六洞天“象王天”，为相连的天生桥洞窗，顶部距水平面约百米，桥相接，洞相连，十分险要。

七洞天“云霄天”，是一大旱洞，洞内千窗百孔，互相可通，能容纳数千人。

八洞天“宝藏天”，洞口窄小，洞内开阔，顶部怪石丛生，鳞次栉比，阳光射入，光色多变，水面静幽，如梦似幻。

九洞天“大观天”，为一座长 90 米、宽 220 米的巨大天生桥，十分壮观。洞外天马断头，激流震撼，赤壁神州，相互呼应，下层奇形怪状的水洞暗湖与八洞天相通，四通八达。

### （二）总溪河景区

属乌江北源，用她的大爱哺育了沿河的居民，更缔造了傲于尘世的美景。自万寿桥而下，流水的侵蚀在丛山峻岭间剖开一条狭长的裂缝，形成了纵深幽长的高原峡谷景观。峡谷两岸碧树丛生，盘虬卧龙、悠然可见；顺水而下，天空时而开阔，白云悠悠，时而紧收，恰如一线，两岸峰峦交错，洞穴密集，仿若仙境。河水终年平缓，落差适宜，是漂流的绝佳胜地，有着“乌江第一漂”的美称。

### （三）梯子岩景区

梯子岩景区不仅仅是景观的丰富，还是文化的补充，因为有了梯子岩，九洞天景区的文化、历史更显厚重。在阶梯上行走，感受奢香夫人开辟龙场九驿的艰辛，体验滇黔盐道上负重前行的劳苦，看着两侧的弹孔，回想红军在战役的惨烈，无数身影处处在眼前。在这里，民族文化、历史文化和红色文化相互交融，这条山间小道更显文化底蕴和历史厚重。登上山顶，俯瞰这片土地，遥看总溪河峡谷壮丽，远近峰峦交错，四周如盆景，如沙盘，大气之中不乏秀丽精致。

## 二、草海自然保护区

1992 年，草海自然保护区被国务院公布为国家级自然保护区。

草海位于威宁县城西南侧，是贵州最大的天然淡水湖，海拔 2 171.7 米，保护区总面积 0.012 平方千米，常年水域面积约 25 平方千米。

草海是人禽共生、和谐相处的十大候鸟活动场所之一，栖息着鸟类 200 余种、珍稀鸟类 70 余种。中国特有的高原候鸟黑颈鹤，每年都要在这里越冬，还有大量的灰鹤、丹顶鹤、黄斑苇雉、黑翅长脚鹬和草鹭等珍贵鸟类在此栖息，被誉为“鸟类王国”“云贵高原上一颗璀璨的明珠”“贵州旅游皇冠上的一颗蓝宝石”。

草海以水草繁茂而得名，水草覆盖面积保持在30平方千米以上，草海四面青山环抱，林木茂密，水天一色，翠峰鹄立，湖中盛产鱼虾、蒲草等水生动植物，是冬春观鸟、夏秋避暑的最佳选择地。

草海四季美景：春天，暮春时节，草海周围开放在大面积千姿百态、绚丽动人的杜鹃花，为草海沉寂的大地平添了几许活力与生机；夏天，去草海可以吃有名的草海细黄鱼，看湖中随水波摇曳的绿草；秋天，秋天的草海最美，湖中水草在碧水中开出一朵朵、一串串、一片片的黄花、红花和白花，船行其中，花随水波浮动，如入仙境；冬日，草海赏鹤观舞，草海的冬天，是观赏黑颈鹤的最好季节，每当风和日丽，站在岸边极目瞭望，烟波浩渺、鸢飞鱼跃，有“落霞与孤鸾齐飞，秋水共长天一色”的壮美诗意，令人心旷神怡。

草海不仅资源丰富，而且四季佳景，晴雨皆宜。登上海岸观海楼，周围层峦叠嶂，阡陌纵横，山村依稀。湖中碧波万顷，渔舟点点。有一蓬莱小岛，孤立湖心，林木郁郁，翠阁玲珑，蛱蝶穿花，人称“水上公园”。

草海周围居住着汉、彝、回、苗各族人民，每逢节日，各族同胞在这里赛马、吹芦笙、唱歌、跳舞，十分热闹。

## 三、奢香墓

1988年，奢香墓被国务院公布为全国重点文物保护单位。

奢香墓位于大方县城北郊云龙山下乌龙坡头的洗马塘畔。现奢香陵园包括奢香墓、奢香博物馆和洗马塘建筑，占地2万平方米。园中有奢香夫人塑像，微缩的驿道、营盘、桥梁等景观。奢香博物馆占地1 600平方米，分设6个陈列馆，收藏有大量的彝族古籍、文化、艺术、军事、民俗等物品共900多件，集中反映了水西彝族漫长的社会发展历程，其中不少藏品弥足珍贵，是研究中华民族文明发展的重要物证。

奢香墓始建于明洪武二十九年（1396年），墓葬按正三品规格，结合彝俗墓建风格营造。清道光十八年（1838年）重修，并勒有“奢香故里”石碑。后几修几毁，1985年国家拨款重建至今规模。

奢香（1361—1396年），明贵州宣慰使，彝族默部水西君长霭翠的夫人。洪武十四年（1381年）霭翠故，奢香代袭贵州宣慰使职。奢香摄政期间，审时度势，始终以国家利益为重。明朝官吏贵州都指挥使马烨忌妒奢香政绩卓著，企图“郡县其地”，借端“叱壮士裸香而笞其背”，意逼其反，所属48部领义愤欲反。奢香识破马烨阴谋，忍辱负重，走诉京师，参见太祖，面陈家世及守土之功，直言辩诬。朱元璋权衡利弊，将马烨治罪。奢香回黔后，一面宣传朝廷威德，安定民心，一面履行诺言，凿山伐木，开辟驿道，先后开通黔中至四川、黔中至云南两条驿道，并开设龙场、六广、谷里、水西、奢香、金鸡、阁鸦、归化、毕节九驿。同时，通过朝觐输赋，进贡方物名马，进一步密切了贵州与中央王朝的关系。由于奢香夫人维护国家统一，促进民族团结等功绩，洪武二十九年（1396年）奢香病故时，明王朝专遣特使参加葬礼，并加谥奢香为“大明顺德夫人”。朝廷称赞她“勋垂珍竹帛，在国为功臣”。

## 四、大屯土司庄园

1988 年，大屯土司庄园被国务院公布为全国重点文物保护单位。

大屯土司庄园位于毕节市七星关区东北部 118 千米的大屯彝族乡，整座庄园占地 6 000 平方米，是全国仅存不多的保存较为完整的彝族土司庄园之一。

庄园始建于清道光元年（1821 年），为彝族土司余象仪所建，后由余达父逐年扩建。因遭火灾损毁，多次进行修缮，建筑保存较为完整。

余达父从日本留学回乡，仿唐代鉴真大师东渡日本时创建的唐昭提寺式样，结合彝族传统虎文化扩建庄园。庄园依山势而建，坐东南朝西北，以中轴对称，呈三路三重堂宇相互回转。中路主体建筑依次为大堂、二堂、正堂和后花园。左路布局依次为轿厅、客厅（遂雅堂）、西花园、祠堂。右路布局依次为东花园、客房、仓房、绣楼。庄园木结构建筑物虽具唐风，但各种雕刻纹饰却体现了彝族虎文化特色，刻工精细、线条流畅、形象生动。围墙顶上的黑色三、六、九数线条图饰，也是彝族具有代表性的饰纹。俯瞰整座庄园的建筑布局，同样是按虎的变形图规划设计的。

大屯土司庄园具有独特的民族风格和浓郁的地方特色，是研究民族学、民俗学和建筑学的珍贵实物资料。

## 五、可乐遗址

2001 年，可乐遗址被国务院公布为全国重点文物保护单位。

可乐遗址古墓群位于赫章县城西 60 千米处的可乐乡，曾先后进行了 9 次规模发掘，共发掘古墓葬 380 座，古遗址 375 平方米，出土文物万余件。

可乐遗址延续时代长，从新石器时代，春秋、战国时代到秦汉时代，都有大量珍贵文物出土，其中分布有大量的战国至秦汉时期夜郎民族墓葬，墓群西北面分布有众多秦汉时期汉民族文化的墓葬。可乐遗址古墓群面积之浩大，墓葬之密集，延续时代之长久，堪称西南之最。奇特的葬式，属全国罕见，因而被誉为“全国考古发掘的圣地，青铜文化的殷墟”。

司马迁《史记》中记载的“西南夷”最大的“夜郎国”2 000 多年前在这块热土上消失了，成了史学家和考古学家们探索的千古之谜。2001 年，贵州省文物考古研究所将在可乐发掘 108 座夜郎墓葬及其 547 件文物的照片和幻灯片进行展示，再次引起全国考古界的关注。

## 六、川滇黔省革命委员会旧址

2006 年，川滇黔省革命委员会旧址被国务院公布为全国重点文物保护单位。

川滇黔省革命委员会旧址由位于毕节市七星关区的毕节川滇黔革命委员会旧址、红六军团政治部旧址、贵州抗日救国军司令部旧址以及大方川滇黔革命委员会旧址组成。

川滇黔省革命委员会旧址原系德国罗马公教（天主教）教徒在毕节传教的教堂，造型为长方形重檐十字悬山式砖木结构，建于1924年。1936年2月，中国工农红军二、六军团长征途经黔西、大方、毕节等地，于2月17日将原在大定创建的中华苏维埃人民共和国川滇黔省革命委员会迁至现毕节七星关区，进驻天主教堂办公。这里同时也是贺龙、萧克、任弼时、王震等红军领导人的住所。

大方川滇黔省革命委员会旧址位于大方县城文星街原福音堂内。1936年2月，中国工农红军二、六军团长征途经大方，在贺龙、萧克、任弼时、关向应、王震、夏曦、甘泗淇等人领导下，于2月6日正式成立中华苏维埃共和国川滇黔省革命委员会。主席贺龙、代主席陈希云、副主席朱长清的办公地点设在福音堂内。

红六军团政治部旧址位于毕节市七星关区中山路，原为基督教安息日会，建于1916年，坐北向南，占地面积568平方米，歇山式屋顶。1936年2月8日，中国工农红军二、六军团占领毕节，六军团政治部进驻安息日会并在此办公。

贵州抗日救国军司令部位于毕节七星关区和平路74号周素园先生的住宅内。1936年2月，贺龙、任弼时、萧克、王震等率领中国工农红军二、六军团长征到达毕节，为了更好地贯彻抗日民族统一战线政策，组建抗日武装，根据团结广大工农民众及一切爱国志士加入抗日队伍，不分政治派别，不论成分，一致联合起来，组建抗日救国军等施政方针。红二、六军团以毕节地下党掌握的席大明、周质夫、阮俊臣三支地方武装为基础，组建了贵州抗日救国军。

## 七、赫章国家森林公园

2004年，赫章国家森林公园被国家林业局公布为国家森林公园。

赫章国家森林公园位于赫章县境内，由平山景区和水塘景区组成，公园总面积47.33平方千米。公园内有维管束植物约1 000余种，森林覆盖率87.8%，是黔西北地区最重要的生物基因库和水源涵养林区。

公园内森林壮阔、季相鲜明；地质年代久远，地貌类型多样；奇峰高耸，峡谷雄奇；溪瀑多姿，暗河神秘，水塘潋滟；民族风情浓郁，古夜郎文化悠久；具有十分鲜明的生物多样性和景观多样性特征，是黔西北的生态旅游瑰宝。

水塘景区景观十分优美，天然常绿阔叶和落叶林近万亩，中山草场数千亩，针阔混交林约6.67平方千米，针叶林近13.33平方千米；春有杜鹃、茶花争艳，夏有万木葱绿，秋天层林尽染，冬天玉树琼枝，是公园内景色多彩、使人迷醉的特色景观。

平山景区的夜郎三峡以雄、险、奇、秀为特色，峡谷全长19千米，被三座天生桥分为三段，明流、暗流相间。两岸山岭重叠，叠嶂层连，仅露蓝天一线，难见曦月之光。时而谷地稍宽，茂林夹岸；时而江流一线，嶂与天接，波翻浪涌，轰鸣激荡，惊心动魄；时而明流，两岸悬泉飞瀑，尽收眼底，赏心悦目；时而暗河，船行天桥之下溶洞之中，深邃幽暗，神秘莫测。

## 八、毕节国家森林公园

2005年，毕节国家森林公园被国家林业局公布为国家森林公园。

毕节国家森林公园位于毕节市境内，距贵阳市约260千米。毕节国家森林公园是山岳型自然风景旅游区，原分属拱拢坪、白马山两个国有林场。

该公园由拱拢坪、乌箐岭、白马山3个景区组成，海拔1 435～2 217米，面积41.33平方千米，森林覆盖率91.5%。得天独厚的地理位置和气候条件形成了奇特的公园景观。公园属北亚热带贵州高原常绿阔叶林区，园内物种丰富，有维管束植物近千种，是黔西北地区十分重要的物种基因库，主要有柳杉茂林、草甸、千年银杏等森林景观。

公园地处滇东高原向黔中山区丘陵过渡的倾斜地带，喀斯特地貌发育良好，地文景观奇特神异，被誉为“天然喀斯特地貌博物馆”，主要有吞天井、雷音谷、悬空洞等地文景观。园内暗河幽深神秘，主要有七星河、碧玉湖、小天池等水体景观。

公园所在区域为古夜郎国腹地，多种民族文化渗透交融，创造了历史悠久、底蕴深厚的地域文化，主要有七星古关、夏曦烈士纪念碑、彝苗民族风情等人文景观。

公园最具特色的景区（点）是吞天井——崩塌型漏斗。坑口南北向约400米，东西向约150米，深度约300米。井底观景，天高地窄，颇有巨口吞天之感。七星古关——七星古城建于明洪武十五年（1382年），为贵州3大关隘之一。“扼滇楚之咽喉，控巴蜀之门户”，诸葛武侯曾南征到此祭拜七星。

## 九、阿西里西景区

阿西里西旅游景区横跨赫章县珠市、兴发、威奢、水塘、可乐、平山等9个乡镇，由贵州屋脊小韭菜坪（天上石林）、大韭菜坪（天上花海）、阿西里西大草原（云顶草原）、平山、可乐等5大片区组成，总面积约162平方千米，是集自驾游、亲情游、探险游、避暑、观雪、考古科研为一体的景区。

小韭菜坪景区（天上石林），位于赫章县珠市乡境内，以贵州最高峰小韭菜坪为纽带，融自然风光、历史古迹、民族风情于一体，总面积25.5平方千米。“贵州屋脊”最高峰小韭菜坪，海拔2 900.6米，登上纵目远眺，乌蒙神韵，峰峦叠嶂，云山雾海，气势磅礴，雄伟壮丽，“一览众山小”的感受尽收眼底；这里有喀斯特大密宫“盆景石林”“迷宫石林”“水冲石林”“象形石林”，让游客感受大自然鬼斧神工的魅力；洛布石林旁的燕子洞暮霭层层，燕群嬉戏，神秘莫测，被誉为贵州高原上海拔最高、垂直距离最深的高原竖井溶洞。

大韭菜坪景区（天上花海）与贵州屋脊赫章小韭菜坪遥相呼应，又名九龙屯，是全国唯一的韭菜花带，主峰海拔2 777米，为贵州第二高峰。景区位于赫章县兴发乡、白果镇和水塘乡的交界处，距县城30千米，面积近30平方千米，呈东西走向，最大宽度17.5千米，最大长度31.5千米，属乌蒙山系。景区因万亩野生韭菜花而得名，每年秋天成了韭菜花的海洋，故名“天上花海”。每年农历八月初五，赫章及纳雍、威宁等地的上万名苗族同胞都会相聚韭菜坪，载歌载舞欢庆“苗族花山节”。怀揣梦想的青年男女在这上天恩赐的人间仙境寻觅梦中情人，携手共享爱情的甜蜜，使美轮美奂的自然风光与民族文化相映生辉。

阿西里西大草原（云顶草原）景区位于赫章县威奢、兴发、古达、白果4个乡镇交界处，整个景区近666.67平方千米，平均海拔2 300米，最高峰雨磨山海拔2 447米。景区以南方少有的“风吹草低见牛羊”的草原景观为主，有帅印山、六合门、女帽山、土地公、梳妆塘、吹风岭、跑马坪、情人溪、杜鹃林、斧劈岩、双乳峰、小天坑、赛歌台、点将台、月亮洞、燕子岩、擦耳岩、软石洞、古驿道、测风塔等景观，周围还有雄伟壮观、巍迤蓬勃的“十万大山”景观。

平山景区是赫章东大门，这里气候宜人，风景美丽，包含国家森林公园，山乡田园，峡谷、奇峰、溶洞，万亩樱桃，七星关等景区景点。

## 十、大方慕俄格古城

慕俄格古城即大方古彝文化旅游景区，地处大方县城东北郊，总占地4.5平方千米。景区集自然景观和人文景观为一体，是以自然和文化遗产为载体的复合型旅游景区，充分彰显了中国古彝文化的特点。

“慕俄格”为彝语音译，意为天底下的王城，始建于蜀汉时期，是古罗甸王国的首府、明代“贵州宣慰府”驻地。蜀汉建兴三年（225年），彝族君长济火一妥阿哲献粮通道助诸葛亮南征有功，被封为“罗甸国王”。妥阿哲封王之后，即定王都于大方，经历几代君王，历时80年建成慕俄格王城，并在城中修建王宫。

明代初期水西杰出的彝族女政治家奢香夫人将“贵州宣慰府”（九层衙院）作为执政的官邸，在这里运筹帷幄，领导水西地区各族群众开疆土、励耕织、修九驿、纳汉儒、兴汉学、建和谐、安边陲，为加强民族团结、维护祖国统一做出了积极的贡献，为水西地区繁荣稳定立下不朽的功勋，创造了亘古的辉煌。

慕俄格古城景区内有全国重点文物保护单位奢香墓、奢香博物馆；有省级文物保护单位慕俄格城堡遗址；按古代彝族九重衙院规模和风格恢复重建的“贵州宣慰府”；有县级文物保护单位庆云楼、斗姥阁古建筑群；有文物点猪大坡古驿道，三官桥井、杨家关井等古井；有罗氏塘、洗马塘、千年水塘等；有独具特色的彝族风情街。

## 十一、大方油杉河景区

2020年，大方油杉河景区被评为国家4A级旅游景区。

大方县油杉河旅游区位于贵州省西部，毕节市中部，大方县境东北部，西距大方县城58千米，东距金沙县城仅36千米，地跨大方雨冲、星宿两个乡9个行政村部分区域，旅游区规划总面积43.12平方千米，有雨冲河、古银杏、仙宇屯、大峡谷、南天门、响水河、两岔河等7大游览区32个景点。按照“一心（仙宇屯）、两翼（星宿、雨冲）、两带（大峡谷、雨冲河）”规划布局，呈“人”字形分布，寓意着天人合一，人与自然和谐相处。

景区主要以奇峰、异石、秀水以及原生态的森林资源为主，喀斯特地貌十分发育，地文景观丰富，充满神秘色彩，移步即景，神采各异，有仙宇峰、南天门、夫妻岩、神猴出山、北寒沟等奇峰异石景观。流域主要有油杉河、后河和雨冲河等河流，有六级瀑、一线瀑、珍珠瀑等大小瀑布，大有不让匡庐之势。其间的湾流沟涧达数十条之多。

景区森林覆盖率 80%以上，蕴藏着各种珍稀野生动植物，可以说，它是一座得天独厚的动植物基因库。景区冬无严寒，夏无酷暑，雨量充沛，气候凉爽，旅游季长，空气负氧离子含量极高，植物精气富足，是一处难得的“生态别墅”“自然空调”“天然氧吧”。

### 十二、威宁草海泰丰现代农业科技示范园景区

该景区位于威宁县草海镇民族村，规划设置为“四个中心”“四个区”，集农业科技研发中心、农产品物流配送中心、脱毒马铃薯生产中心、科普教育培训中心，现代设施农业观光区、新品种和新技术展示区、农耕博览与民俗风情体验区、综合服务区，集科技研发、科普教育、休闲娱乐、旅游观光为一体。该景区是毕节市集休闲旅游和现代农业展示的又一新窗口，新亮点。

## 第三节　东部市县主要景区

毕节市东部市县主要包括黔西市、织金县、纳雍县、金沙县。

### 一、百里杜鹃国家森林公园

1993 年，百里杜鹃国家森林公园被公布为国家森林公园；2013 年，百里杜鹃旅游景区被评定为 5A 级旅游景区。

百里杜鹃森林公园位于毕节市中部大方县与黔西市境内，距贵阳 130 千米，因核心景区——天然杜鹃林带宽 1 ~ 3 千米，绵延 50 余千米，总面积 125.8 平方千米而得名“百里杜鹃”。

公园总面积 125.8 平方千米，有杜鹃 83.5 平方千米，是迄今为止中国已查明的面积最大、保存最完好的天然原始杜鹃林带。初步查明公园内有马缨杜鹃、露珠杜鹃、迷人杜鹃、锦绣杜鹃等 32 种，花色多样，有鲜红、粉红、紫色、淡黄、雪白、淡白等。最为难得的是一树不同花，即一棵树上开出不同颜色的花朵，最多的达 7 种之多。暮春 3 月下旬至 4 月末，各种杜鹃花先后怒放，漫山遍野，千姿百态，铺山盖岭，五彩缤纷。其花色品种之多，分布之密集，美学价值、观赏价值之高，实属世界罕见，因而有“世界上最大的天然花园”“世界级的国宝精品”“地球彩带，世界花园”等美誉。

公园分为金坡景区、普底景区、野营区、游乐区、休闲疗养区、后备发展区。有五彩路、数花峰、醉九牛、金坡岭、锦鸡箐、漫步云台、马缨岭、对嘴岩、移山湖等40多个景点。

五彩路原来称“五叉路”，是杜鹃花品种比较集中、齐全的景点。这里有五条路可以通过花区，后来人们发现盛花季节，五条路上落英缤纷，非常美丽，就将其改为“五彩路”。

数花峰是观花的最佳景点，最能展现百里杜鹃的规模、气势。粉团杜鹃，银装素裹，好一派北国风光，像白鹤戏水，如云海翻腾；红杜鹃花红似火、分外热烈，花团锦簇，艳丽光彩。迷人杜鹃，色彩缤纷，璀璨绚丽，数不胜数。

醉九牛是普底景区最为传神的景点之一，这个名字来源于一个动人的传说，据《南蛮史》记载：明洪武十七年（1384年），水西土司奢香夫人为维护西南边陲的安宁，晋见朱元璋的贡品中，就有九头水西土牛，但走到这里时，被色彩艳丽的杜鹃花迷住了，不肯走，就醉倒杜鹃花林中。奢香禀告朱元璋后，朱元璋对奢香说，就把那里叫“醉九牛”吧。醉九牛因此得名。

金坡岭的花特别漂亮，有的山一片鲜红，艳若朝霞，姹紫嫣红；有的山一片雪白，银装素裹，绚丽夺目；有的山百花齐放，繁花似锦。每当晚霞映照时，火红一片，故称为“金坡岭”。

锦鸡箐的杜鹃，树大林密，交织丛生着粉红色的迷人杜鹃和鹅黄色的露珠杜鹃、大白杜鹃及深红色的马缨杜鹃，引来锦鸡在这安家繁衍，故得名“锦鸡箐”。

另外，景区内人文资源也十分丰富：彝族的“火把节”、苗族的“跳花坡”等民族文化内容丰富多彩，令人炫目。彝族的舞蹈《撮泰吉》、苗族的高架芦笙舞、无伴奏多声部合唱等别具特色。

## 二、织金洞风景名胜区

1988年，织金洞风景名胜区被国务院公布为国家级风景名胜区；2004年，被国土资源部公布为国家地质公园；2009年，被评定为4A级旅游景区。

织金洞景区位于织金县境内的东北面，被乌江上游鸭池河、三岔河交汇环抱，属亚热带高原气候，平均气温14.1°C，冬无严寒，夏无酷暑，气候宜人，是理想的旅游休闲避暑胜地。

织金洞景区地质遗迹景观发育典型，景区内溶沟、溶槽、陡峭的大河谷、天生桥、溶洞处处皆是，方圆数十千米山峦叠翠，孤峰挺拔，雄奇险峻，堪称山青、水秀、洞奇、石美。洞内景观琳琅满目、流光溢彩，囊括了世界上所有溶洞的堆积形态和类别。

织金洞洞体分四层构造，错落别致，已勘察的长12.1千米，洞腔最宽跨度175米，相对高差150米，一般高宽均在60~100米，总面积70余万平方米，划分为11个大厅47个小厅堂，簇拥着千座“塔”、万座“佛”，呈现万千气象，无限风光：雄伟壮观的“金塔之城”；傲立挺拔的“雪压青松”；虚无缥缈的“铁山云雾”；神妙莫测的“寂静群山”；金碧辉煌的“灵霄殿”；磅礴而下的“百尺垂帘”；纤细玲珑的“卷曲石”；深奥难穷的“广寒宫”；珠光玑点的“霸王盔”；气势恢宏、延绵起伏长两百余米的“大壁画”；举世无双、豪壮、秀逸、精巧的“银雨树”；栩栩如生的“普贤骑象”“婆媳情深”“十二生肖”；亭亭玉立的“姊妹树”“螺旋树”；波光粼粼的边石坝；琴弦分明的“琵琶”；群峰巍峨、丛林众生的“十万大山”。博大精深、鬼斧神工，一幅幅大画卷，一处处小情景，令人心魄震撼，叹为观止。

## 三、观音洞遗址

2001 年，观音洞遗址被国务院公布为全国重点文物保护单位。

古观音洞遗址位于黔西市境内，距县城 28 千米，是 60 万年前一处古人类文化遗址，被中外专家命名为“观音洞文化”。

观音洞是中国长江以南旧石器时期出土制品件数、种类最多的古文化遗址，是西南地区古文化的代表。其洞由石灰岩构成，高出洼地 15 米，海拔约 1 450 米，主洞长 90 米，宽 2 ~ 4 米，高 2 ~ 8 米，中段有向南、向北支洞各一个，分别长 15 米和 30 米，宽 1 ~ 2 米。

观音洞作为旧石器时期古文化遗址，发现于 1958 年。当地群众按神话在洞中找宝时，挖出大量龙骨出售，引起有关部门注意。贵州省博物馆、中国科学古脊椎动物与古人类研究所等单位于 1964—1973 年近 10 年中，先后进行挖掘，共出土石制品 4 000 余件、哺乳动物化石 23 种。石器有砍砸器、削利器、端状器、雕刻器、尖状器、石锥等，动物化石有大熊猫、柯氏熊、苏门羚、猕猴、豪猪、狐狸、猩猩、虎、东方剑齿象等。经专家考证，这些石器多是人工打制而成，其加工艺术和复杂程度与“北京人”的石器很相似，但也有比较明显的区别，确认这个地方早在五六十万年前就有古人类活动。出土物属长江以南迄今材料最丰富的旧石器时代早期文化的典型代表。法国、印度等国考古专家多次来这里开展古文化考察。全洞遗址发掘面积仅占堆积物面积的 1/3。沙井观音洞将为中国南方古文化及古人类的研究提供较有价值的发掘条件。出土的文物已分别陈列于国家博物馆和省博物馆。

## 四、织金古建筑群

2006 年，织金古建筑群被国务院公布为全国重点文物保护单位。

织金古城山清水秀，溪涧纵横，古建筑众多，门类齐全，包括佛寺、道观、文庙、书院、会馆、祠堂、衙署、宝塔、泉井、津梁、古道、民居、店铺、作坊等。这些古建筑为干栏式吊脚楼，分布在一座座大理石的小山上和流经城内的贯城河畔，或倚崖傍洞，或濒水临泉。大部建于“改土归流”之后，仅从清康熙五年（1666 年）至康熙十年（1671 年），即建有武庙、文庙、斗姥阁、隆兴寺、东山寺、财神庙、城隍庙、马王庙、黑神庙、炎帝庙、地藏寺等 10 余座，其后屡有修建，形成“四庵”“四阁”“四祠”和“八大庙”。其中“四庵”（紫竹庵、观音庵、白衣庵和回龙庵）、“四阁”（文昌阁、玉皇阁、斗姥阁和文腾阁）被当地人引以为自豪。财神庙是目前国内仅此一例的建筑，具有极高的保护价值。

## 五、金沙敖氏和罗氏墓群

2013 年，金沙敖氏和罗氏墓群被国务院公布为全国重点文物保护单位。

敖氏墓群位于金沙县石场乡鹿楼村。石刻墓群由南、北墓群组成，分别镌于光绪二十四年（1898 年）和三十一年（1905 年），两墓群均由楹门、栏栅、侧、后照壁与墙垣连接合围，共有牌坊 5 座，石裙冢 5 所。石刻有不同书体的书法及装饰图案 1 000 余幅。

罗氏墓群位于金沙县清池镇中普大坪子，与敖家坟隔河相望，建于清光绪七年（1884 年），占地面积 160 平方米，为三碑四柱五帽牌坊。有石刻图案 400 余幅。

敖氏和罗氏墓群的石刻在工艺上均运用了中国传统石刻的线刻、浅浮雕、深浮雕、透雕、镂空雕、圆雕等工艺，图案以中国经典传统文化为主，体现“吉祥如意”“忠孝礼仪”和“福禄寿喜”等内容。总之，敖氏和罗氏墓群石刻，题材内容丰富，书法流畅，雕工精湛，充分体现了黔西北石雕艺术风格，在中国传统石刻工艺走向衰落之际，在黔西北得以发扬光大，被誉为是“保留在石头上的史书”。

## 六、乌江源三大连湖

### （一）支嘎阿鲁湖景区

支嘎阿鲁湖位于毕节市东、中部六冲河中段，是目前贵州省内最大的人工淡水湖，水源面积 80 多平方千米，枯水季节平均水深 70 多米。景区地跨织金、纳雍、大方、黔西四县，南距织金洞 20 千米、北距百里杜鹃 30 千米、西距九洞天 35 千米，地理位置优越。

支嘎阿鲁湖是典型的高山湖泊，湖景周边是蜿蜒山丘，形成 “山水相融，碧海云天”的奇特景观。同时，景区处于多民族聚居地，民俗风情浓郁，别具特色，还是彝族“火把节”的祭祀地。

### （二）东风湖景区

东风湖又称乌江源百里画廊，位于黔西市南部新仁乡境内，距省城贵阳 80 千米，距黔西城 33 千米，湖区总长 62 千米，宽度 60 ~ 1 000 米，湖水面积近 20 平方千米。

东风湖湖水清澄，倒影沉碧，宁静秀丽，两岸峰壁险峻，气势恢宏，且多瀑布山泉跌落湖中，是千里乌江上最美的崖壁画廊。景区主要景点有号称“小织金洞”的溶洞奇观八仙洞，天下第一大座佛水西座佛（罗汉山），金庸先生题名的天竹峰，人面狮身、天鹅戏水、红运天书、大鹏展翅、天蟾静卧、灵猫戏鼠、水西姑娘、返老还童、哈冲燕城。湖畔的化屋苗寨被文化部命名为“中国民间文化艺术之乡”，被中国村社发展会命名为“中国特色旅游村”，被贵州省文化厅命名为“苗族歌舞之乡”。

### （三）索风湖景区

索风湖位于黔西市东部素朴镇境内，距省城贵阳 80 千米，距黔西城区 30 千米。湖区集峡谷、峭壁、峰林、瀑布、溶洞、古树、野生动物、民族风情等众多景观为一体，风光旖旎，主要有索风营电站、桔林新湖、船山、月亮山、苍鹰白马、一线天、龙洞与悫泉、奇岩异水等景点。

## 七、金沙冷水河森林公园

金沙县冷水河森林公园属中亚热带赏常绿阔叶林自然保护区，地处乌蒙山脉东麓的黔西北高原向中山丘陵过渡的钭坡地带上，公园内自然植被代表植物有樟科、壳斗科、山茶科等，具有保存较好的原生森林植被，仅种子植物就有 98 科 240 属 419 种，其中国家一级保护植物 3 种、二级保护植物 12 种。区内野生动物多种多样，其中国家一级保护动物 1 种，二级保护动物 11 种，还分布有红豆杉、银杏、福建柏、桫椤、榉木等树种的古大珍稀树木，因此享有“黔西北绿色宝库”的美誉。冷水河森林公园主要景点有 44 个。

景区以雄、奇、秀、幽旷、美著称，集中浓缩了贵州的真山真水，四处青山绿水，碧波荡漾，随处能观赏到喀斯特地貌为主体的清泉溪流、伏流、湖泊瀑布、洞庭、深潭等，水体动静交融，水质清澈透明，河谷及两侧崖壁上奇石形如牛、马、猪等，令人叹为观止。

景区内苗族、彝族、仡佬族、布依族等少数民族人口占总人口的 30%，以苗族、彝族为多。苗族的农历正月初三至初五的快乐节，在石场麻啄（蚱）坡踩山跳厂；农历二月初三、七月初三的自由节在石场街举行，外族叫“赶苗场”；还有二月十五桃花节、七月十五稻花节，都是苗族青年男女跳花坡的节日。

## 八、金沙贡茶古城休闲度假区

金沙贡茶古城休闲度假区占地 0.7 平方千米，是以千年贡茶文化为主题，集民族民间文化、酒文化、历史文化为一体的综合性旅游度假区。目前景区已建设长 1.4 千米、宽 30 米的景观大道及民族民俗文化广场、汉武帝群雕等景观。

## 九、金沙台金现代观光农业科技园

金沙台金现代观光农业科技园位于金沙县西洛乡申家街村，是一个将循环经济、立体农业、生态旅游融为一体，融第一产业——农业、第二产业——食品深加工业、第三产业——生态观光旅游服务业于一体的产业综合体。

科技园打造了浪漫婚纱影像影视基地、爱情长青园、儿童游乐园、世界蜜蜂生态园、咖啡花屋生活馆、科技农业展示园、乡俗文化体验园、伏羲广场、创意农业园、珍稀植物园等 10 大主题文化旅游景点。

## 十、黔西水西古城文化旅游区

黔西水西古城文化旅游区位于黔西市区城西北侧，占地面积 1.5 平方千米。旅游区传承和弘扬厚重的水西文化、展示水西绚丽多彩的民族风情、复古重现水西风格的建筑，是集文化科考、民俗体验、休闲娱乐、旅游观光、商务会展等功能为一体的综合性旅游区。

# 第七章　铜仁市旅游业

## 第一节　铜仁市概况

### 一、基本情况

铜仁市素有“黔东门户”的美誉，位于贵州省东北部，总面积 18 003 平方千米，占全省总面积的 10.2%。1949 年以来，铜仁市所辖县几经撤并建，现辖碧江区、万山区、江口县、石阡县、思南县、德江县、松桃苗族自治县、玉屏侗族自治县、印江土家族苗族自治县、沿河苗族自治县，共 4 县 4 自治县 2 区。碧江区为市委市政府所在地和政治、经济、文化中心。根据第七次人口普查数据，截至 2020 年，铜仁市常住人口为 329.85 万人。2020 年，地区生产总值 1 327.79 亿元，同比增长 4.4%；全年城镇常住居民人均可支配收入 33 798 元，同比增长 5.1%；全年农村常住居民人均可支配收入 11 100 元，同比增长 8.2%。

铜仁市位于东经 107°45′ ~ 109°30′，北纬 27°07′ ~ 29°05′，处于云贵高原向湘西丘陵及四川盆地过渡的斜坡地带，武陵山区腹地，东临湖南省，北靠重庆市，西接遵义市，南与黔东南苗族侗族自治州相连，是连接中原地区与西南边陲的纽带。武陵山脉的主峰梵净山（海拔 2 572 米）纵贯南北，将全市分为东西两大片区。东部为低山丘陵和河谷盆地，海拔多在 800 米以下，西部为黔北喀斯特山原东延部分，多中低山山原峡谷，海拔为 800~1 100 米。境内以梵净山为分水岭，有沅江、乌江两大水系。

全市属亚热带湿润季风气候，年平均气温 15°C，年降水量 1 100 ~ 1 400 毫米，日照总时数 1 100 ~ 1 300 小时，无霜期 280 ~ 300 天。

铜仁是一个资源宝库。全市天然水质良好，河流密布，发展渔业条件优越，冷水鱼养殖独具特色，被称为“贵州鱼”；全市可开采的矿产 59 种，主要有锰、铅、锌、大理石、重晶石等，其中锰矿最具开采价值，品位高，工业储量 1.4 亿吨，是全国 4 大锰矿区之一；全市水能资源丰富，乌江流域梯级开发中的思林、沙坨 2 个大型水电站，装机均在 100 万千瓦以上，思林电站已完成大江截流。

### 二、历史沿革

铜仁市在秦代属黔中郡，汉代属武陵郡，唐代分属思州、锦州和黔州，元代设长官司，明永乐十一年（1413 年）设思南、铜仁、石阡 3 府，民国 3 年（1914 年）废府设县。1935 年为贵州省第六、第九行政督察区。1949 年 11 月，全境解放。同年，设铜仁专区，辖铜仁、玉屏、松桃、江口、石阡、印江、思南、德江、沿河 9 县，专员公署驻铜仁城关镇。1966 年 2 月，增设万山特区。1987 年 8 月撤销铜仁县设铜仁市。2011 年 10 月，国务院批复同意撤销铜仁地区设立地级铜仁市，开启了铜仁发展新篇章。

## 三、交通

近年来，铜仁市的交通通信状况得到了较好的改善。截至 2020 年，全市公路通车里程 26 051 千米，其中高速公路里程 640 千米，已实现县县通高速。湘黔铁路复线、渝怀铁路、沪昆铁路、沪昆高速公路、杭瑞高速公路、铜大高速公路、思剑高速公路穿境而过。全市 8 个区县通高速，乡乡通油路，村村通公路。铜仁凤凰机场铜仁机场新开通 17 条航线，运营航线 27 条，通航城市 29 个。500 吨级航船可经乌江入长江达东海，乌江航道疏浚等工程正在加快推进。高效便捷的水陆空立体交通网络正在形成。

## 四、特色食品

### （一）江口豆腐干

江口名产豆腐干，风味独特。其泡豆、磨浆、滤浆、煮浆、点浆、过卤等工序，均选用本地纯净井水；豆腐切成形后，不揭豆腐皮，以留其醇香；上架晾晒前，先放置于竹簟上风干，然后再烤干或晒干，使其干硬、发黄，但不起泡。江口豆腐干香韧可口，耐咀嚼，是旅游和馈赠亲友的佳品。

### （二）铜仁珍珠花生

铜仁花生为珍珠豆形，果仁饱满，表面光洁，质地细腻、香味浓郁、营养价值特高，富含氨基酸，蛋白质含量达 46%，出油率高，在国内外享有较高声誉。

铜仁花生食品厂生产的盐脆花生、椒盐花生、五香花生、花生酥糖、花生片糖等受到消费者的好评。

### （三）铜仁雪枣

雪枣是铜仁特有的传统糕点食品，以糯米、黄豆、白糖为原料，采用传统工艺生产，具有泡松酥脆、香甜爽口、不粘牙、无结块、入口消融、容易消化的特点，色、香、味、形俱佳。

雪枣原名“雪早”，取意色泽洁白如雪，后因白如瑞雪，味甜如枣，故改名“雪枣”。在古代象征吉祥，是民间极为时兴的馈赠佳品。

雪枣制作始于明末清初，清代中叶发展成为常年生产的商品，民国时期，已有“万兴顺”“品宜斋”等四五家前店后坊生产雪枣的商号。

### （四）滑石贡米

位于铜仁市碧江区东北部低山丘陵地带的滑石乡，土地肥沃，有机质含量高，昼夜温差大，适宜水稻生长，因而盛产一种特别优质的大米。此米色泽白中带青，光亮鲜明；颗粒尖长饱满，煮成米饭清香四溢、白皙照人，粒粒略露一层油质，不黏不糯，滋润诱人，入口香中回甜，极为爽口。因其特殊质量、特殊口味在明清时期成为进贡朝廷的贡米，故被称为“滑石贡米”。

### （五）石阡苔茶

石阡是一个古老的茶乡，茶叶生产延续数千年，其中石阡苔茶获得“国家地理标志产品保护”和“中国驰名商标”称号。

此外，铜仁市还有油茶、糖麻团、马打滚、金钱橘，石阡皮蛋、绿豆粉、银耳、泡椒，德江天麻，思南黄牛肉、蚕茧，塘头棕编，沿河山羊、桐油、蜂蜜等名优土特产品。

## 五、旅游资源概述

铜仁市位于贵州高原东部、武陵山区腹地，东邻湖南，北接重庆，是连接中原地区与西南边陲的纽带。铜仁的旅游资源主要包括山地和生物旅游资源、民族文化旅游资源、历史文化旅游资源和宗教文化旅游资源。

### （一）山地和生物旅游资源

最知名的是梵净山，它是武陵山脉的主峰、国家级自然保护区、联合国“人与生物”保护网成员。梵净山山势雄伟，层峦叠嶂；坡陡谷深，群峰高耸；溪流纵横，飞瀑悬泻；古老地质形成的特殊地质结构，塑造了它千姿百态、峥嵘奇伟的山岳地貌景观。此外，铜仁还有麻阳河、佛顶山国家级自然保护区，铜仁九龙洞、石阡温泉群、沿河乌江山峡国家级风景名胜区，思南乌江喀斯特国家地质公园，它们代表了铜仁自然旅游资源的精华。

### （二）民族文化旅游资源

铜仁市聚居着苗、土家、侗、仡佬等民族，长期相对封闭的生活环境，造就了独特的民族风情和绚丽多彩的民间文化。土家傩戏傩技曾走出国门，远赴美国和日本演出，被誉为戏剧的“活化石”。苗族的四月八、侗族的赶坳节、土家的摆手舞和“肉莲花”（一种男性体育舞蹈，又叫“莲花十八响”）、仡佬族毛龙节（国家级非物质文化遗产）等民族风情深受中外旅游者喜爱。

### （三）历史文化旅游资源

铜仁有着悠久的历史，经历了史前（新石器时期）、奴隶社会、封建社会等几个时期，但分属邻近政区管辖，有时处于失管状态，由当地土著大姓统治。元明清时期，先有土司制，明永乐十一年（1413 年）贵州建省后，在今铜仁境设思南、铜仁、石阡、鸟罗四府，后清政府设松桃直隶厅专管苗务。悠久的历史遗留了大量珍贵文物，全国重点文物保护单位铜仁市东山古建筑群、松桃县寨英村古建筑群、思南县思唐古建筑群是其中的主要代表，另外还有中南门古城区、铜仁古城垣、川主宫等重要历史街区和重点文物古迹。

### （四）佛教文化旅游资源

佛教文化旅游资源主要集中在梵净山。早在明朝万历年间，梵净山作为佛教名山、“弥勒道场”，就已经声名远播，与五台山的“文殊道场”、峨眉山的“普贤道场”、九华山的“地藏道场”、普陀山的“观音道场”齐名天下。梵净山的许多景点如太子石、万卷书、说法台等都与佛的传说相连，处处显现佛教文化的气息，“拜揭梵净山，回报吉祥平安”如今已成为广大游客的美好心愿。

## 第二节　市区及玉屏主要景区

市区及玉屏包括碧江区、万山区和玉屏区。

### 一、九龙洞风景名胜区

2003 年，九龙洞风景名胜区被国务院公布为国家级风景名胜区；2014 年，被评定为 4A 级旅游景区。

该景区位于碧江区，距离铜仁城区仅 17 千米，总面积 76 平方千米，其中控制区 56 平方千米，保护区 20 平方千米。整个景区景色优美，环境宜人，是都市人群休闲度假、养生疗养以及休闲垂钓的好去处。

风景名胜区包括九龙洞、六龙山和锦江 3 个景区。

### （一）九龙洞

九龙洞是一个典型的大型喀斯特溶洞，位于六龙山北端。这里山势险峻，峭壁嶙峋，青松翠竹，繁茂葱茏。相传六龙山上有 6 条黄龙，邀约锦江中的 3 条青龙于此洞中相会。九龙来到洞中，如至蓬莱仙境，都想将洞据为己有，相持不下，待到鸡鸣，不能返回，只得盘踞在洞中一巨型石柱上，直至今日。山下有一小溪，因九龙相争，不得安宁，每天骂龙不止，因此人称“骂龙溪”。

九龙洞内宽敞恢宏，钟乳石丛生，洞宽 70 米左右，最宽处达 100 米，高 30 ~ 70 米。现已探明洞长 2 284 米，总面积约 8 万平方米，由 7 个大厅和 1 条地下暗河组成，是集“山、水、洞”于一体的大景观，具有巨大的震撼力。洞内景点众多，各具特色，有“九龙盘柱”“月下仙境”“水母出海”“金色海螺”“顽童戏龟”等多种景致，恍若人间仙境，如梦如幻。洞内 30 米以上的石柱有 8 根，20 米以上的有 6 根，10 米以上的有 18 根，最高的一根石柱高达 44.71 米，直径约为 16.4 米，有“洞中柱王”之称。置身洞中，如同进入光怪陆离的梦幻境界，令八方游客心情畅愉，流连忘返。

九龙洞外上方是一座陡立的孤峰，因香火旺盛，故名“观音山”。登上山顶，可以俯瞰锦江清幽，碧水东流。山上原有明代建筑“莲花寺”，后不幸毁于大火，现已重建。沿石级盘山而上莲台峰绝顶，沿途有“一线天”“舍身崖”“金顶”等景点，非常壮观。

### （二）六龙山

六龙山竹海公园总面积 80 平方千米，分布有楠竹等十余个竹类品种。竹中有树、竹中有洞（天花洞、龙王洞、红岩洞、冷风洞等十几个小溶洞群均处在竹海公园内）、竹中有物（野生动物种类较多）、竹中有景（主要指雪景）。春夏，六龙山满山碧绿、繁花似锦、凉风习习；冬季，六龙山竹海白雪茫茫，无边无际，是一个天然的夏天避暑、冬天观雪的竹海公园。

六龙山峡谷在六龙山莽莽竹海中，有两条全长均为 5 千米以上的大峡谷，峡谷两边悬崖峭壁，中间溪水潺潺，瀑布连串，野鸭成群；谷顶松竹参天，气势恢宏。

### （三）锦江

锦江发源于梵净山西南麓，有大小支流 10 余条，主要集中在铜仁市东部区县，纵横百余里，因而又称百里锦江。锦江依山势而蜿蜒，因地貌而浩渺，它集柔顺粗犷于一身，在不同区段、不同水域、不同季节展现出不同的姿态和秉性。尤其到了夜晚，泛舟锦江，品绿茶、观夜景，别有一番情趣。

## 二、铜仁东山古建筑群

2006 年，铜仁东山古建筑群被国务院公布为全国重点文物保护单位。

铜仁东山古建筑群包括周逸群故居、川主宫、东山本体及建筑物、中南门古城区、古城墙及城门 5 个部分，占地面积 5 万多平方米，建筑面积 27 555 平方米。

周逸群故居位于铜仁市逸群路 12 号，坐西向东，系两进三合院式带高大封火山墙院落，总占地面积 1 165 平方米，建筑面积 493 平方米，院内房屋皆为悬山顶单檐式木房，料石为基，青瓦覆盖，为典型黔东民居式样。整个故居错落有致，洁净清爽，古朴幽雅。清道光年间，周逸群祖父周贵渠始建后院南、北两楼，1918 年，周逸群亲建正屋一幢，后其亲属又建临街店铺。正屋前有石板铺墁院坝，两旁辟有花圃。周逸群在南楼出生和结婚，在此度过了童年和青少年时代。1984 年，徐向前、廖汉生、萧克等分别为故居大门和陈列室题写匾名及题词，2010 年，周逸群烈士陈列馆建成并对社会免费开放。

中南门古城区现存明清建筑 103 栋，民国建筑 3 栋，四合大院 35 个，古巷道 11 条，码头 2 个，石库门 63 个，太平水缸 32 个。它是研究中国西南地区民族关系史的重要实物史料，是黔东地区经济发展与经济交流的重要见证，是苗汉等各民族建筑艺术在少数民族地区融合的珍贵遗产，是中国西南部城市发展的实体坐标。

## 三、大明边城景区

2012 年，大明边城景区被省旅游局评定为 4A 级旅游景区。

大明边城景区位于铜仁市东郊，于水晶阁沿锦江右岸展开，占地 2 平方千米。整个景区在明朝贵州铜仁府的古渔村遗址基础上进行保护性开发，以“明”史为据、以“明”文化为内涵、以“明”军事为主脉、以地方特色为背景，致力于明朝以来贵州 600 年历史文化的挖掘，集“吃住行游购娱”及“休闲、养生、体育、影视”等于一体，是西南最大的综合历史文化景区。

按照“大明边城—贵州开‘史’的地方”这一主题，整个景区分三期开发，其中已完成的一期核心景区为边城广场演艺区、边城市井文化区（含五角大楼剧场）、边城军事体验区、边城水师龙舟营、大明水寨锦江渔文化区、大明酒庄、水上乐园区和儿童社会体验馆等 8 大文化体验区块；正在建设的二期为休闲养生度假区；未来三期将以“西南影视文化基地”为载体打造影视、动漫文化产业集群。大明边城景区具有的独特区位优势，将加速形成“去张家界看自然景观、去凤凰看古城、去梵净山看佛文化，去大明边城了解贵州 600 年历史文化”的旅游新格局。

## 四、万山国家矿山公园

2006 年，万山国家矿山公园被国务院公布为全国重点文物保护单位。

万山国家矿山公园位于万山区，面积达 105 平方千米，景区内不仅有大量的矿山开采遗迹和汞工业文化遗产，还拥有长达 970 千米的“地下长城”等重要旅游资源。

万山曾是我国最大的汞工业生产基地，有着 600 多年汞矿开采的历史，享有“中国汞都”的美誉。由于资源枯竭，2002 年，万山汞矿关闭破产，2009 年 3 月，万山被国家列为第二批资源枯竭型城市。由于境内拥有国内现存开采时间最早、历史最长、规模最大的汞矿重要遗址，万山被誉为“我国汞矿史的缩影”、研究中国汞矿业史的“教科书”。

万山汞矿遗址位于万山镇土坪村，遗址包括仙人洞、黑硐子、云南梯洞子 3 个部分，地表面积 2.5 平方千米，遗址采掘面积约 3.2 万平方米，有百余个洞口，矿柱一百多根，矿洞长达 150 多千米（全矿矿洞长约 970 千米）。矿洞内留下了数百年来采矿工人开凿的石梯、隧道、刻槽、标记、矿柱、巷道等及冶炼汞矿的遗迹遗物，并有着独特的采矿、选矿及冶炼等一系列传统生产工艺。

## 五、铜仁大峡谷——天生桥景区

### （一）铜仁大峡谷景区

铜仁大峡谷景区位于松桃苗族的大兴镇区域，距铜仁市 25 千米。景区内水清石奇、林茂花繁、水流湍急、悬崖峭壁、溶洞瀑布、景色迷人，被誉为中国最迷人的峡谷。

### （二）天生桥景区

天生桥景区位于铜仁市城北 12 千米处的川硐镇西边，与铜仁大峡谷相邻，2013 年被列为国家湿地公园。天生桥河流在穿山越谷的 52 千米流程中，天然落差达 255 米，山体连绵起伏、险峻雄伟、峡谷风光神奇险幽，河水时而碧波荡漾，一潭翠绿；时而清流漱石，一滩白浪；无数的瀑布从山顶向峡谷倾泻，在山壁上堆砌出无数的钙华体物质，如奇花玉树，似珍禽异兽，千姿百态，斑斓纷呈，沿岸那些瀑布千姿百态、各具千秋，大的白练横空，银波触地起，腾起千堆白雪，小的则飞飞扬扬，缥缥缈缈，时断时续，像遥远的天际飘来的若有若无的一段神曲。

## 六、玉屏茶花泉景区

玉屏茶花泉景区位于玉屏县朱家场境内，距县城 8 千米，西南与镇远接壤、西北与岑巩相邻、北与铜仁大龙交界、东临湖南新晃。

玉屏茶花泉景区作为贵州省 100 个重点旅游景区和 100 个重点农业园区，总体规划布局为“三心两轴、五区十核”。三心：龙泉生态湿地公园中心、油茶产业示范园和高效农业观光园中心、混寨乡村旅游度假区中心。两轴：沿县道 514 景观轴、沿县道 510 景观轴。五区：高效农业观光区、植物园区、龙泉生态湿地公园、油茶示范区、混寨乡村旅游度假区。十核：湿地公园休闲服务核心、农业观光服务核心、植物观赏服务核心、休闲中心、农业观光体验中心、垂钓休闲中心、农林产品加工中心、油茶观光中心、混寨游览服务核心、瀑布游览服务核心。

茶花泉景区致力于建设成为融生态农业观光、油茶文化观赏、生态湿地游乐、植物文化科普、稻作文化博览、侗族文化展示、户外健身活动、水体文化体验、珍禽水产养殖、CS 拓展训练 10 项功能于一体的旅游胜地，努力打造为黔东地区最具规模的兼具观赏性、产业性、生态性的具有长远发展空间的生态农业观光复合型景区。

## 七、三江公园

三江公园位于以碧江区以铜岩为中心的三江河岸，分 A、B、C、D 4 个区域，其中 A 区为主园区。公园内有文化广场、文化柱、历史文化墙、休闲长廊、三江茶楼、铜岩等游览场所，是市民及游客游览观赏、休闲娱乐的首选场所。

# 第三节　环梵三县主要景区

环梵三县包括围绕梵净山的江口县、松桃县、印江县。

## 一、梵净山自然保护区

1986 年，梵净山自然保护区被国务院公布为国家级自然保护区。

梵净山自然保护区位于黔东北江口、印江、松桃三县交界处，南北长 27 千米，东西宽 21 千米，面积 419 平方千米，是武陵山脉的主峰，最高峰凤凰山海拔 2 572 米。梵净山层峦叠嶂，森林茂密，古木参天。它是世界上同纬度地区原生态植被保存最完好的地区，珍稀动植物众多，因此被列为世界级自然保护区。梵净山的风光具有险、秀、奇、幽的特点，不仅是旅游的好去处，而且具有较高的科学研究价值。

梵净山保存着 400 平方千米的大面积原始森林，尤其是有大面积的亚热带常绿阔叶林；动植物种类繁多，其中有不少珍稀动植物，据有关部门考察，仅兽类、鸟类、两栖类和爬行类动物就有 304 种。其中，列入国家一、二级保护的珍贵、稀有动物就达 17 种，最珍贵的当然是一级保护动物黔金丝猴和华南虎；二级保护动物有大鲵、黑熊、猕猴、林麝等。珍稀植物有国家一级保护植物如珙桐、梵净山冷杉、南方红豆杉和钟萼木等；二级保护植物有连香树、香果树、鹅掌楸等。

梵净山的入口处建有贵州省科学院的定位观测站。从这里沿黑湾河上行，沿途是幽深静寂的山谷，苍翠欲滴的常绿阔叶林，清澈见底的山溪和清泉，清脆悦耳的鸟鸣。春天，在铜矿厂附近可看到著名的中国鸽子树——珙桐盛开的花；花序上两枚白色的苞片好似白鸽展翅欲飞。鱼坳以上是一处十分险峻的地段，登上鱼坳，就仿佛走在鱼的背脊上，两边是悬崖绝壁。昂首远望，金顶可见。登上海拔 1 700 米的回香坪，则距金顶不远。梵净山的顶部，风景更是奇特秀丽。拔地而起的新金顶孤峰，高 94 米，需小心地拉着铁链攀登。孤峰顶部岩石裂为两半，中间形成一条深约 20 米的绝壁峡谷，名曰“金刀峡”。一座“天仙桥”将两块巨石连接起来，两巨石上分别建有释迦牟尼、弥勒二殿。从新金顶上向下俯瞰，可见深达 1 000 多米的牛尾河峡谷，令人头晕目眩。新金顶以北是老山，海拔 2 493 米。著名的“万卷书”“蘑菇石”“老鹰岩”均集中在这一带。在金顶上，还可观日出、赏云海，并可看到“佛光”奇景。

梵净山具有悠久的历史，是中国五大佛教名山之一。自明代起，梵净山开山建刹，广修梵宇，成为全国著名弥勒道场。

## 二、云舍村

2014 年，云舍村被建设部、国家文物局公布为中国历史文化名村。

云舍村位于江口县太平乡，地处从江口登梵净山的必经之路上，距江口县城 6 千米，是江口县土家族文化、习俗保存得最为完整的村落。

云舍有 600 多年历史，现有 400 多户人家，留存部分明清建筑或遗址。这些建筑以俗称桶子屋的四合院和吊脚楼最具特色。桶子楼平面一般呈正方形，外墙为青砖，北高南低，东西山墙为飞檐高耸的马头墙；墙内四周一圈二层木楼，中间空出形成四方形的天井。土家的吊脚楼为木质穿斗结构，上下两层，上层四面向外挑出数尺，形似吊脚，楼上既宽敞又干爽。

相传云舍曾是仙人居住的地方，仙人被土家人的勤劳和诚实所感动，就移居到后山的山洞，把肥沃的土地让给了土家人。土家人为了纪念仙人的功绩，为寨子取名“云舍”，寓意为云中房舍、仙人所居，而仙人居住的山洞则名曰“仙人洞”。

其实，岂止后山有仙，村中的神龙塘同样仙气外露。神龙塘广约数亩，大致呈勺状，勺柄往前延伸就成了龙塘河。龙塘河由神龙塘水涌出形成，里许之外注入太平河，堪称世界上最短的河流。史书记载，神龙塘有三奇，一是深不可测，二是能祈雨，三是久旱塘涨水、久雨水回流。祈雨和久旱涨水、久雨回流大概是人们的美好愿望。神龙塘深不可测，村民曾以石坠绳测塘的水深，绳长数十丈，绳尽而未到底。河水虽未回流，每年六、七月河鱼逆流而上回游神龙塘，是又一种奇景。近看，神龙塘碧波微漾，绿莹莹的，惹人心醉；远观，神龙塘分明就是一块翠玉，温润、宁静，镶嵌在群山间。

## 三、梵净山-太平河风景名胜区

梵净山-太平河风景名胜区位于江口县北部，东起籁子东，南抵民和乡地落水库，西至茶叶山，北达周家坡快场，以梵净山自然保护区东南边界为界，是以梵净山、太平河等自然山水风光为主的风景名胜区，总面积 71 平方千米。

风景名胜区主要由太平河漂流带、鱼良溪景区、龙阳仙人桥溶洞群景区、黄鹄山景区及县城附近景区组成。太平河景区的自然风光主要由姿态各异的山、古树林木以及田园风光组成，其特色为探险、漂流、野趣等。鱼良溪景区则分布着鬼门关、不二门、鱼良寨、二洞沟等 100 多个景点。风景名胜区内石灰岩溶洞发育最多的景区则数龙阳仙人桥溶洞群景区，主要景点有仙人桥、仙人洞、乔角洞、龙阳洞等。黄鹄山景区由黄鹄山、地落水库、河家坝等景点景观组成，野生动植物资源丰富。县城附近景区则由白水洞景点、王家山景点、省溪司峡谷景点、双江景点构成。

中国历史文化名村云舍也在风景区范围内。

## 四、亚木沟景区

亚木沟景区位于江口县境内，毗邻梵净山，由亚木沟峡谷、土家风情园、明朝古寨 3 部分组成。

据相关文献记载，亚木沟在唐代以前名为“鬼谷”，又叫“隐龙沟”，后因谷中长出一株神树，似石似木，通体碧透，花有异香，能驱邪治病，食其果实，可使多年未育的夫妇得子，引得远近无数土民对其顶礼膜拜，取名为“亚木”，在古土家语里就是“树神”的意思，因而得名“亚木沟”，一直沿用至今。

亚木沟总长 50 千米，峡谷内植被众多，石崖俊秀，飞瀑流泉，清水潺潺，古藤环绕，森林覆盖率在 97%以上，有珙桐、紫檀、红豆杉、楠木等珍贵树种，负氧离子达每立方厘米 12 万~16 万个。金丝猴、猕猴、林麝、锦鸡、山麻鱼、胡子蛙、虎斑蝶等诸多珍稀动物在这个天然大氧库里繁衍生息。亚木沟风光奇特秀丽，具有典型的“幽、秀、奇”等特征。

峡谷口的土家风情园，占地 1.8 万平方米，包括图腾广场、中国第一玉牛、民俗博物馆、蜡染体验坊、土王楼、民俗演艺厅、丰年水车、水碾坊、榨油坊、酿酒坊、天下第一大鼓等，演艺厅还有各种原生态土家舞蹈和民间绝技表演。

## 五、梵净山佛教文化苑

梵净山佛教文化苑位于江口县梵净山麓，紧依风光秀美的太平河畔。这是一个以弘扬佛教文化、弥勒文化为主，集旅游、休闲、度假、养生为一体的大型主题景区。

景区内的金玉弥勒圣像，从佛台至佛光圣像高达 5 米，由佛光、金身、千叶宝莲、木雕须弥底座、佛台 5 个部分组成，整个金身耗用了 250 多千克的黄金熔金，经手工压片、剪拼、锻打成型、最后焊接为一体，于 2010 年建成，为世界最大的金玉弥勒佛像。

## 六、寨英村古建筑群

2006 年，寨英村古建筑群被国务院公布为全国重点文物保护单位。

寨英位于松桃县的梵净山下，距县城 58 千米，距铜仁市区 70 千米，距梵净山 80 千米。

寨英一面依山，三面环水，始建于明初，昌盛于清末，早年曾是军需物资转运地，后来成为梵净山麓大商埠，成为“裕国通商”口岸，历史上有“小南京”之称。外地客商主要来自湖南和江西，至今当地仍有“福寿宫”“万寿宫”等湖南会馆、江西会馆。

寨英住着近百户人家，围墙全由青石板垒砌而成，镇内几条石板街狭长而又弯曲，街边的房屋多为四合天井式样，有一进、两进、三进之分，大可练兵习武，小到只有两张方桌大小。小户人家一般木屋铺陈，大户人家有雕梁画栋、飞檐翘角、楼阁戏台，为贵州省古村镇之罕见。

## 七、松桃苗王城景区

2014 年，松桃苗王城被省旅游局评为 4A 级旅游景区。

苗王城景区位于松桃县正大乡境内，距铜仁凤凰机场 9 千米，距全区首府铜仁市的火车站 32 千米，距凤凰古城 39 千米，境内有迓大二级公路、杭瑞高速公路等多条公路通过。

苗王城已有 600 多年历史，始建于明洪武初年，后经苗王石各野、龙达哥、吴不尔、龙西波、吴黑苗等长期经营，逐步成为腊尔山区南长城外围的“王者之城”。核心景区 10 平方千米，集山、水、洞、泉、瀑、峡谷、森林、古树、原始村寨、军事巷道、苗族风情为一体，是旅游、休闲、度假、探险的胜地，被誉为“千里苗疆第一寨”。景区有苗王故居、苗王府、苗王大峡谷、点将台、苗王秘道、考将桥、双关桥等 40 余处景点，还有浓郁的苗族风情，神秘莫测的苗族绝技上刀山、下火海、仙人合竹，精彩绝伦的高空特技表演，热情奔放的苗族花鼓舞，奇特的婚嫁习俗“打花猫”“揪耳朵”

等，是中外游客进行民族文化考察、旅游观光、休闲度假的理想场所，也是著名的苗歌之乡，苗故之乡，民间绝技之乡。

### 八、松桃潜龙洞景区

潜龙洞景区位于松桃县境西部乌罗镇黔龙村。潜龙洞属典型的南方喀斯特地质地貌奇观，2005 年，中法专家探秘后，被誉为“中华神州第一奇”。洞内有 15 个大厅，50 余处厅堂，总长度 15 千米，现开发的路段约 2 千米。洞中风景，千姿百态，精妙绝伦。有各种形态的石笋、石幔、石柱、石瀑、石花，潜龙洞因此享有“地下桂林”的美誉。

### 九、印江木黄风景名胜区

木黄风景名胜区位于印江县木黄镇梵净山脚下，距印江县城 41 千米，面积 46 平方千米。木黄镇素有印江东大门之称，是中国工农红军二、六军团会师之地。

景区内资源丰富，红色文化资源有红军会师纪念馆、会师广场、会师纪念碑、保存完好的红三军政治部旧址以及将军山公园等；自然景观有燕子岩、皇庵 3 大神泉等；佛教文化景观有梵净山 4 大皇庵之首的天庆寺、梵净山 4 大脚庵之首的太平寺等；特色食品有鲜嫩可口的金豆腐、银豆腐、贡米、糖粑、茶叶和“风来隔壁三家醉、雨后开瓶满屋香”的木黄窖酒等。还有独具土家特色的田氏宗祠，工艺精湛的木刻石雕，中国戏曲“活化石”傩戏，富有土家风情的金钱杆、花灯、龙灯、长号、唢呐等。

## 第四节　西部四县主要景区

西部四县包括石阡县、思南县、德江县、沿河县。

### 一、石阡温泉群风景名胜区

2009 年，石阡温泉群风景名胜区被国务院公布为国家级风景名胜区；2011 年，被评为 4A 级旅游景区。

石阡温泉群风景名胜区位于石阡县中部、东北部和西南部，景区面积 69 平方千米。景区内自然生态环境良好，森林覆盖率达 65%以上。

风景名胜区内主要景区如下：

#### （一）石阡温泉群

石阡地热泉十分丰富，迄今已知全县热矿泉有 14 处，21 个出露点，总流量 56~65 升/秒，最大热泉流量 45 升/秒，最小热泉流量 2 升/秒，平均水温 35°C，最高水温 46°C，最低水温 22°C。经科学测试确定，城南温泉、溪沟温泉、吴家湾温泉、劝农亭温泉、施场温泉 5 处达到国家饮用、医疗热矿泉标准，天然总流量 2 087 立方米/日。可以饮用的天然矿泉有地下热水河、狮江岩温泉、坪寨温泉 3 处，总流量为 4 810 立方米/日。

热矿泉中硒含量达 0.01 ~ 0.98 毫克/升，锶含量 0.52 ~ 3.70 毫克/升。硒具有防癌、抑制肿瘤生长、增强视力和机体免疫力、预防和治疗冠心病、高血压等功效。锶与骨骼的形成密切相关，是人体骨骼生长发育所必需的重要元素，还可降低心血管病人的死亡率。偏硅酸是石阡热矿泉水中又一重要成分，含量高达 39.0 ~ 58.8 毫克/升。偏硅酸具有促进人体发育生长、治疗肠胃病、壮骨、防止动脉硬化和心血管病等功效。石阡矿泉水中含有放射性元素氡，浴后可使心动过速或心动过缓者恢复正常，还能稳定血压；对中枢神经有镇静、止痛和催眠效果，并可治疗关节炎、神经炎、调节妇女内分泌等。此外，水中还含有微量的锂、溴、碘、锌等有益于人体健康的元素。

饮用石阡热矿泉水后，能中和胃酸，具有增加食欲、缓解肠痉挛的作用，对糖尿病、风湿病等有显著疗效。

### （二）万寿宫古建筑群

2001 年，万寿宫古建筑群被国务院公布为全国重点文物保护单位。

石阡万寿宫又叫江西会馆或豫章会馆，位于石阡县汤山镇城北路。

万寿宫古建筑群以万寿宫为首，接序毗连的庙宇有：禹王宫、玉皇阁、黑神庙、忠烈宫（又名观音阁）等庙群连成一线，全长 180 余米，现存万寿宫、禹王宫、玉皇阁和黑神庙正殿。万寿宫建于明万历十六年（1588 年），清代续修，现存部分为明代建筑，主要祭祀许真君等神祇，东为过殿正殿，列紫云宫、圣帝宫，两宫有间墙、小院、钟楼、鼓楼，有石梯接通西院楼廊。西院开前山门，有过厅、石铺大院，大院西、北为长廊，楼廊花窗栏杆，下层亮柱走廊，西廊正中突出一间宝顶鳌角、飞檐垂脊、六棱三叠斗拱彩绘的戏楼。

石阡万寿宫修建较早，规模宏大，保存完好，设计巧妙，构思奇特，做工精美。

### （三）楼上古寨

2008 年，楼上古寨被国家建设部、文物局公布为中国历史文化名村。

楼上位于石阡县城西南 10 千米左右，是一座古寨，原来叫“寨纪”，后来称“楼巷”。“巷”“上”音近，“楼巷”变成了“楼上”。

楼上始建于明代，文化底蕴浓厚，有人评价其为“佛顶山至今保存最完整的明清古村落”。其村寨布局蕴涵封建王朝的风水学说，村落座东北面西南，一条以青石板铺就的古巷道蜿蜒而上两千米，巷道两旁的民居依山而建。这些民居都有相当年月，最老的 5 栋建于明代，清代的有 58 栋，民国的有 30 多栋。村子里还遗存有梓潼阁、明代马桑木民居建筑等历史文物古迹。

### （四）佛顶山

佛顶山位于石阡县西南缘，地处石阡、镇远、余庆、施秉四县交界处，主峰海拔

1 869.3 米，是武陵山脉的第二高峰。

佛顶山景区地质景观奇特：孤峰突起，直插云霄，高大雄峻。山上云雾缭绕、宛如人间仙境；山中溪流交错、峡谷幽深、瀑布高悬；下山河峪平坦、村落古朴，仿佛世外桃源。森林景观秀美：景区地带性植被为中亚热带东部湿润性常绿阔叶林，景观资源十分丰富，春天山花烂漫，万亩杜鹃争奇斗艳；夏天满目苍翠，百鸟争鸣；秋天漫山红遍，层林尽染，瓜果飘香；冬天白雪皑皑，银装素裹。红色文化厚重：1934 年 9 月，红六军团在佛顶山进行了惨烈的甘溪遭遇战，有效牵制了湘、桂、黔敌军主力，减轻了中央红军的压力，达到了与红三军胜利会师的预期目的，有力地配合了红一方面军进行长征，完成了作为长征先遣队的光荣使命。民族文化浓郁：佛顶山周边居住着仡佬族、侗族、苗族、土家族等 12 个少数民族，大多保留了原生态的民族风貌。佛顶山景区还是一个佛教圣地：史载“重堂峻宇，下临丘壑，行旅遇之，闻钟梵之声出自去际，莫不徘徊仰止”。山中曾经寺庵密布，古刹林立，至今仍保留有佛顶寺、金银寺、阿弥陀佛寺等多处佛教文化遗址，是朝山礼佛、禅悟洗心的佛教圣地。

### （五）尧上村

尧上村位于石阡县坪山乡境内，是一个仡佬族文化十分浓厚的村落。

尧上村四周是蓊郁碧翠的原始森林，山青鸟鸣，幽静雅致，包溪河从村旁淌过，溪水清凉，沿河两岸民风民俗古朴，田园风光秀丽。天生桥、飞水岩瀑布神奇壮观；杉木洞、将军岩等自然景观别具一格，栩栩如生。

村里还有红军纪念碑、仡佬文化陈列馆、风雨桥、“佛”字石刻、水碾子房等景点，以及敬雀节祭祀、傩堂戏表演、舞毛龙、唱山歌等各种民俗活动。

### （六）鸳鸯湖

鸳鸯湖位于石阡县城东南面 10 千米左右，是修建山坪水库形成的人工湖泊，因有成千只的野生鸳鸯栖息于此而闻名于世。这些鸳鸯或浮于湖面或振翅于空中，极为壮观，让人叹为观止。整个湖区自然生态环境质量优良，绿树葱茏，鸟语花香。如此众多的鸳鸯在此聚集生息，在全国也属罕见。

## 二、沿河乌江山峡风景名胜区

2009 年，沿河乌江山峡风景名胜区被国务院公布为国家级风景名胜区。

沿河乌江山峡风景名胜区位于沿河土家族自治县境内，风景区面积 102 平方千米。山峡北接重庆市乌江峡谷，南邻梵净山自然保护区，是长江三峡—乌江山峡—梵净山自然保护区—张家界森林公园旅游环线的重要组成部分，又是这条旅游环线的重要通道。

滚滚乌江，在沿河境内形成 100 多千米的天然山水画廊。夹石峡、黎芝峡、银童峡、土坨峡、王坨峡这 5 个峡长达 89 千米，峡谷风光自成一体。两岸翠绿葱郁，重峦叠嶂，奇峰对峙，各显神姿。乌江诸峡既和谐统一，又各具特色。夹石峡，高山齐云，蓝天一线，峡风呼啸，江涛逼人；黎芝峡，妩媚多姿，美女峰、天门石、草帽石、佛指山神情酷似，景观多而奇美，为诸峡之冠；银童峡，顽皮刁钻，左右高山不时横截江面，峰回路转，山重水复，船行其间如进迷宫，令人迷惘；土坨峡，山高、水深、谷幽，奇峰峻岭间，有成片竹林、参天古树，群兽竞美，百鸟争鸣，能目睹长江三峡早已绝迹的猴群，或攀藤附葛，临江戏水，声声长啼，或对船推石惊吓游客，游憩于树枝石墩间搔首弄腮；王坨峡，江面时宽时窄，江流时急时缓，两岸林木葱郁，竹影摇曳，数里外可见到温泉袅袅升腾飘拂的白雾。

乌江山峡雄、奇、险、秀，比长江三峡多了奇、险、秀。雄，就是万丈高峰拔地而起，很雄伟；奇，有很多扑朔迷离的自然景观；险，除了山险，乌江水流湍急，险象环生；秀，满山茂林，遍野翠竹，民居隐入其中，步步皆有风景，田园山水秀美奇特。

## 三、思南乌江喀斯特国家地质公园

2009 年，思南乌江喀斯特国家地质公园被国土资源部公布为国家地质公园。

思南乌江喀斯特国家地质公园位于思南县境内，与乌江环抱相拥，宛如镶嵌在武陵山与大娄山间的一颗明珠。

地质公园沿乌江河谷分布，由思唐、思林、鹦鹉溪、长坝、文家店、板桥、青杠坡 7 个集中景区组成，总面积 202.99 平方千米，属于大型喀斯特地貌地质公园。

公园以喀斯特地貌为主体，兼有典型的地质构造遗迹、峡谷地貌等自然景观，石林、穿洞、天生桥、天坑、残丘、喀斯特泉、洞穴堆积等喀斯特景观发育完备，间歇泉、温泉、冷泉、热泉等喀斯特泉一应俱全，景观类型独特而丰富，景色优美而秀丽，类型多样秀美，具有稀缺性。其中长坝石林出露面积 4.92 平方千米，据地质科学家亲临现场考证，为地球上绝无仅有的珍贵遗存。整个石林千峰竞秀，峡谷、溶洞、瀑布气象万千，美轮美奂。乌江峡谷、间歇泉、盲谷、溶洞、天坑等，构成了从地表岩溶到地下岩溶最完整的奇特景观。

值得一提的是，公园内的罗湾坨温泉是贵州省地表自然水温最高的温泉，思南温泉则是省内单井流量最大的温泉。

## 四、石阡府文庙

2013 年，石阡府文庙被国务院公布为全国重点文物保护单位。

石阡府文庙位于石阡县城东南越城路，始建于明永乐十一年（1413 年），由时任知府李鉴修建，因在石阡设府同一年修建，故称“府文庙”。明永乐十一年（1413 年）石阡设府，结束了长达数百年之久的土司制度，改为流宫制度。“改土归流”意味着文明和进步，它使汉文化在少数民族地区得到了广泛的传播。郡县官吏上任的第一件事就是建文庙，传播儒家思想。

## 五、黔东特区革命委员会旧址

2006年，黔东特区革命委员会旧址被国务院公布为全国重点文物保护单位。

黔东特区革命委员会旧址位于沿河土家族自治县谯家镇长征村土地湾，距县城约37千米，占地面积2 100平方米。

1934年5月，由贺龙、夏曦、关向应率红三军从彭水县城西渡乌江，向黔东北地区进军。同年，在沿河县铅厂坝张家祠，选举产生了新的苏维埃革命政权——黔东特区革命委员会。这是中国共产党在贵州高原上领导广大劳苦大众建立的第一个红色政权，也是全国8大革命根据地之一，现存红色遗址40多处。

## 六、麻阳河黑叶猴自然保护区

2000年，麻阳河黑叶猴自然保护区被国务院公布为国家级自然保护区。

麻阳河黑叶猴自然保护区位于沿河县城西北54千米处的麻阳河流域和洪渡河流域的峡谷沿岸，总面积311.13平方千米，是一个以黑叶猴及其生存环境为主要保护对象的自然保护区。

现保护区内有黑叶猴76群736只，数量之多、密度之大居全国之冠。黑叶猴又称乌猴、乌叶猴，在我国主要分布于贵州、广西等地，贵州主要分布在绥阳、道真、沿河、水城等地海拔800～1 000米的河谷地带。

保护区动植物资源丰富，已查明的植物有480多种，属国家保护的植物有香果树、银杏、榉木等10余种。动物资源也很丰富，已查明的脊椎动物有266种，其中兽类37种，鸟类149种，两栖爬行类32种，鱼类48种。列入国家一级保护动物的有黑叶猴和豹2种，二级保护的有猕猴、黑熊、小灵猫、穿山甲、水獭等20多种。

## 七、德江洋山河景区

洋山河峡谷景区位于德江县高山乡南部的洞门阡，距德江县城28千米。

洋山河峡谷峡长3 000米，河水从北向南，灵山合拢，秀水溪流，气候宜人，风光秀媚。景区内喀斯特景观发育相对集中，由洋山河峡谷、洋山河天坑群、洋山河溶洞群组成。洋山河瑰丽幽深的峡谷勾勒出无山不洞、无洞不奇的美妙境地。洞内处处有景，环境优美，灵秀典雅，景多集中；洞内钟乳石琳琅满目、形态各异，绚丽多姿，红色河水、乳白河水瀑布、黑色河水、梯田石幔美不胜收；红白黑三色石花似如天女散花；石禽、石兽、石佛、石猴惟妙惟肖；晶莹透亮的石花、石果、石蘑菇、石葡萄令人垂涎欲滴；大小洞厅景物光怪陆离，典雅秀媚，如同大雄宝殿，宛如苏州园林。博大精深的大自然艺术宫殿令人惊叹不已。

## 八、南庄景区

南庄景区位于沿河土家族自治县沙子镇南庄村，距沿河县城 7.5 千米。

南庄山清水秀、梯田叠绕，春早、夏凉、秋爽、冬暖，宜山、宜水、宜城、宜居，天赐优势，得天独厚，产出世间独有特产“空心李”，曾先后获全省无公害农产品产地认证和“中国地理标志保护产品”称号，有“果中茅台、李中珍品”之美誉，享誉省内外。

2003 年以来，南庄围绕“抓产业促旅游”的发展思路，着力打造“天赐仙李、悠然南庄”乡村旅游名片。每到阳春三月，李花摇曳，油菜花盛开，漫步于飘香的李花林间，游走于清新的乡村小道，徜徉于宁静的小溪河畔，品位着农家饭、体验农家生活的淳朴，是非常快乐的事。

# 第八章　黔东南苗族侗族自治州旅游业

## 第一节　黔东南苗族侗族自治州概况

### 一、基本情况

黔东南苗族侗族自治州属于贵州省管辖的 3 个民族自治州之一。全州辖凯里市、麻江县、丹寨县、雷山县、台江县、剑河县、镇远县、施秉县、黄平县、岑巩县、黎平县、从江县、榕江县、天柱县、锦屏县、三穗县 16 个市县，州府是凯里市。2020 年年末，常住人口 375.86 万人、户籍人口 488.65 万人，少数民族人口占全州总人口的 81.7%，其中苗族人口占全州总人口的 43.4%，将近全国苗族总人口的 1/4；侗族占全州总人口的 30.5%，将近全国侗族总人口的一半，是全国 30 个民族自治州中少数民族人口绝对数最多的自治州，是“世界苗侗原生态文化遗产保留核心地”。2020 年全州地区生产总值 1 191.52 亿元，比 2019 年增长 4.5%。

黔东南州位于贵州东南部，处于苗岭山脉向湘桂丘陵盆地过渡地带，地理坐标为东经 107°17′～109°35′、北纬 25°19′～27°31′，南邻广西，东接湖南，西与黔南州相接，北同遵义、铜仁市相邻。境内东西宽 220 千米，南北长 240 千米，总面积 30 337.1 平方千米。

黔东南气候宜人，属中亚热带季风湿润气候，常年雨水充沛，年降水量 1 067.1 毫米，年均气温 16.6°C，年平均日照时数 1 200 小时，年无霜期 270～330 天，相对湿度 78%～84%，冬无严寒，夏无酷暑，雨热同季，是绝佳的避暑休闲胜地。

黔东南资源丰富，素有“森林之州”的称誉，森林面积 2.006 万平方千米，活立木蓄积量 1.69 亿立方米，森林覆盖率达 67.98%，是国家 28 个重点林区之一。贵州省 10 个林业县，有 8 个在黔东南，有秃杉等 37 种植物被列为国家重点保护树种，是国家特有动植物种的中心保护区之一。中药材资源丰富，已查明的中药材资源共有 2 800 多种，药用植物种类分别占全国、全省药用植物种类的 23.8%和 67.7%。中药材总蕴藏量达 1 080 万吨，何首乌、茯苓、半夏等几十味地道药材闻名世界。矿产资源种类繁多，储蓄丰富，其中重晶石储量占全国的 60%以上，被誉为“中国重晶石之乡”。水能资源理论蕴藏量 332 万千瓦，可开发的水能资源 270 万千瓦，是贵州“西电东送”项目的重点源区之一。

## 二、历史沿革

今黔东南自治州辖地，春秋时期为荆州西南夷，泛称南蛮或荆蛮，大部分分属牂牁国和楚国的黔中地。战国时期分属大夜郎国和黔中地。秦统一中国后属黔中郡。汉为武陵郡，部分县分属牂牁郡、牂州、充州、应州和融州。在宋代主要属思州、靖州、平州，以及黔州所领矩牂等州。在元代，分属湖广行省思州宣抚司、新添葛蛮安抚司、定远府、靖州以及四川行省播州宣慰司。在明代，属思州府、镇远府、黎平府、平越军民府、都匀府、靖州及管外苗族地区。在清代，区划基本因袭明制并有所变革，分属都匀府、思州府、镇远府和黎平府，均隶属贵州布政司。

从 1949 年 11 月开始，中国人民解放军先后解放黔东南各县。贵州省人民政府成立后，镇远、雷山、炉山等 12 个县隶属镇远督察区专员公署。1956 年 4 月 13 日经国务院批准，撤销镇远专区，建立黔东南苗族侗族自治州，1956 年 7 月 23 日正式成立黔东南苗族侗族自治州人民委员会，州人民委员会驻凯里。

## 三、交通

黔东南自治州是贵州的东大门，是云贵川通往湖南、两广的主要通道。截至 2020 年年末，全州公路里程总长 30 055 多千米，实现了县县通高速，建制村通油路率达 100%，全州行政村通客运班车率达 100%。沪昆高速公路、厦蓉高速公路、320 和 321 国道穿境而过，思剑、三黎高速公路和施秉—镇远、凯里—大塘二级公路相继开通，全州高速公路里程已达 1 114 多千米。湘黔铁路复线横贯全州东西，贵广高铁和沪昆高铁途径本区域。黎平机场于 2006 年 9 月通航，凯里黄平机场于 2013 年 10 月通航，大大缩短了黔东南与长三角、珠三角等发达地区的时间距离。㵲阳河、仰阿莎湖（三板溪水库）水路运输便捷，成为州内交通的有效补充。现已初步形成了以公路为主，铁路、航空、水运相配套的现代立体交通网络。

## 四、旅游资源概述

原生的民族文化、原始的自然生态、悠久的历史文化是黔东南州发展旅游业的 3 大优势资源。3 大资源有机统一构成黔东南州特色旅游的竞争力优势。镇远古城 1986 年被国务院公布为国家历史文化名城，施秉云台山 2014 年作为中国南方喀斯特扩展项目列入世界遗产名录。黔东南被赞誉为“世界上最大的民族博物馆”“人类疲惫心灵的最后家园”“人类保存得最古老的歌谣”，是世界乡土文化保护基金会授予的全球 18 个生态文化保护圈之一，是联合国教科文组织推荐的世界 10 大“返朴归真，回归自然”旅游目的地首选地之一。

### （一）原生的民族文化资源

黔东南州是我国 30 个自治州中总人口和少数民族人口最多的自治州，在 3 万多平方千米的土地上和谐生活着 33 个少数民族，是全国苗族侗族原生文化的中心。由于历史及地域原因，黔东南州长期以来处于相对封闭状态，因而原生民族人文生态系统保存得比较完整。在历史的长河中，各民族原生的文化种类繁多，精彩纷呈，尤以苗族、侗族丰富多彩的原生民族文化令人自豪和骄傲。这里有全国最大的苗寨——雷山西江，全国最大的侗寨——黎平肇兴，有世界上最古老的情人节——台江姊妹节，有世界上独木龙舟的发祥地——台江施洞，有粗犷奔放的苗族祭祀狂欢舞蹈——反排木鼓舞，有“行云流水”的苗族飞歌，有“天籁之音”——世界非物质文化遗产侗族大歌。

### （二）原始的自然生态资源

在黔东南州的崇山峻岭中有 2 900 多条大小河流，森林覆盖率达 67%。全州除雷公山国家级自然保护区、黎平国家森林公园、㵲阳湖国家森林公园外，还有月亮山、弄相山、上塘、龙头岩等原生性较强且生态系统发育较好的原始森林，原始森林总面积达 1 655.50 平方千米，生长着 2 000 多种植物，重点保护树种 37 种；野生动物 518 种，其中国家重点保护一级动物 3 种，二级动物 23 种。这里还有国家级风景名胜区——㵲阳河、黎平侗乡、榕江苗山侗水，有世界上最大的天生桥——黎平天生桥，被誉为“苗族母亲河”的清水江、“侗族母亲河”的都柳江孕育了这片土地的灿烂文明。这里的自然生态具有不可代替性、不可复制性和不可移植性。黔东南州神奇的山光水色、奇石异洞、飞瀑流泉、生物资源等原生性自然生态系统所凝固的景观，除了其感观上的赏心悦目，更以丰富的美学、科学及文化内涵吸引游客。

### （三）悠久的历史文化资源

黔东南是多种文明的交融带，名胜古迹不可胜数。岑巩旧称思州，历史悠久，有“先有思州后有贵州”之说；国家历史文化名城镇远有近 2 300 年历史，是黔东南历史文化旅游的典型代表；中国历史文化名镇黄平旧州是春秋时期古且兰国所在地；国家重点文物保护单位黄平飞云崖古建筑群至今仍保留着许多的名人遗迹；作为生态博物馆的锦屏隆里古镇是唐代边塞诗人王昌龄生活过的“古人最理想的家园”，是贵州境内保存得最完好的明代军事城堡；在岑巩龙鳌河畔，一代佳人陈圆圆魂归于此。中国革命同样在这块土地留下了厚重的记忆，有被称为遵义会议预备会的黎平会议会址、长征时期首先攻入贵州的榕江红七军军部旧址、镇远和平村旧址、周达文故居、龙大道故居、开国上将杨至成纪念馆等。丰富的历史文化资源，足以把游人引上一条历史文化的“朝圣”之路。这对具有一定文化素养的国内外游客可谓是真正的“文化之旅”。

## 第二节　中部六市县主要景区

中部六市县包括凯里市、麻江县、雷山县、台江县、剑河县和丹寨县。

### 一、西江千户苗寨

2007 年，西江镇被建设部、国家文物局公布为中国历史文化名镇。

“西江”意为苗族西氏支系居住的地方，在雷山县城东北 37 千米处，有近 1 300 户苗族人家，居民近 6 000 人，为全国最大、最典型的苗寨，因而称为千户苗寨，素有“苗都”之称，是研究苗族历史、文化的“活化石”。

西江千户苗寨坐落在河谷，四面群山环抱，重峦叠嶂，梯田依顺山势，紧连云天。源于雷公坪的白水河，蜿蜒流淌，穿寨而过，将苗寨一分为二。寨中层层叠叠的吊脚木楼，从河两岸依着山势，迤逦向上展开。房前屋后，茂篁点缀；寨脚寨顶，枫叶掩映。民居建筑均为木质结构，有平房、楼房、半边吊脚楼房等式样，街道用卵石铺就，整洁美观。

西江苗族人民向来好客，讲究礼节，迎来送往，都要以酒、以歌相敬，气氛热烈。客人进寨要喝拦门酒，如遇尊贵客人，拦门酒多达 12 道，并吟唱迎客歌；席间要敬酒，唱敬酒歌；离寨要敬送客酒，唱送别歌。西江被誉为“歌舞的海洋”，以歌抒情，以舞庆丰收，成为代代相传的民族古风。

西江的民族节日，内容丰富多彩，主要节日有吃新节、过苗年、鼓藏节。13 年一过的鼓藏节，是盛大而又最隆重的节日。在这些节日中，开展斗牛、斗鸟、赛马、跳芦笙舞、跳铜鼓舞等活动。节日期间，寨上男女老少身着盛装，戴着各类银饰，进入各类活动场所中。芦笙场上，人山人海，观众上万，热闹非凡。每年都有许多国内外游客到西江苗寨旅游观光。

## 二、郎德上寨

2001 年，郎德上寨古建筑群被国务院公布为全国重点文物保护单位；2010 年，被建设部、国家文物局公布为中国历史文化名村。

郎德地处州府凯里市和雷山县城之间，距凯里 27 千米，距雷山县城丹江镇 16 千米，村寨建筑保存完好、民族风情浓郁，是贵州东线旅游的一颗明珠。

郎德依山傍水，景色秀美，坐落在苗岭主峰雷公山脚下的巴拉河畔，背靠报吉山，东依养干山，西凭干容炸当山，寨前清澈见底，呈 S 状的望丰河将北边的干育山隔在了寨子对面，河谷两旁是宽宽窄窄的水田。寨内依山就势择地建房，鳞次栉比的吊脚楼从山脚排列到山腰，其中有多栋建于清朝。吊脚楼为典型的苗族民居建筑，木结构穿斗式，在二楼明间外廊上安装让人浮想联翩的“美人靠”。寨子的路面用鹅卵石铺成一个个“人”字，排成队的“人”字组成了一根根鱼骨头，郎德人就把这种路面叫做“鱼骨头”。“鱼骨头”不仅仅是为了路面美观，更体现了苗族人对鲤鱼的崇拜。郎德在几百年发展过程中虽然不断修建新房子，但完好地保存了传统苗寨风貌，成为苗寨中的经典。2008 年奥运火炬传递过程中，以郎德作为起点站的传递线路被誉为“最美妙的奥运火炬传递”。

寨中有大小两个鹅卵石铺就的芦笙场，老芦笙场修建于明代，是村民过重大节日举行“开踩”仪式的场所。新芦笙场是村民委游客表演节目的地方。寨中还有一个小型苗族文化博物馆。

## 三、雷公山自然保护区

2001 年，雷公山自然保护区被国务院公布为国家级自然保护区；2002 年，被国家林业局公布为国家森林公园。

雷公山是苗岭山脉主峰，位于州境中部，地处雷山、台江、剑河、榕江四县之间，总面积 43.5447 平方千米，最高海拔 2 178.8 米，由 10 多个 1 800 米以上山峰组成。主峰在雷山县城东 32 千米处，万山拱卫，岿然独尊，为黔东南第一高峰。因夏季山上雷暴频繁，民间传说“山有连天之高，是雷电之源”，而得名“雷公山”。

在保护区内，大片原始森林遮天蔽日，森林面积达 261.99 平方千米。山高水高，飞瀑甚多，尤以响水岩三级瀑布最为著名。由于得天独厚的自然条件，雷公山是许多古老生物的栖息地，生物种类近 2 000 种，已鉴定的植物有 1 390 种。列入国家保护的珍稀、濒危动植物 43 种。尤其是“活化石”植物——秃杉，是国家二级重点保护植物，且是全国面积最大、数量最多、保存最完整、原生性最强的一处，是中亚热带唯一的天然秃杉林研究基地。珍稀植物还有国家一级保护植物钟萼木，国家二级保护植物鹅掌楸、马尾树、十齿花、香果树、水青树、翠柏、黄杉、半枫荷、柔毛油杉和福建柏等。雷公山已鉴定的动物有 518 种，其中属国家二类保护动物的有大鲵、猕猴、黑熊等 23 种。雷山髭蟾，为雷公山特有的珍稀动物，人称“雷山角怪”。雄伟绚丽而神秘的雷公山，以其独有的魅力吸引着众多的外国游客纷至沓来。

雷公山顶雄伟壮丽，气象万千，是观日出、赏云海、看“佛光”的好地方。特别是在雨后初晴之时，水雾蒸腾、云涛泛涌。冬季，在雷公山顶，可以看到满树银花的“树挂”，这是南国的一大奇观。在主峰北面约 25 千米处，有山间盆地，称雷公坪，到处是红艳艳的湖北海棠花。

雷公山曾是清雍正年间和咸丰、同治年间张秀眉、杨大六领导的苗族农民起义军的主要据点。至今，山上还有农民起义斗争的遗址遗迹。

## 四、黔东南苗岭国家地质公园

2009 年，黔东南苗岭国家地质公园被国土资源部公布为国家地质公园。

黔东南苗岭地质公园包括清水江流域剑河、丹寨、凯里、施秉、镇远等 11 县市的部分地区，总面积 850 平方千米。

公园主要保护的地质遗迹以寒武纪地层为主，其中有著名的剑河革东八郎生物群、凯里杷榔动物群及凯里市境内的震旦纪和涵盖古生代 6 个纪的古生物地层。近年来，剑河县革东古生物资源在国内外享有盛名，是世界寒武纪生命大爆炸的 3 个遗址之一，几乎所有的古生物祖先均在境内被发现，被国内外专家赞誉为“古生物化石的摇篮”，目前已成为国际古生物古地质科学考察研究的重要地区。

以贵州省剑河县革东古生物化石群为核心的黔东南苗岭地质公园，包括清水江流域剑河、丹寨、凯里、施秉、镇远等 11 县市的局部地区，以寒武纪地层为主，其中有著名的剑河八郎生物群、凯里杷榔动物群及凯里市境内的震旦纪和涵盖古生代6个纪的古生物地层。近年来，剑河县革东古生物资源在国内外享有盛名，是世界寒武纪生命大爆炸的3个遗址之一，几乎所有的古生物祖先均在境内被发现，被国内外专家赞誉为“古生物化石的摇篮”，目前已成为国际古生物、古地质科学考察研究的重要地区。

## 五、剑河风景名胜区

剑河风景名胜区位于剑河县境内，是省级风景名胜区，属亚热带季风气候区，林业资源丰富，森林覆盖率达80%左右。景区主要由氡硫温泉、仰阿莎湖、百里原始阔叶林及云海等组成，集峡谷、陡岩、峭壁、激流、瀑布、长滩等自然景观于一体。

剑河温泉有5个泉眼，水温常年保持在38°C～50°C，日流量864吨，泉水四季不涸，清澈透底，水性温热，含有氡、硫等多种元素，浴后可治疗多种疑难杂症，具有消毒、去疾、健肤之功能，被誉为“苗乡圣水”。景区内有平塘坡万米溶洞、十里平潭、十里长滩及由文化部命名的温泉苗族画乡等。景区内还有盘溪瀑布群、雷打塘等自然景观，与碧绿葱茏的森林公园、浓郁的民族风情构成一道完美和谐的自然生态旅游风光，给崇尚自然的人们带来一份轻松惬意的享受。

百里原始阔叶林古树参天，葱郁蔽日，上看“绿色蘑菇”，层层叠叠；下看飞瀑流泉，山涧潺潺，是一座保护完好的森林公园。登高远眺，崇山峻岭间云雾萦绕，如浩瀚波涛，透过缕缕红光，如临仙境。林中资源丰富，有18种国家一、二类保护树种和9种国家一、二类保护动物，具有很高的科研和观赏价值。

剑河风景区内有环境优美、民族特色鲜明的苗族村寨，民族风情浓郁。

## 六、台江施洞

施洞为苗族聚居地，苗语称“展响”，意为贸易集市，地处台江县城北35千米的清水江畔，面积约2.5平方千米，有1 100多户人家。密集的房屋沿江畔排列，长约2千米，村容水貌宛如一只平卧江岸的巨大蚌壳。

施洞历史悠久，文物古迹较多。坐落在芳寨村头的“苏公馆”，始建于清同治末年。始建于清光绪三年（1877年）的两湖会馆，位于施洞街尾，主体建筑有戏楼、正殿、祠堂、厢房等，四周有高大封火墙，墙上绘有人物、花卉彩画，至今保存完好。在偏寨村后南庭坡悬岩上，有明代藏鼓洞，为苗族13年举行一次的鼓社仪式遗址。

施洞在众多的民族节日中，尤以姊妹节和龙舟节最为隆重，也最有特色。姊妹节在每年农历三月十五日举行，是青年男女择偶恋爱的集会节日。龙舟节是清水江两岸67个苗族村寨共同举行的传统集会，每年农历五月二十四日开始，上自施秉平寨，下迄施秉廖洞，历时4天，最后于施洞结束。龙舟由3根粗大完整的杉树树干挖槽并排捆扎而成。中间一棵叫母船，两侧两棵叫子船。岸上，身着盛装的观者呼声如潮，鞭炮声响彻云霄，观众达数万人。

施洞龙舟节在海内外遐迩闻名，具有独特的子母独木舟文化现象，引起人们高度关注，现已建龙舟博物馆，这是我国第一个龙舟博物馆。

## 七、丹寨县石桥村

石桥位于丹寨县北部，距丹寨县城 35 千米。全村有 4 个自然寨，共 240 多户，其中苗族人口占全村总人口的 97%。石桥村四面群山环绕，山清水秀，景色宜人。

沅江上游的一条支流南皋河流经村旁，构皮树漫山遍野生。丰富的水利资源和构皮树为白皮纸生产提供了极为有利的条件。

石桥白皮纸制作始于唐朝，已有 2 000 多年的历史，现在这里仍保存了这种传统的古法造纸技艺，白皮纸的生产从采构、河沤、蒸煮、捡料到抄纸、压纸、晒纸等 13 道工序几乎都是徒手操作，没有使用任何现代工具。石桥村人还对这种古老造纸术进行改良革新，造出了各种构皮纸：增加颜色做成的彩纸、在纸浆中加入蚕丝做成的柔韧度非常好的特种纸、加入花草的花草纸等。石桥古法造纸因工艺制作古老、工序徒手操作而享誉国内外，被称为“中国古法造纸之乡”。

石桥村人信奉蔡伦为祖师，每年都要举行重大的祭祀活动。

## 八、雷山县南花苗寨

南花位于雷山县境内，距凯里市中心 13 千米，有 167 户人家，全部为苗族，是全国农业旅游示范点，是黔东南州最负盛名的民族村寨之一。

南花坐落在清丽的巴拉河畔、苍翠的苗岭脚下，依山傍水，自然风光秀丽、民族风情浓郁。住房为木质结构，吊脚楼式。服饰为巴拉河长苗裙，银饰以大牛角为显著标志。民族节日有农历二月二姊妹节、五月粽粑节、七月吃新节和十月的苗年节。

## 九、凯里下司古镇

下司镇位于清水江的上游，东距州府凯里 19 千米，西距麻江县城 25 千米，距离沪昆高铁凯里站仅 4 千米，于 2014 年年底正式划归凯里市。良好的水路条件加上前人的整治疏通，嘉庆年间逐渐成为商埠重镇，是贵州重要的商品集散地，在当时有“小上海”之称。

这里建有国家皮划艇运动项目训练基地，拥有目前全国第一、亚洲最好、世界一流的皮划艇激流回旋国际标准赛道。民间也十分热衷于各项水上运动，如划船、游泳、划龙舟和独竹漂。历年来，龙舟队多次在国家级、省级龙舟大赛上获奖，荣获了“贵州第一个少数民族体育村”“全国民族体育先进集体”称号。

下司犬是世界排名第三的名犬，因擅长捕猎、对主人忠诚，一直是当地少数民族生产、生活的好帮手，被誉为“中华名猎”。

## 十、凯里云谷田园生态农业旅游区

凯里云谷田园生态农业旅游区是贵州省人民政府确定的“2012年农业产业园区建设项目”，也是贵州省黔东南州“台湾农业科技示范园”，位于素有“歌舞之乡”的凯里市舟溪镇，距离凯里市区12千米。园区总占地面积1.533平方千米，以台湾现代精品农业生产示范区、大型有机生态餐厅、农业休闲观光采摘为主。

台湾现代精品农业生产示范区园区主要采取“公司+合作社+种植户”的经营模式，引进台湾现代“精致农业”的发展理念，形成以台湾高端天然果蔬生产、销售为一体的全产业发展模式与标准进行全产业链运营。园区内种植的产品均已获无公害蔬菜产地认证，现正在申报绿色食品认证。其中，水果番茄、水果黄瓜、草莓经深圳普力检测机构监测，22项指标均达到国家绿色农产品标准。

凯里云谷田园生态餐厅以种植大棚作为餐厅的建筑外观形式、以园林式绿化环境作为餐厅的内部装饰风格；餐厅产品主要为自产的蔬菜、家禽、水产品等。园区依托公园式的环境，给游客营造独特园林景观用餐环境，让游客享受视觉与味觉的双重盛宴。

农业休闲观光以采摘为主，让都市人在闲暇时间体验采摘乐趣、吃农家饭、观看表演、购买绿色无污染食物等。园区将根据作物节气举办草莓节、黄瓜节、云谷田园音乐节等活动，致力于为喧闹的城市开辟一处悠然的世外桃源。

## 十一、凯里苗侗风情园景区

凯里苗侗风情园于2007年开始规划，2009年启动建设，2011年基本完成园区建设主体工程，项目总投资12亿元。

风情园景区也被称作“浓缩版的黔东南”，总占地面积595亩约40万平方米。共建成苗侗民族特色建筑310栋，建筑面积15.4万平方米。同时配套建设有会展中心、凯里游客集散中心、大型停车场、旅游公厕、绿化系统、亮化系统等基础设施。2014年5月成功获得国家3A级旅游景区称号，是国家3A级旅游景区、贵州省100个重点旅游景区、贵州省100个城市综合体、贵州（凯里）民族民间工艺品交易基地、贵州省省级现代服务业集聚区”，同时被列为贵州省“十大文化产业基地”之一。

2013年7月至今，风情园景区完成招商工作并开始对外运营，吸引了260家商户强势入驻，逐步形成民族特色餐饮（45家）、酒店（5家）、银饰刺绣（40家）、民服蜡染（28家）、土特产和民族工艺品（40家）、苗侗民族医生（46家）、旅行社（5家）、各类企业（51家）等功能区。同时，大力发展电商产业，形成线上营销线下展示的商业模式；大力发展微企产业，打造大众创业新基地。

在景区旅游带动产业扶贫方面，风情园景区招揽黔东南非遗传承人、苗侗民族医生、银饰工匠、民服绣娘等能人入园经营发展，通过技艺传承和产品对外展销获得经济收入的同时带动部分人致富。

## 十二、凯里市民族文化园旅游景区

凯里市民族文化园景区于2014年通过专家组评审，获得了3A级景区称号。目前建有苗侗商贸、餐饮、文化产品、手工艺一条街；园区门楼，接待楼；苗族芦笙场约6 000平方米；“凯里民族大剧院”约25 000平方米，表演大厅1 500座；民族竞技表演场：斗牛场10 000平方米，可容纳观众10 000人，斗狗场900平方米，可容纳观众1 000人，斗鸡场430平方米，可容纳观众1 000人，斗鸟场900平方米，可容纳观众1 000人；苗侗特色建筑共计630户，其中苗族特色建筑432户，侗族特色建筑202户。建筑容积率为0.49，建筑密度为15.49%，绿地率为30%；机动车位500个；道路，回车场面积60 615平方米；广场铺地面积为31 480平方米；保护林地面积为28 560平方米。

目前，园区内展示及商户分布以银饰刺绣制作及其他手工艺品生产加工销售为主，同时配套有民族文化展示、民族旅游商品交易、旅游咨询中心、特色餐饮、歌舞观赏、民族医药养生等，初步具备了“一园看黔东南文化”“一园品黔东南风情”“一园尝黔东南美食”“一园买黔东南旅游商品”等功能。

主要景点景观有苗族文化博物馆、旅游综合购物馆、文化演艺区、民俗竞技体验旅游区、民族美食餐饮、苗乡侗寨文化创意中心及孵化基地。

## 十三、凯里市碧波花诗园旅游景区

凯里市碧波花诗园景区位于贵州省黔东南州凯里市碧波农业园区，距离凯里市35千米，距贵阳110千米，距麻江县城4千米，距都匀市27千米。东至福马大道、西抵八号路、南靠炉碧大道、北至九号路。景区规划总面积50平方千米，核心景区面积1.7平方千米。景区交通便利，地理位置非常优越。

景区以山地为主，西靠青龙山，东靠对油坡和同油坡。内部分布着五座大小不一的山坡，高度适宜，坡度较为平缓，适合开展山地康体运动。自然植被覆盖率高，中部的背后坡是一片茂密的竹林，林地植被景观良好。景区中有自南向北的新庄河穿过，河道两旁的护坡，优美而旖旎；各类滩涂、跌水等水景观相续而生；山地、河流、农田共铸如画的田园美景。

景区以百香果园及蓝莓产业为核心，进行7大板块的开发：

百香果园综合区：百香果有“果汁之王”“摇钱树”等美称。百香果园集生态餐厅、农业产业化、百香果主题果园等功能为一体，致力打造碧波休闲观光农业旗舰地。

竹文化高端休闲度假区：将度假、康体等多种活动与自然环境有效结合。同时，引入养生会所、家庭式酒店、蓝莓酒庄等多类型业态，形成碧波农业产业园区高端休闲度假区。

七彩圃文化创意体验区：打造蔬菜花园体验基地，创造独具特色的可食地景观光区。

蓝莓文化深度体验区：扩展蓝莓文化相关产业业态，形成集蓝莓休闲观光体验、康体运动、休闲娱乐为一体的蓝莓文化深度体验区。

河滨乡野公园区：用生态自行车道、步行栈道连通，配合观景平台、亲水平台、文创花屋、服务中心、自行车停靠点等休闲娱乐设施，打造滨河乡野公园景观带。

农产品深加工区：通过生态景观的手法，融入农业工厂的设计中。打造一批可游览、可观光、可体验的创新型现代农产品深加工产业园。

游客服务中心区：集产农业产业园区信息展示、游客接待服务、旅游信息展示为一体，打造农园产业园区中心旅游服务区、旅游集散区。

碧波花诗园有着得天独厚的自然景观与人文景观，是国家农业公园与农业文化小镇精华浓缩结合体，新兴独特。当地聚居着汉、苗、土家、仫佬族、畲族等 9 个民族，民俗民风异常丰富。2017 年 3 月，碧波偿班大寨列入“第二批中国少数民族特色村寨”名录。偿班畲族大寨是一个历史悠久的民族村寨，距今约 360 年。同时碧波镇全年平均气温 13.9°C~16.3°C，适游期长，是避暑首选地。青山、绿水、山寨、人家，花诗园景区具备极高的观赏游憩价值。

## 十四、凯里乡村振兴产业示范博览园景区

凯里乡村振兴产业示范博览园景区位于凯里市下司镇淑里村，景区面积 5.3 平方千米。北至下司淑里民俗村，南至下司龙里村水坝，西临下司各个特色村寨，东靠羊昌河与清水江。景区 2017 年 12 月 19 日被评定成为国家 3A 级旅游景区，正在按照 4A 级景区标准打造成为现代文化与生态特色相结合的文化景区、生态景区、特色景区，集农业体验、文化体验、娱乐体验、户外项目体验、观光游览为一体的旅游休闲度假景区。景区坚持“保护与发展并举”的指导思想，大力发展大健康产业。

景区建设满足不同功能需求，整体形成以景区旅游为核心区，项目示范区、山地体育区、水上运动区、民族文化体验区 4 大片区共同构筑的景区，具有丰富的旅游文化内涵。景区拥有丰富的旅游业态，包含生态餐厅、蓝莓采摘、蓝莓小苗寨、林间小墅、游泳池、轨道滑索、儿童乐园、蓝莓酒坊、乡村动物园、清水江观光园游船、溪谷自驾游船。

## 十五、凯里千年岩寨景区

凯里千年岩寨景区是国家级 3A 景区。千年岩寨是一个美丽而古老的村寨，有着上千年的历史，依山傍水葱绿环抱，整个寨子就建在大山的半山腰上，两岸青山对出，东邻洪溪村，西接江口村双元寨，南与江口村乐安寨隔河相望，北邻黄平县重安镇铁厂村，村后岩壁陡绝。寨名缘于寨后岩壁陡绝，因岩得名。岩寨位于凯里市湾水镇政府驻地西 2.5 千米“包丢舍”（苗族地名）山腰，地跨重安江两岸，东西有一条小溪入重安江，总面积 4.06 平方千米，耕地面积 0.9133 平方千米，村寨占地面积 0.6667 平方千米，苗族聚居，有张、杨、吴、潘、冯、姜等姓，全寨共 2 421 余人，100%为苗族。

岩寨居于清水江重要支流重安江要冲，地理位置十分重要。20 世纪 80 年代之前，

重安作为凯里、黄平一带重要的码头和商品集散地，往来湖南和重安的货物航运都须通过岩寨。最大的险滩——吉洞滩在清朝时期还设有兵丁把守。同时，从旁海、谷陇、台江往重安至贵阳，岩寨也是必经之地，目前这条古驿道虽然遭到损毁，但以石块铺设的路面仍保留有遗迹多处。

岩寨建筑风格独特，建筑物与山水风光和谐融合，浑然一体，至今保留的古驿道、石门、石墩、石道、石寨墙、石寨门、石拱桥、古水泉、合院民居、民国徽派住宅等，是凯里市历史遗存保存得最为完整的村寨。岩寨布局独特，遗迹众多。受汉文化的影响，寨子的布局体现了军屯和汉文化风格。寨子似一只雄鸡，寨脚有重安江穿过，寨后依山，寨前和两边为梯田，寨背后岩壁镶有斗大的“界”字，至今笔迹清晰。

千百年来，岩寨人民在这块古老的土地上，辛勤耕耘，繁衍生息，绵绵不绝，成为重安江畔为数不多的苗族大寨。岩寨处在重安江左岸，高山之下，地势险要。如果从对面坡上看，如一只昂起头的雄鸡，蔚为壮观。岩寨因岩得名，也以石头而闻名。房子基脚、人行道、拱桥、田坎均用石头建成，无处不见石。石头寨已成为岩寨的代名词。岩寨巷道宽 1.8 米至 2 米，道路纵横交错，许多外地来的客人如果没有寨中人员引领，形同进入迷宫。

## 十六、丹寨万达旅游小镇景区

丹寨万达旅游小镇景区地处贵州省丹寨县核心位置—东湖湖畔，占地面积 0.266 7 平方千米，依山傍水、交相辉映、美不胜收。丹寨万达小镇是万达丹寨包县精准扶贫的核心产业项目，建筑采用苗侗风格，引入丹寨特有的国家非物质遗产项目、民族手工艺、苗侗美食、苗医苗药等内容，并配套建设四星级万达锦华酒店、多家客栈、万达宝贝王、万达影城等，形成独具特色的综合性商业、旅游目的地。丹寨万达小镇 2017 年 7 月 3 日开业，仅用半年，丹寨万达小镇就成为贵州省游客量排名前三的单个景区，被评为国家 4A 级景区。

小镇以非物质文化遗产、苗族、侗族文化为内核，融商业、文化、休闲、旅游为一体，涵盖吉尼斯世界最大水车、3 000 米环湖慢跑道、千亩花田、4 大苗侗文化主题广场、鸟笼邮局、精品客栈、街坊、酒坊、米店、会馆和酒吧、影院等众多文化旅游功能。丹寨万达小镇是万达集团在贵州的首秀，旨在打造一个集“吃、住、行、游、购、娱、教”为一体的精品旅游综合体。

丹寨万达小镇还将丹寨 7 个国家级非物质文化遗产项目以及 16 个省级非物质文化遗产全部引入小镇，包括石桥古法造纸、国春苗族银饰、苗族锦鸡舞、苗族蜡染、芒筒芦笙祭祀乐等。在这里，游客可以亲身感受到源远流长的非遗、民族文化与原汁原味的匠心精神。

此外，3 大斗艺场馆（斗牛、斗鸡、斗鸟）、特色民族餐饮（卡拉斗鸡肉、苗王鱼、牛羊瘪、韭菜一汤等）、3 座非遗小院（造纸小院、蜡染小院、鸟笼主题民宿小院等）、民族文化特色业态（苗族银饰、苗服苗饰、苗医苗药等）均已落户丹寨万达小镇。

小镇将与国内知名演艺团体合作，倾力打造多台形式各异、独具特色的常态化民族演艺，丰富小镇的观赏体验，让游客真正玩得开心，从而留住游客。

## 十七、麻江蓝莓生态旅游景区

麻江蓝莓生态旅游区为国家3A级旅游景区。区内司晨公路、宣都公路等公路穿境而过，贵广快速铁路横卧其中，交通便利，气候宜人，旅游资源丰富，是麻江县特色农业蓝莓种植相对集中、面积最大的种植基地。现有乌卡坪有机蓝莓生态循环产业园、乌羊麻生态农业观光体验园2个重点项目。项目围绕“麻江蓝莓”产业品牌，打造特色乡村旅游度假区，形成串联凯里、下司、丹寨的休闲度假、户外运动和采摘体验的休闲度假旅游线路。项目的建成将实现园区建设的“筑巢引凤”。蓝莓将成为这里健康与浪漫的代言，成为名副其实的“皇后水果”。

麻江蓝莓种植起步于1999年，目前麻江县种植近33.33平方千米，成为中国蓝莓主要产地之一。为保证果品质量，麻江蓝莓一直使用农家肥，不用化学肥料，不使用农药。这样生产出来的蓝莓，既无害又环保。目前，麻江蓝莓种植基地被评为“第七批全国农业标准化优秀示范区”“国家出口食品农产品质量安全示范区”和“国家有机产品认证示范创建区”，获得有机产品认证的蓝莓种植面积8.300 7平方千米，已有3家企业获得有机产品认证证书，19家企业和合作社获得有机转换产品认证证书，4家企业基地获出口水果果园注册登记。

目前，区内蓝莓种植20平方千米，规划面积53.33平方千米，可以利用其集康体运动、休闲养生、生态农耕体验、特色有机蓝莓品鉴的区域有机生态原真特质，建设中国最具风情的蓝莓生态体验休闲度假旅游区，开发打造旅游精品线路，树文化旅游精品。

## 十八、麻江同龢状元府景区

麻江同龢状元府景区即夏同龢状元第。夏同龢状元是屯堡人后裔，其先祖明朝初年（1389年）跟随部队从江苏南京来到贵州，定居麻江高枧堡，到现在为止已经600多年。夏同龢状元第是省级文物保护单位，位于贵州省黔东南州麻江县贤昌乡高枧村狮子山脚，建于清光绪初年。距县城8千米，距离凯里市区50千米。状元第为外砖内木结构建筑，占地约400平方米，坐北向南，院内天井石板铺墁，宽8米，长10米。门楼竖挂“状元第”蓝底烫金匾一块。门面侧书刻夏同龢中状元后手书的“努力嵩明德，随时爱景光”楹联一副，字体丰厚庄重，气度雍容、具大家气概。门楼共三间一栋，两厢房及正厅组成四合院，外有砖墙围护。

目前景区建有战舞广场、文庙、同龢书院、同龢状元府、状元第广场、狮山、百寿崖、九步三孔桥、魁星里、四足廊桥、状元桥、同龢书画院、姜氏宗祠、夏氏宗祠、狮佑坊、银杏广场等，让游客享受一场文化盛宴。

## 十九、麻江马鞍山生态体育公园旅游景区

麻江马鞍山生态体育公园旅游景区位于黔东南州麻江县城西部，面积约 0.49 平方千米，是典型的城市型生态体育公园。公园依山傍水而建，建有乒乓球馆、羽毛球馆、标准篮球场、网球场、足球场、门球场、健身步道、游泳馆、四雅苑等系列健身休闲设施，有力推动了全民健身工作的开展，实现了麻江、凯里甚至全州、全省康体运动功能互补，被国家体育总局肯定为“因地制宜、用活资源、智慧创新、全域推进”的麻江模式。

公园建设坚持“因自然规划，因生态建设，因人文添彩”的发展理念，探索“用活资源、用活场馆、用活产业”的方法，在管理中创新模式，引入市场运作，尝试“室外场馆免费开放、室内场馆年费制、会员制”的运营方式，坚持“体育事业项目优先保障、优先实施、优先发展”和“场馆适用，易于维护，后续投入少”的原则。

2015 年开放以来，已成功举办了具有国际国内影响力的赛事 10 余次，基本实现季季有活动，月月有赛事。

公园还升级改造了民族团结场，内设民族雕塑、儿童游乐场、休闲长廊、凉亭、广场、绿化、游乐设备、四雅苑等。

公园主要景点有：

润心亭：上有休闲凉亭，下有潺潺流水。最高点的凉亭叫天香亭，站在亭上，可以将整个公园甚至麻江城尽收眼底。

步云梯：梯子 188 级，走上步云梯的各位领导和四方宾朋都会青云直上，步步高升。

竹池：四周青竹交相辉映，中间有音乐小广场，每天傍晚，会有一些乐队在这里训练，是麻江人民安居乐业，享受社会主义建设成果的有力见证。

慧心亭：这是公园“心”的开始。从这里进入步道，让游客感受一种沁人心脾的清爽，产生心旷神怡之感。

健身步道：道长 3 千米，宽 1~2 米，以木栈道和人工塑石步道相结合，途中分布着休闲观光亭、古朴自然型公周以及景观绿化亮化、健身养生标识等，让游客在享受大自然的同时轻松运动养生。站在最高处，可以将整个麻江城尽收眼底，一种“一览众山小”的感觉油然而生。

## 二十、剑河昂英景区

剑河昂英景区是剑河县乡村旅游第一个国家 3A 级景区。它位于贵州省剑河县西南部、雷公山国家级自然保护区腹地，地处剑河、台江、雷山、榕江四县交界处，四周被西江千户苗寨、雷公山、榕江小丹江、黎平肇兴侗寨等黔东南知名旅游景点包围，是雷公山原生态苗族文化旅游区环雷公山“苗乡十景”之一，是剑河美丽乡村的第一核心旅游品牌，也是历史上苗族第五次大分迁的集散地。

昂英村寨内留有大量传统木质古房屋，其风雨亭、风雨长廊、风雨桥、芦笙坪、

招龙坪建设别具一格，同时该村还保留了较为完整的苗族传统，形成了以苗族文化为主的民族民间文化，不仅传承着精湛的苗族刺绣、银饰制作、根雕艺术等技艺，还一直延续着“开鱼节”“祭桥节（二月二）”“牛王节（四月八）”“粽子节（六月六）”“招龙节”“吃新节”“芦笙节”“苗年”等传统节日，处处散发着浓郁的苗族风情，民风淳朴，历史文化厚重，原始森林密布，溪流纵横，瀑布成群，野生珍稀动植物种类繁多，田园景色清丽秀美，是集地理、人文、动植物科考及探险旅游的理想目的地。

## 二十一、剑河仰阿莎湖水利风景区

剑河仰阿莎湖水利风景区位于贵州省东部，地处锦屏、黎平、剑河 3 县境内，因国家“十五”计划重点水利工程——清水江流域修建的三板溪水电站而形成，湖区主航道长 130 千米（其中 80%以上在剑河境内），涉及水体支流 50 多条，呈树枝状分布，支流航道累计长 120 千米，湖面平均水面宽大于 360 米，最宽水面大于 1 500 米，水库面积近 80 平方千米，形成的库区水体使居于深山上部的原生苗侗村寨罕见原始植被由遥不可及变为轻松可达，从而形成一个难得的集观光旅游、生态旅游、文化旅游、游船旅游和度假旅游于一体的综合旅游区。

剑河仰阿莎湖水利风景区自然景观优美、空气新鲜，无污染、水质优良。自然旅游资源相当丰富，有山、水、桥、寨、园、泉、湾等多层次风景结构，几十种景观类型。清水江自成水系，基本保持原始面貌，生物资源和动物资源保存较好，物种丰富，属国家一、二级保护的物种有几十种。人文旅游资源也极丰富，有闻名中外的苗族锡绣、红绣和苗、侗民俗，这些民族因自身独特的生活习俗，形成颇具特色的生产、生活、信仰、文化社交、节庆、民俗、饮食、婚恋等民族文化景观。

仰阿莎湖水利风景区分为苗侗民族特色的山水园林旅游城、氡硫温泉景区、八郎古生物化石群景区、百里原始阔叶林景区和仰阿莎湖景区。仰阿莎湖区又分大潭胜景、虎跳峡、九龙峡、鱼梁峡、南哨湖湾 5 大景段。湖连湖、景中景、山外山，加上完好的自然生态和浓郁的民族文化，这些风土人情、人与自然和谐的环境正是国际旅游者所追求的。

## 二十二、剑河革东镇屯州石板苗寨景区

剑河县革东镇屯州石板苗寨景区位于剑河县城北面，在八郎古生物化石群核心区和属剑河县文化旅游产业园区创新区范围内，是一个自然资源丰富、生态环境优美、民族风情浓郁的苗家山村。

路面铺以当地产的片石，房屋的堡坎也全用片石，有“石板苗寨”的美誉。拥有独具特色的石板结构、古生物化石群、浓郁的民族风情，众多的民族节日，绚丽多彩的民族服饰，能歌善舞的村民。

每到“二月二”敬桥节，“二月十五”姊妹节，“六月”吃新节，“十月”苗年节，

村中男女老少都穿上民族服装，欢跳木鼓舞，饮酒作乐，对唱苗族古歌、酒歌、飞歌，不断吸引着国内外的游客。

## 二十三、剑河巫包红绣旅游景区

巫包红绣旅游景区位于黔东南州剑河县观么镇巫包村。巫包村是一个有着 500 年余年历史苗族村寨，苗语发音“Oubbud”（欧布），意为“有山包围的水边村寨”，拥有着“中国苗族红绣第一村”的美誉。

境内沟壑纵横，山峦叠翠，溪水潺潺、古树参天，吊脚木楼鳞次栉比，拥有巫包溪、仰阿莎井、七星塘、芭蕉湾等 10 余处极富旅游开展价值的景点。

巫包村民族文化浓郁厚重，生态环境良好，每年延续着“三月祭祖”“五月吃新”“六月鲁反工”“十月甘醒过苗年”“牯藏节”等传统节日。

巫包苗族红绣堪称苗族文化七彩光环中绽放的一枝奇葩，2006 年被国务院列入第一批国家级非物质文化遗产名录。

## 二十四、台江锦绣长滩景区

锦绣长滩旅游景区位于台江县东北部，距台江县约 22 千米，环山而居、临秀美巴拉河而建，冬无严寒、夏无酷暑，无霜期长，年平均气温 16°C~25°C。雨热同季，水资源丰富，气候适宜，风景优美，苗族文化浓郁，苗族歌舞、风情风俗别具一格。

传统村落、五彩荷花、小桥流水、风雨长廊，成为一道靓丽的风景，是集生态农业、民族风情、田园风光为一体的生态旅游度假地。

景区内独具特色的民族节日众多，有三月十五姊妹节、敬牛节、五月二十五龙舟节、吼呗节（花脸节）、吃卯节、苗年节等。

长滩村村民热情、淳朴，喜饮酒，善歌舞，苗族刺绣、苗帕等手工制品精美绝伦受到世界各族人民的喜爱。

2013 年长滩村入选“中国传统村落”，是全国第三批少数民族特色村寨，“十户一体”抱团发展，携手致富农村发展机制的发源地。

长滩村是国家级非遗姊妹节和独木龙舟节的发源地之一，是台江著名的千人大寨之一、台江县休闲观光农业示范园区核心区之一，被誉为“独木龙舟文化之乡”“独木龙舟冠军之乡”，素有苗疆“鱼米之乡”的美誉。

## 二十五、台江红阳万亩草场景区

红阳万亩草场景区位于省级南宫森林公园红阳景区西南部，距台江县城 17 千米，台江至雷山西江旅游公路横穿而过，红阳草场旅游公路路基建设已经完成。草场面积近 40 平方千米，最高海拔 1 760 米，东西长 10 余千米，集旅游观光、风力发电、养殖于一体。

草场主要为山地灌丛林草地，四周分布有保护完好的原始森林。整个草场绵延起伏，山峦碧绿，气势磅礴，每当旭日东升、夕阳晚照、苍山如海、云移峰动、雪景、雨淞出现之时，是观草场景观、森林景观、天象景观等的良好场所。

红阳万亩草场外已建成多个游玩项目，其中包括滑翔训练基地、围猎场、休闲山庄、跑马场的规划工作。为迎合不同层次、不同爱好的游客需要，还拟设置草场滑翔、滑索等野趣性、挑战性、运动性、刺激性时尚挑战项目 20 余个。

## 二十六、台江银饰之乡九摆旅游景区

九摆旅游景区位于台江县城西南 24 千米处,隶属台江县排羊乡。全村 327 户,1 500 多人，单数 100 户的九摆平寨就有 15 个 80 岁以上长寿老人，是一个古老的村寨，也被称为“长寿之村”。全村大部分吊脚楼散布在一片陡坡上，从远处看，鳞次栉比，蔚为壮观。民居建筑典雅古朴，别具一格，有全国唯一的苗族独柱鼓楼，银饰手工艺远近闻名，被称为“银饰艺术之乡”。民族风情古朴浓郁，鼓藏节、苗年节、吃新节等苗族节日和别具特色的苗族歌舞、服饰艺术等，构成了九摆苗族原生态文化村寨独有的景观。

九摆古井众多，井水甘甜冰凉。

九摆有浓浓的苗族原生态文化气息，有让人迷醉清静的环境。走进九摆，游客总想留下来好好地体验这里的原生态生活。

## 二十七、台江县艺术之乡反排景区

反排景区位于台江县城东南 26 千米的反排村，全村共 405 户 1 688 人，全为苗族，房屋主要以木结构吊脚楼为主，依顺山势，次第升高。该村民族文化底蕴厚重，生物资源丰富，植被完好，森林茂密，森林覆盖率达 65%以上，平均海拔 722 米，气候温暖湿润，四季分明。反排民间艺术丰富多彩，形式多样，其中以木鼓舞最负盛名。1986 年反排木鼓舞初次露面参加全国第二届少数民族民间传统体育运动会表演，一举成名，被誉为“东方迪斯科”。此后，声名远播，蜚声海内外，曾到中南海为党和国家领导人演出，并运赴英、美、加、意、东南亚等十多个国家和地区演出。该舞蹈由木鼓伴奏，鼓手采用不同的演奏手法不断敲击木鼓形成错落有致的不同音色，鼓点激越，节奏明朗。舞蹈皆以胯为动力点，在同一节拍中进行，头、肩、手、臀、脚开合幅度大、摆动幅度宽，双手右高左低，反复交替摆动，身体各部位均达到高度和谐统一。舞姿刚毅潇洒，粗犷豪放，剽悍勇猛，优美流畅。舞蹈以缓起、中快、尾紧的方式逐级发展，在最高潮处结束，把气氛推到顶峰而突然告终，形成峰与谷的鲜明对比，给人以丰富的联想和韵味。反排木鼓舞已列入首批国家级非物质文化遗产名录。

2004 年，中央电视台的西部民歌大赛中反排村歌手演唱的多声部情歌荣获金奖，让人刮目相看。反排村现在每年都吸引着大批的海内外专家、学者、旅游团体前来考察研究、旅游观光。

### 二十八、台江世外桃源交宫旅游景区

世外桃源交宫旅游景区位于台江县南宫镇东部的交宫村，距台江县城 34 千米，森林覆盖率达 85%，是台江古老的村寨之一。

据说在一百多年前该村就有 700 多户，后来因出现霍乱，死的死，跑的跑，只剩下 14 户，现在村子里欧姓的人都是那时留下来的。

后来，陆续有外村人来这里干活，也就留了下来。新中国成立后又从五河移民过来一批人，现在交宫村有 350 多户，全部为苗族。

村内不同支系的苗族同胞的生活习俗、文化韵味等相互融合、相互团结，共同发展了烂璀的民族文化，有颜色靓丽的雷山型服饰和银饰精美施洞型服饰以及芦笙、铜鼓、木鼓舞和牯藏节民俗活动，使该村成为远近闻名的团结和谐、文化气息浓厚的民族旅游村寨。

全村依山傍水，自然环境优美，境内河流清澈见底，猿猴、野山羊、野猪、野山鸡等野生动物穿于山涧，还有年代久远具有观赏价值的古银杏、红豆杉等国家珍稀植物。

## 第三节　南部六县主要景区

南部六县包括黎平县、从江县、榕江县、锦屏县、天柱县和三穗县。

### 一、黎平侗乡风景名胜区

2003 年，黎平侗乡风景名胜区被国务院公布为国家级风景名胜区。

黎平县地处黔、湘、桂 3 省交界处，为侗族人口聚居最多的县，是中国侗族文化生态旅游区中心。

黎平侗乡风景名胜区位于黎平县境内。风景区内旅游资源丰富集中，植被覆盖率高，古树名木保护较好，具有良好的生态环境。景观类型多样，有喀斯特地貌景观，江、河、溪、水库等水域景观，亚热带喀斯特森林景观，丘陵草原景观，村寨田园风光及侗、苗风情和革命历史遗址、古建筑等。其主要自然景观有桂花台景点、鸬鹚架景点、江心岛景点、仙人岩景点、草坪春色景点、平湖飞瀑景点、少寨溶洞群和天生桥等。其中天生桥是世界最大的天然石拱桥，桥宽 118 米，跨度 119 米，拱高至水面 33.64 米，拱顶岩厚 40 米，为世界罕见。

风景名胜区内以人文景观为主的景区有：

#### （一）肇兴侗寨

2007 年，肇兴侗寨被建设部、国家文物局公布为中国历史文化名村。

肇兴侗寨是“黎平侗乡风景名胜区”的核心景区，距黎平县城 72 千米。肇兴是“开始兴旺”的意思，经过 800 多年的开拓，原来各自独立的仁、义、礼、智、信 5 个小寨已连成一片，成为一个 1 000 多户、6 000 多人的大寨，被誉为“侗乡第一寨”。

寨子全为木结构吊脚楼，青瓦或杉皮屋面，第二层、第三层为生活起居室，宽廊，廊壁半装板，上敞，采光效果好。民居临街而建，形成南北走向的主街道。寨内 5 座气势磅礴的鼓楼和 4 座建筑独特的花桥，蜚声中外。5 个小寨 5 座鼓楼、5 座花桥、5 座戏台成为肇兴大寨的景观标志。

仁、义、礼、智、信 5 座鼓楼风格各异，层数不同，最高者 13 层，彩绘各类故事、飞禽走兽。最早的一座鼓楼为清光绪年间（1875—1908 年）所建。鼓楼上置放皮鼓，旧时遇有重大事情，由寨老击鼓召集本寨人共议。鼓楼不但是集会议事、订立款约、处理大事之地，又是重大节日迎送宾客的场所。

在不到 200 米的肇兴河上，横跨 5 座花桥，与鼓楼相互辉映。花桥为长廊式，柱、枋、檐板均绘塑彩画，廊的两边设长凳供人休息。桥上设有凉水桶，供人解渴。风雨桥是侗民乘凉摆古、唱歌娱乐之地。

### （二）地扪侗寨

2014 年，地扪侗寨被建设部、国家文物局公布为中国历史文化名村。

地扪村位于茅贡乡北部，距离乡在地 4 千米，是长江水系清水江源头之一，总面积 22.1 平方千米，耕地面积 1.115 平方千米。全村 570 户 2 461 人，全部都是侗族。

地扪在依山傍水之中，1 条清澈的小河绕村寨中间而过。建有花桥（风雨桥）3 座。寨中建有 2 座鼓楼，2 座戏台，2004 年建成一个中心表演戏台，侗族生态博物馆建筑群，是侗族地区民族风情文化保存得较为古老而完整且最具有代表性的侗族村寨。

### （三）堂安侗寨

堂安是我国和挪威在贵州共建的 4 个生态博物馆之一。

堂安村处于肇兴乡境内，距肇兴乡政府驻地 5 千米，黎平县城 75 千米，海拔 935 米，有 160 余户，800 多人。

堂安侗寨四面青山，峰峦叠嶂，阡陌纵横，梯田层叠。山腰间的民居依山就势，悬空吊脚，井然有序。寨中的鼓楼与戏楼、歌坪形成三位一体，显示出侗族村寨的特征。

寨中 9 条出寨的路口都建有寨门。寨子中的附属设施还有禾晾、谷仓、水碾、石碓榨油房、鱼塘、井亭、祭萨塘等建筑物，都具有独特的文化个性。寨子中间，还有一块墓地，有坟 10 余座，多为清代所建，雕龙刻凤，卷草花纹等工艺精美，是堂安侗族文化遗产的另一种体现。

堂安的自然景物、传统的建筑与古朴的民风，都是生态博物馆的组成部分。堂安作为一个侗族文化社区，一种文化体，辐射到整个六侗地区。

### （四）黎平会议会址

2006 年，黎平会议会址被国务院公布为全国重点文物保护单位。

黎平会议会址位于黎平县城德凤镇翘街，是一座清代中叶的建筑，面积近 1 000 平方米，分三进五间，前低后高，上盖小青瓦，大门是两扇石臼合门。由大门进入第二进正屋的天井，墙上有一屏风，雕塑有狮、鸟、鱼类，左右为扇式书房；正堂门面塑二龙戏珠；楼上走廊四周是卷板方格栏杆，窗栏精雕细刻；左间摆设八张太师椅和两张八仙桌，当时的会议就是在这里进行的。房后有小天井，墙壁上有八仙过海、太白醉酒等壁画，壁间开有一石臼合门进入后院。

1934 年 12 月 14 日中央红军长征抵达贵州黎平，12 月 18 日在此召开了红军长征途中的第一次政治局会议，史称黎平会议。黎平会议从根本上扭转了红军自长征以来被动挨打的局面，为遵义会议的召开，在政治上、思想上、军事上做了必要的准备，从而揭开了伟大历史转折的序幕。

1980 年以来，会址几经修葺。现大门悬挂陈云同志手书的“黎平会议会址”黑底金字横匾，内辟政治局会议室、周恩来住室、朱德住室、红军文物等 7 个展室，陈列文物、图表、题字等 360 余件，藏品 120 余件。

### （五）地坪风雨桥

2001 年，地坪风雨桥被国务院公布为全国重点文物保护单位。

地坪风雨桥在黎平县城南 109 千米的地坪乡，为木构架，全用榫接，不用一钉一铆，造型美观，具有浓厚的民族建筑特色。桥始建于清光绪八年（1882 年），1959 年毁于火，1964 年重建，1966 年遭破坏，1981 年再次拨款修葺，恢复了原貌。2004 年被洪水冲毁，当地村民费尽心力沿河寻找散落的木柱、木梁等构件，被文化部、国家文物局授予文物保护特别奖。风雨桥于 2005 年开始修复，历经 4 年完成。

地坪风雨桥横跨水口河上，全长 55.88 米，桥廊宽 3.85 米，桥面距水面约 11 米。桥下有一石墩，将桥分为二孔，左右两孔净跨分别为 13.77 米和 21.42 米，均超过木料所能达到的跨度。桥梁两侧装直棂栏杆，高 1.1 米，栏杆外设披檐。廊的两侧设有长凳供行人小憩。廊壁上绘有侗族历史人物故事及山水花鸟等彩画。桥廊的正脊上塑鸳鸯、鸾凤和二龙抢宝。桥墩上部及廊的两端分别建阁楼一座：中阁楼为五重檐四角攒尖顶，顶上安有宝珠，檐下饰如意斗拱，木构架净高 9.92 米，连宝珠通高 11.4 米，它的 4 根金柱上各绘有一条青龙，天花板上绘有龙、凤、鹤、牛等图案。桥的两端阁楼皆为四重檐歇山顶建筑，通高 7.8 米。

### （六）述洞独柱鼓楼

2013 年，述洞独柱鼓楼被国务院公布为全国重点文物保护单位。

独柱鼓楼俗称“现星楼”“杉树鼓楼”，位于黎平县岩洞镇述洞村，距黎平县城 35 千米。独柱鼓楼始建于明崇祯九年（1636 年），穿檐式木结构，七层檐四角攒头顶。该鼓楼的雏形是一棵大杉树。相传当地的侗族同胞有常到该杉树下纳凉谈家事的习惯，一天村寨聚集近百人于此树下，突然下起了大雨，村民们一时无法回家避雨，相互间只得围驻在这棵大树下暂避暴雨。暴雨停后，大家惊奇地发现自己身上所穿的青铜布衣裤没有褪色，就连头上的发辫也没有被雨水弄湿。于是村民们突发奇想，将这棵大杉树去掉一些枝叶后搭建成了一座鼓楼。

## 二、榕江苗山侗水风景名胜区

2009 年，榕江苗山侗水风景名胜区被国务院公布为国家级风景名胜区。

榕江苗山侗水风景名胜区位于榕江县，距省城贵阳市 367 千米，面积 210 平方千米。风景区内山水相映，人文景观、自然景观相互融合，苗侗民族和谐共生，展现出了一幅幅美丽动人的画卷，有“山水独秀，风情浓郁，无迹不古，璞玉浑金”的美誉。

苗山侗水风景名胜区分为 2 片区 6 景区。第一片区包括古州、车江、忠诚和宰荡 4 个景区，第二片区包括“七十二寨”侗乡和龙塘 2 个景区。秀甲天下的古榕树遍布在古州镇、车江乡、忠诚镇等景区。榕江的榕树，百年以上树龄的多达 1 000 余株。在古州，清代种植的古榕有 40 多株，被称为“千年古榕”的就有 10 多株。与县城一江之隔的三宝千户侗寨，有百年左右树龄的榕树近 200 株。尤其是寨头村古榕最密集，一株紧挨一株，连接成片，是罕见的古榕树群，堪称世界之最。

在风景区内，除了古榕树外，还有精美别致的侗族古建筑和独特浓郁的民族风情，以及龙塘“一日三色水”“下毛雨的树”“千年矮子松”等景观。景区第二片的“七十二寨”侗乡里，有古朴典雅、别致的侗家吊脚楼房、雕房和高保坎房。特别是古色古香的侗家雕房，四周和走廊的板壁上都雕刻有龙凤、人物花卉、飞禽走兽等各种精美迷人的图案，活灵活现，栩栩如生，令人赏心悦目。

风景区另一个特点就是古朴、浓郁的民族文化。侗族爬窗孔对唱情歌、侗族坐夜歌、侗族拦路歌、侗族大歌、晚寨侗族琵琶歌、侗族酒歌等，是侗族人们优秀传统文化的典型代表。

## 三、黎平太平山国家森林公园

2003 年，黎平太平山国家森林公园被国家林业局公布为国家森林公园。

太平山国家森林公园位于黎平县城的东部和东北部，面积 54.75 平方千米，自然环境优美，气候条件独特，地域空间大，景观资源类型多样，山体雄浑，层峦叠翠，森林浩瀚，水体妩媚，具有很高的生态旅游价值。

太平山国家森林公园适宜的气候和多样的地质地貌类型孕育了丰富的物种资源，分布有大量的珍稀树种、名贵药材及珍稀野生动物。根据实地调查统计，公园内维管束植物就有 137 科 324 属 447 种。公园内绝大多数森林尚处原始状态，森林覆盖率达 94.5%。

公园主要由以下景区组成。

### （一）飞龙洞景区

飞龙洞坐落于高屯镇黎（平）锦（屏）公路旁，距县城 13 千米，因洞中有石龙飞卧得名。飞龙洞被誉为“黔东南第一洞”，全长 5 千米，分上、中、下 3 层，洞中有洞、洞中有河。洞内有“天地厅”“千佛岩”“霸王厅”“海底世界”“灵霄宝殿”“五福齐天”“九曲天河”等景观。洞内钟乳石千姿百态，石笋、石柱、石鼓、石龙、石莺等无奇不有，尤以“石琴晨曲”“水帘飞瀑”“宫廷彩虹”“洁玉天地”“银河小渡”等独具奇观。飞龙洞外茂林修竹，花草茂盛。

### （二）亮江河景区

亮江河又名八舟河，为省级风景名胜区，景区面积达 25 平方千米，自然风光与田园风光极为优美，民族村寨错落其间。亮江河风景区的景点众多，主要有亮江河水库大坝的平湖飞瀑、少寨溶洞群、亮江河风景河段、桂花盛开时芳香四溢的桂花台、人们为水鸟安置的鸬鹚架景观以及仙人岩和江心岛等景点。亮江河沿岸，人文景观有上乌鸦村、下乌鸦村、下寨村等村寨以及红军桥，沿河有许多竹制水车，自然风光和田园风光浑然一体。

### （三）平甫侗寨

平甫侗寨位于太平山下，寨中青山环抱，森林茂密，古树参天，环境优美。寨中有典型的侗寨建筑——两座大小不一的鼓楼和戏台。这里民风淳朴，民族节庆活动丰富多彩。每逢节日，村民们都要举行歌舞表演。在这里，客人们可以欣赏到中国的复调音乐——侗族特有的多声部无伴奏混声合唱，以及用牛腿琴伴奏的歌曲。

### （四）东风林场

东风林场位于高屯镇以东约 3 千米处，林场经营面积为 9.02 平方千米，主要为特用林，其次是用材林。林场内有 0.08 平方千米的树木标本园，共收集、种植有 81 科 101 属 390 种植物，其中有很多珍贵稀有树种。其引种栽培的树种之多，堪称全省之冠。

其中，蕨类植物有 19 科 29 属 30 种，裸子植物有 6 科 13 属 15 种；被子植物有 112 科 282 属 402 种。加上东风林场引种栽培的植物，两者的植物种类估计在 600 种以上。在太平山森林公园内，还有樟科的细叶楠、虎皮楠科的脉叶虎皮楠、山茶科的贵州毛柃和柿树科的龙胜柿。

## 四、从江县增冲鼓楼

1988 年，从江县增冲鼓楼被国务院公布为全国重点文物保护单位。

增冲鼓楼位于从江县城西北 82 千米的往洞镇增冲村，是贵州省历史最悠久、规模最大、保存最好的侗家鼓楼，占地面积 160 平方米。

增冲鼓楼始建于清康熙十一年（1672 年），鼓楼为杉木结构，呈宝塔形，双葫芦顶，共 13 层，八角攒尖顶，高 25 米，其中木构架高达 1 765 米。最高顶阁中，放有一个长 3 米、直径 50 厘米的牛皮大鼓，为寨上召集寨中群众议事和报警之用的指挥鼓。鼓楼内有楼梯，曲折而上，直到放置大鼓的一层。

鼓楼底层分立 4 根金柱，每根直径 0.8 米，高 15 米，8 根檐柱，檐柱外绕以木栏杆。楼的平面呈八角形，中心设有直径达 1.4 米的圆形火塘，金柱间放置着 4 条大板凳。楼内各层均无楼板，空至宝顶。第 11 层上面，另有两层八檐八角伞顶，是鼓楼的顶部，这两层采用斗拱结构，孔隔交错，工艺精美。各层檐角下画有龙、凤、鱼、蟹、虾等动物图案，底层的南、北、西三面各辟一门，东面置一石板桌。楼的底层悬挂着一块道光十年（1830 年）的匾，匾上书“万里和风”4 个大字。另有四副木刻的楹联，其一为“名楼艺高雕龙画凤映照碧树千秋永盛，侗寨秀丽精文就武辅育英才万代长春”；其二为“龙凤呈祥楼阁直耸冲霄汉，风云聚会山峦起伏绕碧波”；其三为“物华天宝龙楼凤阁交辉呈异彩，人杰地灵山清水秀相映显粼波”；其四为“百福龙宫聚众议事击金鼓，万寿凤阁集民歌舞庆玉楼”。

鼓楼内保存有数块“款约碑文”，最早的一块是康熙十一年（1672 年）镌刻的，此外，还有各个时期书写的基碑楹联和诗词歌赋等。

## 五、从江县高阡鼓楼

2013 年，从江县高阡鼓楼被国务院公布为全国重点文物保护单位。

高阡鼓楼位于从江县下江镇高阡村，坐西向东，占地面积 110 平方米，主体结构保存较好。

高阡鼓楼始建于雍正年间，为密檐式十七重檐六角攒尖顶木结构，通高 25 米。设 18 根落地柱，底层平面呈正六边形，边长 4.2 米。楼身十五级，双楼冠，屋檐平面为正六边形。各层封檐板彩绘风情图案，顶层檐下均置如意斗拱，斗拱下装漏窗。翼角起翘，彩塑鸟兽等，各级封檐板彩绘侗族风情画。鼓楼二层和顶层分别置有牛皮木质鼓。地面石板铺墁，有火塘 4 个，其中大火塘直径 1.5 米。设护栏、坐凳，以供对歌、休憩。正北设一出入门，门额上泥塑双龙抢宝，门边置混凝土塑狮子各一头。

## 六、从江县金勾风雨桥

2013 年，从江县金勾风雨桥被国务院公布为全国重点文物保护单位。

金勾风雨桥位于从江县往洞乡增盈村金勾寨脚，始建于清代光绪十年（1884 年），1992 年重建，重建后的风雨桥面十阔，间长 33.60 米，宽 4.75 米，桥屋中部抬升为 5 层密檐鼓楼楼冠，北端从第二间起南端从第一间起抬升为歇山式 5 层密檐屋顶，其余部分屋顶为单檐。长廊外侧半装木板，两端桥墩用片石和鹅卵石垒砌。中部桥墩为毛石凝土结构，墩上用原木作加长伸臂梁，一层比一层长用以此支撑桥屋。

## 七、从江县岜沙村

2014 年，从江县岜沙村被建设部、国家文物局公布为历史文化名村。

岜沙是侗语地名，苗语称“分送”，译成汉语即“草木繁多的地方”，位于丙妹镇西南面 7.5 千米处。数百年前岜沙先民来此分姓择地而居，刀耕火种，经过代代生息繁衍，现有居民 2 000 多人，因文化悠久神秘，被誉为苗族文化的“活化石”。岜沙有 3 大特色，即头式、树葬和猎枪，是贵州唯一被公安部门批准可以持枪的村寨。

岜沙由老寨、宰戈新寨、王家寨、大榕坡新寨和宰庄等 5 个自然寨组成，海拔 480 ~ 660 米。岜沙苗寨的居民建筑、服饰头饰与周边其他村寨迥然不同，独具特色。村民至今保持着千年前古老的生产生活方式，着装依旧保持着浓重的古代色彩。

## 八、榕江县大利村

2013 年，榕江县大利村被国务院公布为全国重点文物保护单位；2014 年，被建设部、国家文物局公布为历史文化名村。

大利村位于榕江县栽麻乡，四周皆山，山上皆是茂林修竹和层层梯田，民居皆沿着小溪修建，村中有建于清乾隆年间的石板古道、清末民初时期建的侗族四合院，以及独特的古晾禾谷仓、鼓楼、古水井等建筑。小溪上建有 5 座花桥。小桥流水，古道人家，巨树老藤，稻田菜园，鸡犬相宁，一派田园风光，体现了侗寨人与自然和谐相处的“天人合一”景象。

## 九、榕江县小丹江苗寨

小丹江苗寨位于榕江县城西北部雷公山主峰南麓。它分为大寨和小寨，村子依山傍水，一条由雷公山深处发源的丹江河绕过寨脚，四周是一片郁郁葱葱的原始森林。小丹江苗家人世世代代居住在这片幽静之处，过着世外桃源般的生活。他们用智慧建造了雄奇秀美的风雨桥和雕龙画凤的寨门牌楼。寨边现建起了豪华典雅的全木质宾馆。小丹江人十分好客，礼仪庄重，但凡宾客而至，俱以芦笙歌舞相迎，米酒相敬，让游客醉在苗乡。这里有四道瀑、七姊妹打岩的传说遗迹、老人与虎的故事遗址、茅人河漂流等。

## 十、锦屏县隆里古城

2007 年，锦屏县隆里古城被建设部、国家文物局公布为历史文化名村；2013 年，被国务院公布为全国重点文物保护单位。

隆里位于锦屏县，古城虽经数百年风霜侵蚀和火灾的劫难，但仍保持完好，是中国南方高原保存得最好的古城之一。

隆里始建于唐代，是明朝重要军事城堡。隆里古城是用卵石框边筑成的土埂，周长 1 500 米，高 4 米，宽 3 米。这里街巷纵横交错，建筑整齐和谐。隆里古城设置东、南、西、北四方城门。城门设置虚虚实实，让人感到“明通暗塞，暗通明阻”。隆里古城建筑的风格实现了人与自然的统一。它超前、合理的规划布局，令现代人望尘莫及。

隆里古城有 72 姓，72 口水井。

唐朝诗人王昌龄曾经贬谪于此，隆里的龙标书院、王昌龄祠、状元桥、状元墓都是后人为纪念王昌龄而建的。

隆里民族传统文化厚重而又多彩，唱汉戏、吟故事、玩龙灯被视为 3 大民族文化瑰宝，蜚声国内外。目前，隆里古城已被省政府列为全省重点建设的 12 个古城镇之一，又与挪威共同建立了生态博物馆。

## 十一、锦屏县飞山庙

2013 年，锦屏县飞山庙被国务院公布为全国重点文物保护单位。

锦屏飞山庙位于锦屏县城东北角，清水江北岸。寺庙坐北朝南，占地面积 2 756 平方米，建筑面积 727 平方米，由飞山阁和飞山宫组成，主体建筑飞山阁高 24.8 米，为四层三重檐四角攒尖顶式建筑，是贵州省迄今最高的阁楼式木构古建筑。

据史料记载，飞山庙是乾隆年间为纪念唐末五代诚州首领杨再思而建的。庙里原有杨再思将军木雕神像，供周边民众祭拜，现神像已拆除。民国年间为庙宇，由和尚、居士、民间社团组织管理使用。抗日战争时期，德国传教士在此居住。现在当地人仍到飞山庙祭祀，祈求神灵保佑风调雨顺，国泰民安。

## 十二、天柱县三门塘古建筑群

2013 年，天柱县三门塘古建筑群被国务院公布为全国重点文物保护单位。

三门塘村位于天柱县坌处镇，距县城 40 千米。因严、谢、王三姓，各立门户，故称三门塘。三门塘古建筑群包括宗祠两座，碑刻 300 余通，印子屋 28 栋，水井 20 眼，鱼塘 17 口，石拱桥 6 座，石板桥 10 座，石板路 12 条，卵石路 30 多条。这些建筑风格独特，空间布局灵活多变，立体感极强，工艺十分讲究，风格粗犷而不失精致。现各处建筑基本保持原貌，古风古韵犹存。

三门塘村南临清水江，明代被开辟为水上运输码头，专事木材营销。明朝末年，靠水上运输富裕起来的三门塘人便捐资创建义学，普及汉文化，教化乡民，兴修庵院宗祠，民居亭榭，修路架桥，开创渡口，并开场期赶集，设木行、肉摊布店、米铺百货、饭馆旅店。三门塘最盛时期形成了由 5 条主街巷和众多民居、商号、店铺、庙宇、桥梁、码头等组成的建筑群，包括民间典型的水运商贸集镇的大部分类型。

三门塘的民居建筑为穿斗式悬山顶小青瓦结构，横向三开间或五开间，正中一间设庭堂，庭前设天井，天井两旁设厢房，其门窗雕刻精美，屋柱留有过去木商商号的烙印。宗祠外为封火墙，内为木构建筑，穿斗式硬山顶小青瓦结构。印子屋的外墙高过屋脊，墙头平翘，瓦盖庑殿式，多级卷云马头墙，墙头下粉刷边带，描绘山水花草虫鱼。村巷街道、桥梁码头青石铺砌，阡陌相通。古井、石刻星罗棋布，点缀乡间。

## 十三、黎平翘街旅游景区

翘街旅游景区位于黎平县城内，又称东门街，是国家 4A 级旅游景区、文化旅游景点，2011 年被列为中国历史文化名街。它始建于明洪武十八年（1385 年），东起城垣东门，南至二郎坡荷花塘，全长 1 千米。此街两头高，中间低，形状如翘起的扁担，因此被称为“翘街”。翘街两旁明清建筑林立，一排排风火墙，一座座四合院，鳞次栉比，错落有致，飞檐翘角，彩绘精美，古香古色。清朝至民国时期，翘街成为黎平的商业贸易中心，被誉为“清明上河图”。

翘街的大街小巷数不胜数，著名的有马家巷、姚家巷、张家巷、双井街、左所坡等。这些巷道，卵石墁街，石梯连接，古色古香，具有浓厚的地方特色。

翘街内还有 1934 年红军长征时毛泽东、周恩来、朱德等中共中央政治局领导在黎平召开会议的旧址，史黎“黎平会议”会址。

翘街内有省级重点文物保护单位“两湖会馆”，还有黎平会议会址、翘街牌坊、红军文化广场、中央红军教导师住址、红军干部休养连住址、毛泽东住址等红色遗址。

## 十四、黎平黄岗侗寨景区

黄岗侗寨景区位于从江县和黎平县交界处双江乡，距离从江县 33 千米，是一个藏在山中尚不为人知的侗寨。这里的侗族大歌、民俗、风光都居从江之首。

300 多户人家的黄岗侗寨，令人吃惊的是居然有 5 座鼓楼。在一片二层小楼的地方出现一座十几米高的鼓楼已是鹤立鸡群了，更何况是 5 座。鼓楼是统一族群的地方。黄岗的鼓楼独具特色：每一座鼓楼中都挂着一块写着二十四节气的木板，供大家掌握节气。每座鼓楼还有两条龙，栩栩如生。

黄岗是仅有一个过“喊天节”的侗寨。喊天节又叫求雨节，侗语称：谢萨向，意思是祭雷婆。喊天节的神奇之处在于：如果仪式之前是晴天，那么仪式后一定会下雨；如果仪式前是雨天，仪式后就一定是晴天。如此持续多年，屡试不爽。之后开始摆起长桌互相敬酒。晚上则开始演唱著名的侗族大歌，热闹非凡。

黄岗村侗族风情浓郁，文化情韵原汁原味，侗族大歌源远流长，“饭养身、歌养心”是该村人的口头禅。全村上下，小到学语孩童，大至耄耋老人均会唱歌，均能唱歌。无论是红白喜事，还是大事小事，有事无事，情至深处，黄岗人总会倾情歌唱，用歌喉表达自己的感情，素有“侗族大歌之乡”的美誉。黄岗村禾晾林立，屋舍俨然，鼓楼参天，花桥飞架。寨内小溪流水淙淙，村边古木掩映，房屋、水碾、谷仓错落有致，布局合理，村容寨貌和谐统一，是省内保护得较完整的侗民村寨。黄岗村民族节日较多，较为隆重的有正月初七“抬棺人”和农历六月十五“喊天节”。

## 十五、三穗颇洞农业体验园景区

颇洞生态农业体验园景区位于三穗县西南部，距县城 10 千米，距高铁火车站 15 千米，是国家 3A 级旅游景区、贵州省高效农业示范园区、贵州省大健康医药产业“6

个 50”重点工程示范基地。

颇洞村通过“党支部+合作社+基地+农户”党社联建模式，组织村民筹资投入乡村旅游业发展，建成了生态农庄、生态度假屋、滨河休闲水上设施、文化长廊、自行车道、生态鱼池、热带植物馆、蔬菜大棚、精品水果（葡萄、蓝莓、草莓）采摘园、农业体验馆、现代科技栽培展示厅等旅游配套设施，形成了集农业体验、农家休闲、田园度假、山庄避暑、自然观光、户外旅游于一体的乡村旅游景区，带动村民脱贫致富奔小康。不仅解决了村民，特别是贫困人口的就业，还连年实现了村集体、村民和贫困群众多方共赢。该村先后荣获贵州省“党社联建”示范第一村等多项荣誉。2014 年年底，时任省委书记视察该村时，给予了“五个好”的高度评价，成为党社联建推动乡村旅游发展的典型。

获得荣誉：

颇洞村 2015 年获全国人口和计划生育基层群众自治示范村居；全国综合减灾示范社区；贵州省留守儿童之家；贵州省五好基层党支部；贵州省“党社联建”示范第一村；

2016 年 1 月三穗县颇洞村创新“党社联建”发展模式助推农村经济发展入围“2015 贵州全面深化改革优秀案例”评选活动；

2016 年 8 月颇洞党社联建发展乡村旅游模式入选《贵州省乡村旅游扶贫典型材料》典型案例；

颇洞景区 2016 年 11 月荣获黔东南州旅游活州“十佳”乡村旅游点。

## 十六、三穗贵洞景区

贵洞景区位于三穗八弓镇界牌村，距县城 6 千米，景区规划面积 21 平方千米，主要通过对万字长联、古法造纸、竹编工艺等为典型特色传统乡村文化资源进行旅游化改造，依托当地万亩竹海、石头寨、古驿栈道、溶洞群、乡村田园、民俗风情等旅游资源，以“甜蜜香村·竹海洞天”为主题，将其打造成为乡村生态观光、民俗文化体验、传统工艺传习、野外露营、乡居休闲度假等功能于一体的乡村生态文化休闲旅游景区。景区主要包括旅游综合服务区、山珍产业园区、民俗工艺传习区、竹海长联文化体验区、乡村水韵悦动区等 5 个功能区，景区基础设施完善，环境优美。

景区内主要的景点景观有：

### （一）溶洞群

溶洞群掩映在群山之中。此洞全长约 4 千米，宽 5~50 米。以流泉、竹韵、洞内奇景千姿百态，清清流泉直至洞内而名传千年。悬崖峭壁，断岩对峙，洞门口平坦宽敞，昂首翘望，仿佛一个倒挂的大雄狮头。古人有诗云：“巍峨绝壁腾紫烟，狞狞怪兽倒头悬。山间流水洗竹韵，一梦依稀入洞天。”洞内有大厅、小厅、平台、云梯，“千丘田、万块土”。传说在远古时代，仙人在此居住过。这里沟谷渊深，一条清清流泉从洞中哗哗流去，深潭幽暗，怪石嶙峋，只要来到此处定会感觉格外神奇。

### （二）洞外村寨

洞外，那无数座密林竹岭，在朝旭初来，夕阳斜照之时，显出朦朦胧胧的淡影，似像一幅水墨画，充满了诗意。远处，青山翠竹像绿色的波浪，绵延不绝。随着洞外曲折的山路和蜿蜒的河流一直往上走，两边是翠竹弥漫，小小的村寨安静地坐落在绿绿的竹海之中，一路走来，听百鸟啼鸣，到石万沟直上高坡顶巅，春天一路桃花盛开，火红的杜鹃花漫山遍野，杜山之巅，万亩竹尽收眼底，观山鹰高空盘旋，看牧童晚归，赏农家袅袅炊烟，看原生态的手工造纸，宛如来到一个远古时代。

## 十七、三穗木良景区

三穗县木良乡村旅游示范区位于三穗东南部的桐林镇木良村，区域面积 20.2 平方千米，距县城 32 千米。景区环境优势独特，坐落于邛水河畔、青山之间，素有“金色木良”之称。

这里有千年古树、十里平良山峡、犀牛背、老虎岩等旅游资源，集自然山水、天然湖面、田园风光、民族风情、美丽村貌、古树名木、地方特产于一体，是依托自身独特的北侗文化元素和山水生态资源，精心打造的乡村旅游景区。

木良村历史底蕴厚重，传统习俗浓厚，民族文化多彩，有蒸蒸日上现代化的生活气息，又有古老纯朴的民间传统习俗；有千年的银杏树，又有万亩的杉树林；有仙人架桥的美丽传说，又有犀牛洗澡的传奇童话；有一棵双人合围的枇杷树，又有两条溪水倒流的奇观。主要节庆活动有“三月三歌场”“五月端午赛龙舟”“六月六山歌联谊”“中国侗族·三穗圣婆文化节”等多项民族活动。

## 十八、三穗寨头景区

三穗寨头景区位于贵州省三穗县西南部，距县城 20 千米，是全国第二大苗寨。这里民族节日众多，内容丰富，形式多样，民族风味浓郁，独具特色，被称为“千里苗疆门户”。2021 年，寨头特色村寨建设被纳入全州“6 个 20 工程”项目之一。为了做活、做亮寨头特色村寨建设，三穗县委县政府从本地经济、旅游、文化等实际发展情况出发，以民族传统文化的保护和传承为着力点，大胆探索创新，凸显寨头村寨文化建设的“生命力”。

寨头，是苗族英雄张秀眉领导的农民起义军与清军浴血奋战的疆场。来这里看千家苗寨，赏身着盛装的苗族姑娘，观芦笙歌舞。往昔的千家吊脚走楼如今是看不见了，呈现在人们眼前的是一幢幢新楼，整齐雅致，格外亮丽的依然是千户苗寨，美丽动人的苗族姑娘随处可见，寨中的笙歌以及山上传来的木叶声，声声入耳，准能让游客陶醉在苗寨之中。“二月二”禳桥笙歌的民族风情节日更是让人心醉神驰，民族风情，栏路牛角美酒，翩翩的舞蹈及美丽的民族服饰让人神思遐飞。

别具一格的“二月二”禳桥节日，每年农历二月初二开始，到初五、初六结束。

芦笙场上，美丽的苗族姑娘和英俊的小伙子在中间吹笙起舞，着身的盛装转动优美的姿势，前来观看游客人山人海，形成了一片芦笙海洋。吹着旋律的曲子，随着曲调，带着笑容，忽而左，忽而右，姑娘们顶头上的银饰吊牌和胸前的那块银牌压领，在阳光下和歌声中耀眼夺目。

这里每年的游客达 10 000 人以上。因为这里是三穗通往凯里州府的大门，来回的车辆川流不息，路过的旅客遇上这种精彩的场景都要一饱眼福。对歌场上，人山人海，歌声悠扬，随地都可以看青年的男女对歌，有时轻轻对唱，有时窃窃私语。

斗牛场上，凶猛的大水牛在激烈的战斗着，时而追赶，时而撞击，时而旋转，让人赞不绝口。这里交通便利，在 320 国道线上，各种车辆均可以开到山寨前。

## 十九、锦屏龙池多彩田园景区

龙池多彩田园景区位于锦屏县南部，规划总面积 57.33 平方千米，涉及敦寨、新化 2 个乡镇 18 个行政村，是在原龙池高效农业示范园区基础上的升级换代版，是“以五大新发展理念”为引领，按照农文旅一体化的发展要求进行规划布局的。

园区依托现代山地农业、农耕文化、木商文化、军屯文化、苗侗民族文化等特点和优势，以产业为基础、以文化为灵魂、以旅游为平台，倾力打造“一心引爆、一谷引领、三带串联、六区支撑”的多彩田园空间布局。

“一心”：即综合服务中心，主要承担综合服务、聚集人气、产品展销、文化展演等功能。

“一谷”：即 U 型农业硅谷，主要承担优质品种试验、种苗繁育和新型经营主体功能培育，因其承载的孵化功能及“U”形区域形状而得名。

“三带”：即敦寨至新化 850 县道沿线多彩产业带、亮江河沿线多彩滨水景观带和三黎高速沿线彩木景观带，主要承担特色聚焦、休闲观光、品牌宣传功能。

“六区”：生态农业区、浆果生产观光区、四季果品区、油茶林综合开发区、蔬菜生产观光区、乡村旅游体验区。

## 二十、锦屏文斗苗寨景区

文斗苗寨景区是一个有着悠久环保历史的苗寨，距今有 600 多年的历史，村内几乎所有老百姓家中都珍藏有清代林业契约，约有 3 万件，是我国乃至世界现今保存较完整、较系统、较集中的林契文书，是我国继故宫博物院的清代文献和安徽“徽州艾书”之后的第三大珍贵历史文献。文斗无山不青，无水不绿，无处不流淌着绿色环保史话。它以其独特的古代少数民族生态环保文化而享誉于世，被法国《欧洲时报》《中国民族报》《中国绿色时报》等媒体誉为“中国苗族环保第一村”。

文斗苗寨由氏族领袖的领导人自行自治。文斗进行自治的重要手段和工具是契约。契约以林业契约为主，又可分为买卖山林田土、租佃山场、借贷钱粮、交换物品、析分家产，除此之外在婚姻交友等活动中也要签订契约文书；村寨的社会秩序，家庭及人们的行为规范也都是通过契约形式来管理和约束的。出名的有乾隆三十八年（1774年）为禁姑舅强制婚姻、籍婚姻索取财等陋俗。乾隆三十八年文斗六房共同订立了禁瘟病猪牛进寨合约。契约在人们的社会生活中占有非常的地位，所以人们对契约无不视为珍宝收藏，几乎家家户户都有。可惜大多数契约在土地改革和“文化大革命”中被烧毁了（有的一家就烧了十多挑），至今保留下来的只有少数。

景区特色看点：

白发银杏“餐厅”：好客的苗家人把游客带到一个奇怪的“餐厅”，那是一株千年古树，被当地人叫作“白发银杏”。树干内有一个大洞，透风透光，可摆放一张桌子，围坐 10 个人饮酒喝茶。当地人谁也不知道什么时候、什么人造就了这个洞天福地。仔细一看，它是自然天成，丝毫没有经过人工雕琢。更奇怪的是，这株古树居然很茂盛地长着，春披绿装，秋结果实。苗寨中的人历年来都在这里以他们较高的礼节招待远方来的贵宾。

永宁庵：原名叫顺宫，位于文斗村下新厝自然村，始建于南宋孝宗年间（1163—1189年），明成八年（1410 年）村民集资重修顺宫并改名为永宁庵，即永吉安宁之意。清乾隆即位（1736 年）永宁庵被列为南安三十七都都宫。“文化大革命”期间，旅居印尼、新加坡、菲律宾、泰国等海外侨亲集资重建，大殿为硬山式石木结构，燕檐翘脊，面阔三门。2006 年又以旅港乡亲为主集资改建大殿，造型改为宫殿式，仍以石木结构，同时在大殿前面增建了拜亭和钟鼓亭。

碑：文斗古寨门旁边的“六禁碑”立于乾隆三十八年仲冬月。在“六禁碑”旁，有一块比“六禁碑”晚立 12 年的环保碑。碑文专门对文斗村寨附近的林木管理做了具体的规定：“此本寨护寨木，蓄禁，不许后代砍伐，存以壮丽山川。”

古契约：明朝永乐初年（1403—1424 年），锦屏的优质杉木被用作“皇木”走出深山，文斗地名“皇木坳”即是当时输送“皇木”的例证。继皇商之后，民商接踵而至，以锦屏为中心的清水江流域地区木材贸易兴起。随之相应产生了大量的山林权属买卖转让和佃山造林及山林管理的契约文书。从目前保留下来的契约文书来看，大致可分成 9 类：山林土地买卖、佃山造林、拆分山林和家产、分配出卖山林银钱、山林管护、山林纠纷调解、乡规民约、讨借书据、山林登记簿。许多契约规定了以林养林、间伐轮种的权责义务。

古树：据统计，文斗村内巨大苍翠的古树有 600 多株，树种有 30 多个，小树更是数不胜数，散落在九冲十一岭。有古树便有人家，有人家必有古树。

## 二十一、锦屏茅坪古镇景区

茅坪古镇景区位于贵州省黔东南州锦屏县，是国家 3A 级旅游景区。锦屏县茅坪古镇是贵州省历史文化名镇，也是中国共产党早期优秀党员、中国工人运动的卓越领导人、上海“龙华二十四烈士”之一龙大道烈士和红六军团十八师师长龙云烈士的故乡。

几百年来，茅坪一直是贵州最大的木材集散地，至今有大量的木商文化遗存，是目前清水江畔依然能见得着历史的古村寨，被誉为“清水江木商文化博物馆”。

茅坪镇有着迷人的自然风光，古朴的人文景观，深厚的文化底蕴；古老的苗侗风情。寨旁上千年的古枫树，寨中尘埃的窨子屋与吊脚楼、青石岩板街、古吊井、古石桥映衬出茅坪镇有近千年的历史。清水江由西向东川流而过、河边天然牧场、黄哨山原始森林、姊妹岩、五龙岭，万亩竹海是旅游和休闲的好地方。

## 二十二、榕江七十二寨斗牛城景区

七十二寨斗牛城旅游景区位于贵州省黔东南州榕江县乐里镇，是国家3A级旅游景区。七十二寨斗牛活动历史源远流长。它带有巫术色彩的娱神型民间活动，有两个典型的支系统，即苗族斗牛和越族斗牛，今天被称为贵州斗牛和金华斗牛。七十二寨斗牛隶属苗族斗牛，被本地人称为“牛打架”。其民俗绵延至今，并日益焕发出其民间性的强大生命力。

七十二寨侗族是从苗族部落长期的生活和劳动中，由于地域的原因分化出来的另一种民族，其生活习惯、民族风俗以及历史文化与苗族基本相似。在远古时代由于战争被迫迁徙，然后在这地方定居。侗族人喂牛，除了耕地，还可以带经济效益，更重要的就是逢年过节斗牛，用以娱乐。

七十二寨侗族斗牛起源于奴隶社会的婚俗。后来逢年过节或农闲之时，人们就牵来水牯牛比武打斗，以示求婚，同时也让大家欣赏、娱乐。于是，斗牛活动便成侗族人家喜闻乐见的传统活动。

七十二寨斗牛文化不仅给侗人民带来娱乐，促进交流，增进友谊与团结，也反映了侗人民勤劳、勇敢、敢于斗争、勇于胜利的民族品格。斗牛文化在黔东南打造原生态民族文化方面占有重要地位，对今后七十二寨的旅游发展和社会进步，以及斗牛文化的保护和传承及发展有着重要的历史作用。

## 二十三、从江七星侗寨旅游景区

从江七星侗寨旅游区是由銮里、银良、平求、高增、岜扒、占里、小黄等7个侗族村寨和园区核心区组成的，总面积25平方千米。七星侗寨旅游区依托当地厚重的民族文化底蕴和特色，按照“一村一品牌，一寨一特色”进行规划布局（即美食侗寨——銮里、斗牛侗寨——银良、水磨侗寨——平求、巧手侗寨——高增、相思侗寨——岜扒、先知侗寨——占里、大歌侗寨——小黄）。侗文化产业园核心区则按照“两轴”“八区”布局，环绕园区河流“清水休闲轴”及园区“产业发展轴”两大轴线，分别建设文化产业展示区、文化产业基地、城市宜居社区、旅游景区集散服务中心、銮里乡村旅游休闲区、山地别墅度假区、回迁安置区和生态恢复区等8大片区。园区项目总投资约20亿元，其中，园区核心区8.5亿元，“七星侗寨”11.5亿元。

主要景点景观如下：

美食侗寨——銮里：该村将规划建设侗族饮食文化体验区，重点扶持和发展一批农家乐、乡村旅馆、特色菜馆、主题餐厅，供游客前来体验特色浓郁的侗族饮食文化，品尝可口鲜美的牛瘪、羊瘪、烧鱼、腌肉、腌鱼等侗家特色菜肴。

斗牛侗寨——银良：银良村有着悠久的民间斗牛文化历史，通过深挖侗族风情斗牛文化，以侗族斗牛为吸引力，在村寨周边规划建设黔东南乃至贵州最具规模、最具特色的“南方斗牛城。

水磨侗寨——平求：平求侗寨以鼓楼、花桥、古榕、小溪构筑了优美迷人的侗寨风情画卷。依托村寨特有的风情和风貌，沿小溪规划建设一批侗族水车、水碾、水磨、水碓，集中打造侗族传统农耕文化体验带，并通过开设“割香禾、舂糯米、蒸糯饭、购香米”等游客互动参与的体验项目，吸引游客驻足体验。

巧手侗寨——高增：高增侗族历来喜好刺绣、根雕，村里能工巧匠众多，是远近闻名的“巧手村”。计划在该村重点规划建设一批旅游工艺品生产加工基地、侗家绣坊、旅游商品销售窗口。

相思侗寨——岜扒：岜扒是个美丽的侗寨，有着浓郁的民族文化风情。侗族吃相思活动，以其规模宏大、特色浓郁而远近闻名。按照侗族吃相思的习俗，策划包装一个以吃相思活动为主题的侗文化旅游品牌，让游客亲身参与到侗族抬官人、行歌坐月、封桌比歌、招龙仪式等民俗活动中，深度体验侗族文化的独特魅力。

农耕侗寨——占里：因神秘的生育文化震惊世界，以鳞次栉比、集中连片的禾晾群和原生和谐的农耕稻作文化名震四方，打造以生育文化、农耕稻作文化、禾晾群景观为主题的侗族村寨，从千百个侗族村寨中脱颖而出，成为全省乃至全国一张响亮的民族文化旅游名片。

大歌侗寨——小黄：小黄侗族大歌享誉全国，作为七星侗寨旅游区的核心和重点，紧紧依托世界非物质文化遗产、天籁之音“小黄侗族大歌”这一世界级的文化品牌，按照 4A 级景区要求，加快完善旅游基础设施建设、提升景区服务质量，深挖侗族大歌文化精髓，将小黄打造为享誉全国的侗文化旅游目的地。

## 二十四、从江四联景区

四联景区位于从江县洛香镇四联村，2020 年入选第二批贵州省乡村旅游重点村。四联村距从江高铁站、厦蓉高速从江东出口 10 分钟左右车程，交通便利，是一个集“听侗族大歌，赏荷塘月色，品侗乡美食，栖侗家阁楼”为一体的乡村旅游景点。这里的民俗民风极具特色，文化传承体系完整，是村寨风貌和文化空间都保存完好的一个侗族传统村落。

四联村村寨坐落在群山环抱之中，村寨后方是一片保护完好的原始次生林，涓涓溪流从村边穿过，吊脚楼依山而建，侗族鼓楼耸立其中。

四联景区侗寨充分利用得天独厚的大自然风光，扩大种植荷花面积，兴起侗乡发展旅游业，走脱贫致富奔小康之路。在每年的 4—8 月，四联荷花盛开时候，荷花与自然风光、吊脚楼、鼓楼、长廊、凉亭形成了一幅美丽独特的山水画卷，迎来了省内外和周边游客前来赏花、拍照、留影纪念。

四联村本着“荷花种植观赏、水面游乐、水中养鱼”的生态发展理念，逐步形成农业观光、娱乐餐饮等一体化为主的种养殖旅游基地。

四联荷花盛开时候，荷花、自然风光、侗家民居、鼓楼、长廊形成了一幅美丽独特的山水画卷，迎来省内外和周边游客前来游玩观赏。

四联自 2016 年开始举办“美丽乡村荷花艺术节”，利用民族民间文化，探索出了一条新的乡村旅游发展模式，侗歌比赛、摄影比赛、钓鱼比赛、抓鱼比赛、篮球邀请赛、民族广场舞比赛等主题活动精彩纷呈，吸引了各地游客纷至沓来，实现了民族民间文化和乡村旅游的互助发展。

## 二十五、从江高华瑶浴谷景区

从江高华瑶浴谷景区位于贵州省从江县翠里瑶族壮族乡东部的高华村，国家 3A 级旅游景区，距乡人民政府驻地 13 千米，是一个纯瑶族村寨。高华村是中国传统村落之一，瑶浴文化圣地，全村以赵姓居多，100 户人家中赵姓有 96 户。高华村山高谷深，层峦叠嶂，古木参天，翠竹掩映，仿佛置身于茫茫林海之中。

当地村民长寿者居多，因为这里是“神秘的瑶族药浴”，有瑶族人民在长期的生产生活中形成的重防病、保健、养生、长寿的世代相传的保健方法。相传，高华村祖先是从海南搬迁来的，最先搬迁到广西融水县洞头乡岑怀村居住几年后，转迁到如今的高华村所在地，至今已有 400 多年的历史。

高华瑶浴谷景区民族文化资源丰富多彩、独具特色，既有深情委婉的瑶族琵琶歌、激越欢腾的瑶族长鼓舞和刚劲雄浑瑶族武术，又有神奇养生的瑶族药浴、古老的瑶族嫁郎习俗和古代契约文书，还有精美的瑶族藤编手工艺和瑶族传统造纸工艺。他们自称“容棉”，意为“瑶人”。因崇拜“盘瓠”，因而被称为“盘瑶”。因经常在山间不断移动，又被称为“过山瑶”。盘瑶妇女因头饰是用杉木皮或薄杉木板衬成角状帽，因而被称为“顶板瑶”“板瑶”。

高华瑶浴谷景区里的村民家家户户都备有高 70 cm、直径 60 cm 左右的大浴桶用于药浴，特别是妇女从怀孕之日起，直至产期每日都要用保胎的 6 种药草熬煮洗药浴，分娩 20 分钟后就可坐入。由 15 种药草配制而成加快子宫收缩的药浴桶洗浴，能加强产妇生殖系统的保健；当新生婴儿呱呱落地后，即用可预防婴儿常见疾病的 4~5 种药草熬煮的药水每天洗浴 1~2 次，直至长大成人；瑶族人过世后，不论长幼，均用一种药草煮水洗浴净身，方可超度亡灵；每当有客人进寨，瑶族都会用油茶和药浴热情款待远方的客人。瑶族药浴被誉为“世界三大沐浴文化之一”，2008 年高华瑶族药浴被列为第二批国家级非物质文化遗产名录，并在凤凰台、旅游卫视、CCTV7 和《中华遗产》《中国民族画报》《中国民族杂志》（英文版、中文版）等媒体和报纸杂志上报道。

# 第四节　北部四县主要景区

北部四县包括黄平县、施秉县、镇远县和岑巩县。

## 一、㵲阳河风景名胜区

1988 年，㵲阳河风景名胜区被国务院公布为国家级风景名胜区。

风景区位于镇远、施秉、黄平 3 县境内，总面积达 400 平方千米，由㵲阳三峡景区、云台山景区、铁溪景区、古城镇远、黄平飞云崖古建筑群组成。

### （一）㵲阳三峡景区

㵲阳三峡主水道长约 35 千米，景区分 2 部分。

1. 上㵲阳河

上㵲阳河东起施秉县城西 9 千米处的观音岩电站，西止黄平县旧州镇的印地坝，水上旅游全程 26 千米。峡谷两岸峰丛嶙峋，飞瀑流泉高挂其间，沿途的天生桥、穿洞相连成串。观音岩水库形成的高峡平湖，水质清澈。主要景点有：观音峡、望夫峡、葫芦峡等峡谷风光和架角山、迎宾鸳鸯、望夫石、仙翁下棋、姊妹峰、骆驼岭、猴王脸、人面狮身、八仙过海、金猴望月、太公钓鱼、象鼻山、水中月亮、倒踢靴、小飞水、两扇门、双飞水等。

2. 下㵲阳河

下㵲阳河在镇远县境内，主要由诸葛峡、龙王峡和西峡组成，景区全长 25 千米，最具特色的景点为孔雀峰、三叠水、水晶镜，而孔雀峰是㵲阳河诸多胜景奇观中的代表和象征。一大一小、一高一低两根石柱挺立于龙王峡下游悬崖峭壁上，石柱根部相连，古称“双石白柱”。此外还有四潮水、禹足印、人面岩、一线天、三剑峰、礁杈岩、鸳鸯湾、孔雀开屏等景点。

### （二）云台山景区

2014 年，云台山景区被增列为中国南方喀斯特世界自然遗产地。

云台山位于施秉县北部，距县城 14 千米，由云台山、外营台、轿顶山及大田堖等群峰组成。主峰团仑岩海拔 1 066 米，突起于群山之间，因山形“四面削成，独出于云霄之半”，山巅如台，加之云雾缭绕，故名云台山。云台山以原始自然生态、天象奇观、奇峰丽水、佛教遗址、道教古刹等自然和人文景观为特色，被称为“植物宝盆、动物宝库”，是贵州东线探险寻幽的旅游宝地。

云台山景区植物茂密，种类繁多，景色优美，有屏扇崖、笔架峰，悬崖绝壁和奇柱怪石，形成了千山万壑的喀斯特景观；山上有徐公庙、白云洞、钟鼓洞、拜经台等古迹。明代隆庆元年（1567 年），云台山上修建了大规模的庙宇，曾是黔东南有名的佛教圣地。现尚存有碑刻、山门、石台、神台、庙墙等遗迹。

景区内的杉木河是㵲阳河的一条支流，因盛产杉木而得名，由黄州河、紫荆河等 10 余条大小山溪汇集而成，流经施秉县境西北部，在离县城 1 千米处汇入㵲阳河。杉木河水流清澈，两岸青山滴翠，环境非常优美。漂流旅游是杉木河最吸引人的项目，游客乘坐小橡皮艇自由自在地漂流，有惊无险，分外惬意，被誉为“矿泉水上的漂流”。河水清澈洁净，含有人体所需的矿物质，可治疗皮肤病。上游的杉木峰适合登高观景，在峰巅，一览云台山群峰峥嵘的壮丽风光。

### （三）铁溪景区

铁溪景区位于镇远城东㵲阳河支流铁溪河上，景区内河水清澈，溶洞成群，植被茂密，峡谷幽深，多奇峰异石。全长 21 千米，是全国农业旅游示范点，清代文学家吴敬梓在其名著《儒林外史》的第四十三回“野牛塘将军大战，歌舞地酋长劫营”里，以生花妙笔描写的铁溪“龙神嫁妹”的故事就发生于此。

### （四）古城镇远

地处贵州东部㵲阳河畔的镇远县城，是一座具有悠久历史的国家级历史文化名城，自秦昭王三十年（公元前 277 年）设县开始，至今已有 2 280 多年的历史，其中 1 300 多年作为府、道、专署所在地。在 2 000 多年的历史长河中，镇远积淀了悠久厚重的历史文化、众多瑰丽的文物古迹。城内㵲阳河自西向东呈“S”形蜿蜒贯通全城，形成了“九山抱一水，一水分两城”、山水城浑然一体、天人合一的独特的太极图古城风貌，被中外游客誉为“东方威尼斯”。

古城镇远主要文物古迹如下：

#### 1. 青龙洞

青龙洞古建筑群位于镇远县城东端，北靠中河山，前临㵲阳河，距县城中心仅 0. 5 千米，是贵州保存完好、规模最大的寺院建筑群落。1988 年，被国务院公布为全国重点文物保护单位。

青龙洞古建筑群始建于明洪武二十一年（1388 年），后经逐代增建遂成现在的规模。现在这片古建筑由青龙洞、中元洞、紫阳洞、万寿宫、香炉岩和祝圣桥等 9 处景观组成，有单体建筑 40 座，占地面积 21 000 平方米，建筑总面积 6 665 平方米。其中青龙洞位于中河山南段。明弘治二年（1489 年），镇远道士李道坚来此修建道观，后陆续增建，形成了以传播道教为主的一组建筑群，现留下来的有山门、正乙宫、吕祖殿、观音殿、斗姥宫、玉皇殿等 7 栋单体建筑。

青龙洞古建筑群依山而立，贴壁凌空，整个建筑群与石崖、洞穴、古木、藤萝融为一体。古代的能工巧匠们根据山形和地势，巧妙地将建筑物修建在山崖上、洞口外。殿阁下部均宽敞宏阔，上层逐渐收小，有的楼台直接伸出山外，下面由十几根巨木撑持，似欲腾空而起。

青龙洞古建筑群集佛教、道教、儒家文化遗址于一山，错杂而不乱，有层次而又各自独立，是将建筑艺术、雕刻艺术与自然风光完美结合的艺术珍品。

#### 2. 镇远城墙

镇远城墙包括府城墙、四官殿和卫城墙，2013 年，被国务院公布为全国重点文物保护单位。

（1）府城墙。

府城墙，始建于明正德年间（1506—1521 年），位于县城北石屏山上。原城墙长 2 030 米，高 5 米、面宽 2.78 米，沿北侧砌成垛口，每个垛口 0.7 米见方，上顶宽 2 米。城墙中段有方形烽火炮台一个，士兵守宿指挥堡一间。府城墙全部为方整青条石砌筑，建有炮台口，城楼。城墙尚存 1 500 米。

（2）四官殿。

四官殿，位于县城北石屏山上，坐北向南，始建于明代，由正殿、钟楼、石拱券城堡组成，占地面积 600 平方米，建筑面积 270 平方米。一层为登山石径通道，二层为正殿，明间供奉战国时期的白起、王翦、廉颇、李牧 4 位将军神像，东稍间供龙虎玄坛赵元帅之神像，西稍间供日、月神像。正殿为重檐歇山式穿斗木结构吊脚楼。

（3）卫城墙。

卫城墙，位于县城㵲阳河南岸。始建于明洪武二十二年（1389 年）。原城墙北沿㵲阳河、南依五老山围成一圈筑成，周长 3 090 米。现存城墙由城墙、西门码头、上北门城门城楼、上北门码头、三堵护城堤和下北门城门城楼组成，城墙总长约 1.5 千米。

#### 3. 镇远“和平村”旧址

镇远“和平村”旧址，位于镇远县城㵲阳镇西门街，占地面积 6 422 平方米。2006 年，被国务院公布为全国重点文物保护单位。

镇远“和平村”原为国民政府贵州省第二模范监狱，1938 年 12 月改为“和平村”。“和平村”是抗日战争时期国民政府军政部第二俘虏收容所的别名。1938 年 12 月迁至贵州镇远，1944 年 11 月迁往重庆巴县，1946 年 4 月撤销。“和平村”在镇远的时间长达 6 年之久，先后关押日军俘虏 600 多人。

镇远“和平村”旧址是全国唯一保存完好的国民政府军政部关押日本战俘的收容所，是日本帝国主义侵略中国的历史见证，它在中国抗日战争史和世界反法西斯战争史上具有十分重要的意义。

### 二、黄平飞云崖古建筑群

2006 年，黄平飞云崖古建筑群被国务院公布为全国重点文物保护单位。

飞云崖古建筑群位于县城东 12 千米的湘黔古驿道旁，因其地有崖，状如飞云，故得名“飞云崖”，又名飞云洞。

飞云崖古建筑始建于明正统八年（1443 年），后经不断增修，逐步完备。它既是寺庙建筑，又带有园林韵味。平面布局可分为东西二院。东院的布置比较灵活，山门及皇经楼均位于纵轴线上。皇经楼之后，一反通常格局，长廊、滴翠亭、圣果亭、碑亭、接引阁等建筑物都依山傍水排在轴线两旁，形成比较开阔的空间，把人们的视线引向飞云崖。西院的布局比较规整，月潭寺及大官厅，均自成格局。

飞云崖至少有 8 个贵州乃至全国之最或在贵州省内具有唯一性的资源。

### （一）省内名人题咏最多的景区

贵州现存的史籍中，数十部史籍都有关于作者游览飞云崖的记载；题咏飞云崖的诗作尤为丰富，仅以贵州现存的诗集、方志统计，就有吟咏此崖的古诗、律诗和绝句近 300 首，明清时期数十名诗人、学者都为飞云崖留有题咏；历代记叙飞云崖的散文亦多。因此，飞云崖具有深厚的文化底蕴。

### （二）月潭公馆——贵州最早的旅游接待宾馆

黄平飞云崖在明正德三年（1508 年）建起了可供食宿的月潭公馆，距今已有 500 多年的历史，是贵州最早的旅游宾馆。

### （三）飞云崖大门牌坊——贵州图案雕塑寓意最多的牌坊

飞云崖大门牌坊上有着众多的图案和雕塑，如双凤朝阳、二龙戏珠、天官赐福、八仙庆寿、松鹤长春等图案和雕塑，象征吉祥、祝福和喜庆。大门牌坊上还有众多寓意深刻的图案。例如，一幅画面的一株枫树上筑有蜂巢，一只猴子欲取下悬挂枝头的官印。蜂、猴与“封侯”同音，寓意“封侯挂印”，祝颂仕途畅达，官运亨通，高晋侯爵，执掌大印。另一画面上有一只喜鹊和一头豹子，取“喜”和“豹”的同音，寓意“喜报频传”。在大门牌坊上还有许多人物故事，内容十分丰富，这在贵州省的风景区中是罕见的。

### （四）养云阁——国内仅此一例的歇山式建筑

养云阁为一幢面阔三间、两面环廊的单檐歇山式建筑。它一反古建筑的常规，屋面、正脊檐下卷板及额枋均呈中高边低的弧形，且正脊只有脊刹而无鸱吻。这种建筑造型，在国内歇山式建筑中仅此一例。

### （五）全国乃至世界最大的湖北栲古树

飞云崖的后山上分布有一种飞云崖喀斯特山地特有的常绿阔叶林——湖北栲林。其中最大的一株湖北栲林就在飞云崖的西院中，其胸径 415 厘米，树龄在 260 年以上，是世界上最大的一株。

### （六）飞云崖是贵州特有植物“贵州槭”的模式标本产地

贵州槭为常绿乔木，仅产于黄平飞云崖。贵州槭的种群数量十分稀少，十分珍贵。

### （七）贵州省风景区中白鹭最多的景区

飞云崖森林茂密，生态环境良好，成为大量白鹭和少量池鹭的栖息地。白鹭的种群数量数以千计，成为飞云崖景区的一大特有景观。

### （八）贵州省内唯一的奇特的喀斯特沉积形态

飞云崖是一个很浅的喀斯特溶洞，该洞洞顶缓缓倾斜，故形成了石钟乳，加之洞中光线充足，四周空气潮湿，沉积物上有藻类生长，藻类具有向光性，因而不少钟乳石均向洞外延伸，形成了奇特的“乱云飞渡”沉积形态。这在全省的溶洞中是罕见的。

## 三、㵲阳湖国家森林公园

2004 年，㵲阳湖国家森林公园被国家林业局公布为国家森林公园。

㵲阳湖国家森林公园位于黄平县境内，东西宽约 3.6 千米，南北长约 14.3 千米，总面积 214.715 平方千米，占林场总面积的 66.7%，森林覆盖率达 51%。

森林公园由横坡森林公园、飞云崖、飞云大峡谷、上㵲阳河峡谷森林、㵲阳湖景区、旧州古镇 6 个景区构成，地跨旧州、新州、上塘、黄飘、苗陇和谷陇 6 个乡镇的部分地域。公园内地貌以低山丘陵为主，地势较平缓，景致繁多，水域、怪石、奇峰、异树、溪流、山花、野草、野果数不胜数，不同区域各有景点、独具特色。

㵲阳湖是㵲阳河源头的第一座水库，原名“两岔河水库”，距县城 30 千米，距旧州古镇约 5 千米，其源头在朱家山自然保护区的原始森林中。湖周森林茂密，湖中有 16 个岛屿和多处半岛，还有长约 5 千米的古峡——乐源峡。峡谷内悬崖绝壁高 100 米，如刀削斧凿，鬼斧神工，仰视苍穹只见一线，幽深静谧；悬壁上怪石嶙峋，似外天飞来，直嵌山腰，欲落不坠；谷水清澈见底，有一仙女浴池，池壁钟乳垂吊，瀑水直泻，山水倒影，扑朔迷离。峡谷内还有一石象，活灵活现，栩栩如生，形如天降。

㵲阳湖国家森林公园是集古镇文化、民居建筑、历史文化和㵲阳湖自然风光为一体的森林公园。

## 四、黄平旧州镇

2007年，黄平旧州镇被建设部、国家文物局公布为中国历史文化名镇；2006年，被国务院公布为全国重点文物保护单位。

旧州古镇位于黄平县西北部，距黄平县城 25 千米，城周峰峦绵亘，东南为丘陵地带，有鼓台、铜钉、铁顶三山挺立其间；西北是贵州东部最大的湖迹平原 20 平方千米的旧州大坝；㵲阳河绕城西，穿坝而过。

旧州历史悠久，西汉时为柯郡治所，唐代为韶明县治，宋代为乐源治。元至元二十八年（1291 年）置黄平府治。明洪武七年（1374 年），置黄平安抚司治，万历二十八年（1600 年）改为黄平州治。清康熙二十六年（1687 年）移州治于兴隆卫（今县城）后，置旧州巡检司治，旧州之名由此始。1914 年改旧州巡检司为黄平分县，1936 年废分县为区。自此，这里一直是旧州区和旧州镇府所在地。

古镇建筑精致典雅，别具特色，现保存较好的古建筑有以下 3 个。

### （一）古镇城垣

旧州古城始建于宋代宝祐六年（1258 年），经历元代后，曾几经毁坏重建。城垣以石为基，以砖为墙，坚固雄伟，工程浩大，筑有东、西、南、北 4 座城门，每座城门上均建有歇山式或悬山式城楼，青方砖垒砌，另设 4 座炮台、5 个出水洞。现残垣面貌尚清晰可见。

### （二）街道宅居

城内古道四通八达，连接主次干道的支街小巷构成层次分明、纵横交错的网络系统。街道两旁房屋，均为高封火墙相隔的容印形建筑，且超出房宅 1 ~ 2 米，墙顶造型以双坡双檐跌落式马头山墙为多，墙外侧显眼处铸凤塑龙。民宅为清一色的砖木结构四合院，飞檐走壁，主要设有天井、卧室、厅堂、粮仓、厨房、水井、晒楼、厕所等，功能齐全，但保存完好的已不多，以卢氏宅第和朱氏民居最为典型。

### （三）宫庙庵阁

旧州曾有“九宫八庙三庵四阁”之说。“九宫”是湘鄂建筑与当地民族民间建筑工艺在特定社会历史条件下相融合的产物，颇具规模和特色，其建筑特点为四周以高封火墙封闭，有牌坊、前门、前厢、前殿、院落或戏台戏楼、正殿、侧殿等。“八庙、三庵、四阁”则为典型的佛教、道教、天主教建筑，造型工艺精湛，宏伟壮观，富丽堂皇。保存较好的有文庙、城隍庙、江西会馆、仁寿宫、长庚阁、天主教堂等。

## 五、岩门长官司城

2013 年，岩门长官司城被国务院公布为全国重点文物保护单位。

岩门长官司城又称岩门土司城，位于黄平县谷陇镇岩门司村，距县城 52 千米，南临清水江，对岸为台江县境。

岩门设司始于明成化六年（1470），清顺治十五年（1658）设长官司，土司何氏，世袭长官。据嘉庆《黄平州志》记载，司址原在清水江南岸，筑有土城。后北迁今址，于乾隆六年（1741）建此石城。新址地势险要，后倚高山，前阻深江，上接重安、凯里、下达沅州、靖州，称清水江上流咽喉，是重要的政治、军事要地，土司城构筑坚固。

城平面若三角形，城垣青石精砌，周长 1 642 米，高 4.5 米、厚 2.67 米，墙顶墁以料石，上下安砌墙垛。设有东、南、西 3 座城门，北面靠山，城墙顺山势延伸而上，于高险处构筑炮台 3 座，城门有楼，炮台有房，靠江还建有水关 2 座。清代岩门司设有土司衙门、岩门汛把总署和黄平卫千总署。咸同苗族农民大起义，曾将此城列为首批攻占的三城之一。

岩门司历经 200 余年，城中大部木构建筑已倾圮。1972 年拆取城石修整河道，毁城墙 180 米，其余 1 462 米保存得比较完好。

## 六、重安水碾群

2013 年，重安水碾群被国务院公布为全国重点文物保护单位。

重安江水碾群位于黄平县重安镇东南 400 米处的重安江江心沙洲上，建于明代。

明永乐四年（1406 年）设重安长官司，弘治元年（1488 年）设重安守御千户所，并屯兵于重安江堡上。大量屯军的涌入，带来中原各地先进的文化和生产方式，他们利用重安江上隆起的沙洲大规模建造水碾，取代土著居民仍用石碓舂米的原始劳作。

重安江水碾群规模宏大，明末为其鼎盛时期，共有 40 余座。水碾群现存碾房 19 座，沿沙洲“一”字顺江排列。雨季，碾房草棚常被洪峰卷走，但沉重的石滚轮和藏于沙洲腹部的水轮却安然无恙。

水碾的原始功能是用于谷物脱壳去麸，随着打米机普及，重安江水碾群的原始功能逐渐减弱，但目前仍有 13 座正常使用，主要用于碾桐子榨油、碾竹材造纸、碾做香的原料粉末等。

重安江水碾保留了古老的历史信息，是重安江上一道亮丽的文化景观。

## 七、岑巩龙鳌河风景名胜区

岑巩龙鳌河风景名胜区位于岑巩县东北的水尾镇、羊桥土家族自治乡辖区内，总面积 38.75 平方千米。

风景区内奇峰、峡谷、田园风光、秀水、瀑布、溶洞等奇异景观，集中在龙鳌河畔。在 15.5 千米的河谷内，有龙鳌飞水、隘门关口、银河飞瀑、万米溶洞、金猴守寨、仙人架桥、圆圆入浴等数百景观。被称为“白龙过江”的“龙鳌飞水”系龙鳌河一绝境。在军屯河与龙鳌河交界之处，有落差 38 米、涌口为 10 米左右的飞水大瀑布。一年景观变化多端，大水时，瀑布直冲龙鳌河对岸或中心，形成一大水潭，若乘舟达飞水门，两耳生风，惊心动魄。在龙鳌河畔的勒城寨，万亩油桐布满山冈和河岸，秋冬一片黄，春夏闪银光，出现罕见的“桐花盛景”奇异景观。

风景区内名胜古迹、人文景观、民族文化资源丰富多彩，有马家寨的陈圆圆墓地、马宝墓地、吴启华墓地，唐代古建筑遗址龙鳌寺，明代建筑遗址龙鳌隘门、吴氏宗祠遗址、茂马悬棺葬等，具有较强的考察价值。

## 八、镇远高过河风景名胜区

镇远高过河风景名胜区位于镇远县羊场镇与尚寨乡的交界处，总面积 34 平方千米，距镇远县城 30 千米，处在镇远至石阡的公路干线上。

高过河风景名胜区地处高原山地，景观类型属亚热带高原河谷景观，由高峡深涧、急流险滩、流泉飞瀑、岩溶穿洞、原始森林、寺庙遗址等45个景点组成，形成了险、峻、奇、幽的景观特色。主要景点有庆云山、千丘田、三跳滩、太平寺遗址、双龙泉、黔东第一松、无底瀑布、黑巷、珍珠崖、金雀湾、洗礼滩、龙门、土家少女、卧牛滩、古耳洞、巨蟒下山、龙王滩、一线天、白龙下潭、双溪汇流、黄金洞、烽火楼、王指峰、将军岩、飞水渡、人面兽像、仙鹤下蛋、狮虎观瀑、狮王面、三仙居、古道石门等。高过河漂流以其惊险刺激的体验而广受欢迎。

## 九、施秉杉木河景区

施秉杉木河景区位于施秉县城西北部，距县城14千米。景区以漂流、避暑度假、探险、科考为主，旅游面积49平方千米。主要景点有久别重逢、通天门、双石并立、刀背石、高滩、犀牛饮水、无路塘、雷公滩、坛子口等。景区河床两岸山峦重叠，奇峰错列，峭壁危岩比比皆是，古藤巨蔓坚忍曲折地攀于绝崖，青松苍郁枝虬刚毅地挺拔于白云端。深壑空谷，朝暮云雾吞吐，峪口崖壁，古木交柯翠竹掩映。其间巧石星落棋步，竞相崛起，苍岩腹封，溪流鸣佩。或有飞涧从崖峰注入石上，曲折回绕飞流下泻，泉水如冰绢玉屑飘�空中，随风散落。

杉木河水深足膝，晶莹碧透，河床多为洁净细沙卵石铺地，流水在洁净的河床上不急不滞，弯直屈伸宛然自若；遇缓坡浅滩处波光粼粼，过山弯崖根处，河水则一平如镜，倒映群峰叠翠。整个环境云飘山际，鱼翔浅底，鹭宿沙洲，奇花异草，鸟涧山谷，蝉鸣林梢，幽而不险，郁而不闭。倘若漫游其间，可观赏到山中的原始森林、奇芳异草、珍禽怪兽以及河里名贵的鳜鱼、油鱼、团鱼、娃娃鱼等动植物。露营时，在深邃神秘的峡谷里搭建帐篷，燃起篝火，相伴以水唱蛙鸣，共邀清风明月，一享大自然宽厚、质朴、醇美的感受。目前，杉木河景区已开发的旅游项目有漂流、峡谷涉水、休闲度假游等；杉木河漂流刺激有趣，有惊无险，老少皆宜；杉木河被中外游客誉称为“矿泉河”。杉木河景区通过了国家质量ISO9001、ISO14001评定，被评为“贵州十大旅游魅力胜地”，荣获第三届博鳌国际旅游论坛授予“国家精品旅游景区”称号。

## 十、黄平野洞河旅游景区

黄平野洞河旅游景区位于贵州黔东南州黄平县城西28千米处，有公路直达，景区以溶洞、漂流、瀑布、山野观光为主。

野洞河发源于瓮安朱家山国家森林公园，全程18千米，河水清澈见底，两岸峰峦叠翠，全流域有上下两座天生桥。上野洞天生桥位于瓮卡西家寨与福泉懂炳交界处，高80多米，洞深100多米，河水穿洞而过，洞中有瀑布、天窗、奇形独特的钟乳石，千丘田渠景观。旁边有一干洞，洞20米，宽10米，与水洞形成孪生洞并连。下野洞天生桥高15米，最矮处2米，洞长100米，洞中钟乳石景观别致。这里是贵州洞中漂流的绝景，游客络绎不绝。

野洞河漂流区位于瑚礁滩至新华村河段，全长 8.5 千米，漂流时间为 3 个小时左右。此段河道宽度为 6~20 米，平均宽度为 11.5 米。漂流途中要穿过一个长 150 米、高 10 米的奇特溶洞（下野洞），洞中钟乳石景观别致，暗瀑丝缕飞扬，极富诗情画意。溶洞最矮处仅为 2 米，狭窄处仅 1 米只能容一艘漂流船通过，洞里平均水深 3 米。《黄平县志》中记载的“乌梅河之下游，从山内穿过，约有里余，中不透光，放木者联三四树成筏，由内行驶”，就是指这一溶洞。洞中富于变化的溶洞景观神秘而幽深，漂流其间可随手触摸几千万年大自然沧桑巨变所形成的钟乳石，时刻感受野洞河的真真切切。此时，游客仿佛感觉到是在地心漫游，妙不可言，一河穿两洞，实为世间罕见。

2005 年野洞河景区被中国旅游协会评定为全国十佳漂流旅游区，2006 年 9 月成功晋级国家 3A 级旅游景区，成为中国第一独具特色的体验性旅游胜地。

## 十一、岑巩黔东南大峡谷景区

东南大峡谷是国家 3A 级旅游景区，位于岑巩县水尾镇和羊桥乡，距岑巩县城 31 千米，铜大高速田坪站出口 7 千米，沪昆高铁铜仁南站 16 千米。整个大峡谷覆盖面积 89.6 平方千米，分为多彩小花滩、惊险大峡谷、山水土家寨烽火隘门关、探秘马家寨、缘聚大树林 5 个功能板块。

黔东南大峡谷景区天生奇秀，蜿蜒的龙鳌河河床深凹，沿河两岸群山耸立、陡峭悬壁，乳石绚丽多姿、悬挂绝壁，绿树翠竹、高山流水、凌空飞瀑、壁间喷泉，比比皆是，景象万千。景区突出的景点有 50 多处，各具特色，素有“绝妙山水，人间天上”之美誉。

山如征战沙场的骁勇战将，水似名胜江南的一代名婉。阳刚需要柔婉的抚慰，柔婉需要阳刚做坚实的依靠。而这最终成就了奇水秀山，重峦叠嶂，洞幽水清，景色奇美的黔东南大峡谷。

## 十二、施秉都市森林康养基地旅游景区

都市森林康养基地旅游景区位于施秉县城关镇大营塆，距施秉县城 11.2 千米，距县火车站 28 千米，离凯里黄平机场 17.4 千米，凯施二级公路、施青二级公路、湘黔公路横贯全境，地理位置优越。

景区范围内，植被丰富，负氧离子含量高，有多种国家级保护动植物，还保存着大量的原生常绿阔叶林。其中有南方红豆杉、银杏等国家一级保护树种，是一个天然大植物园。优越的森林生态环境为各种野生动物生息繁衍创造了得天独厚的条件。

施秉都市森林康养基地是集旅游观光、休闲娱乐、健身康复为一体的养心胜地。景区内分布有水域风光、生物景观、建筑与设施、旅游商品、人文活动、山地体育旅游等。

## 十三、岑巩玉门洞景区

玉门洞景区是国家3A级旅游景区，位于黔东南州岑巩县，规划面积5.45平方千米，以“玉门”洞景观、土家特色民族风情、生态湿地、农耕田园、素质拓展、狩猎体验、生态康养为主。

玉门洞内景观奇特，南北而望，斗折蛇行，明灭可见。钟乳石千姿百态，“壁挂乳石瀑，顶悬玉石灯”，仿佛一幅幅栩栩如生的风景画。

景区结合山地林谷、奇特溶洞、河池溪塘、阡陌田园、民族文化等资源，合理布局山地体育、溶洞观光、生态湿地、农耕田园、素质拓展、生态康养等业态，是集溶洞观光、休闲康养、农耕体验、农业观光为一体的田园综合体和旅游扶贫样板景区。

## 十四、施秉高碑田园旅游景区

高碑田园旅游景区位于贵州省黔东南州施秉县甘溪乡西南面，距乡政府驻地约6千米，距施秉县城约14千米，距镇远古城约25千米。

目前已建成农业观光示范园两个，荷花池景观带1个，观景台、QQ农场、木质栈道、景观绿化、产业路、自行车道、沿湖路、码头、停车场等游乐项目。

景区打造“春赏花、秋摘果”为主要内容的农业观光生态旅游景区，“住农家屋、吃农家饭、干农家活”为主要内容的农家体验游，重点发展餐饮、农业旅游观光、水上运动、游船和农家乐等休闲娱乐活动，致力于打造自然山水风光与农业体验观光相结合，“吃、住、购、听、看、游”六位一体的特色乡村旅游。

## 十五、岑巩木召生态休闲度假旅游区

木召生态休闲度假区位于岑巩县大有镇木召村，周围林木茂盛、珍贵树木繁多。自然生态优美，气候宜人，与良好的自然生态和悠久的夜郎文化千百年来繁衍共生。

沿着青石板步道绵延向上，一路青山绿水伴着鸟语花香。在晨光初照，树木葱茏之际登上山顶，伸手就能触摸到耳畔的风；在晚霞伴随炊烟降落之时，采一抹斜阳，返回林立于山坡上的小木屋中，一幅世外桃源的小庄园景象，心里满是温暖。

景区可以体验“惊险刺激的丛林穿越”、真人CS等活动项目，以及难易程度、刺激强度不等的树上探险活动。

# 第九章　黔南布依族苗族自治州旅游业

## 第一节　黔南布依族苗族自治州概况

### 一、基本情况

黔南布依族苗族自治州是贵州省管辖的3个民族自治州之一，下辖2个县级市、9个县、1个自治县，分别是都匀市、福泉市、独山县、平塘县、荔波县、瓮安县、贵定县、龙里县、惠水县、长顺县、罗甸县和三都水族自治县，州政府驻都匀市。全州总面积26 197平方千米，占全省总面积的14.9%，州府都匀市为“中国优秀旅游城市”“全球绿色城市”。

根据第七次人口普查数据，截至2020年11月1日，黔南布依族苗族自治州常住人口为349.44万人。自治州内居住有汉、布依、苗、水、毛南、瑶等43个民族，少数民族人口占59.05%。

黔南州位于贵州省南部，东经106°12′～108°18′，北纬25°4′～27°29′，东与黔东南苗族侗族自治州接壤，南与广西壮族自治区的百色、河池相连，西邻安顺市和黔西南布依族苗族自治州，北靠遵义市和贵阳市，是贵州省乃至整个西南地区的黄金通道，又称“贵州南大门”。

境内地势由西北向东南倾斜。西北部海拔为1 000～1 500米，东南部海拔为500～800米，全州平均海拔997米。最高点斗篷山，海拔1961米，最低处下大湾河口，海拔242米。

黔南州属亚热带湿润季风气候，年均气温15°C左右，可谓冬无严寒，夏无酷暑。年日照数1 000～1 500小时，日照率26%～30%，年降雨量1 100～1 400毫米，雨量充沛，最多的是6—8月，占全年降雨量的50%左右。优越的自然环境和适宜的气候造就了种类繁多的生物资源。现有野生植物资源1 384种，全州森林覆盖率达到40%，列入国家珍稀保护动物34种，有国家珍稀保护植物23种。

全州有河流111条，总长逾5 000千米。纵横交错的河流以横亘中部的苗岭山脉为分水岭：苗岭以北属长江流域的乌江水系和沅江水系，流域面积7 609平方千米。主要河流有乌江、瓮安河、洛旺河、马尾河、鱼梁江；苗岭以南属珠江流域的红水河水系和都柳江水系，流域面积达18 588平方千米，主要河流有红水河、蒙江、格凸河、霸王河、樽渡河、六硐河、都柳江、樟江、打狗河、方村河等。全州年产水总量327.7亿立方米，径流量760亿立方米（其中地下水补给量约17亿立方米）。

## 二、历史沿革

明代，黔南州分属贵州布政司的军民府、都匀府、平越军民府及广西布政司的河池州及泗城府；清代分属贵阳府、都匀府和平越直隶州；民国时期分属贵州省第一、二、七、八、十一行政督察区。1949 年 12 月，全州解放。1956 年 8 月 8 日，成立黔南布依族苗族自治州，州府设在都匀市。

## 三、交通

如今，黔南州交通有了很大的改观，交通便利。州府都匀市距省会贵阳市 84 千米，距贵阳龙洞堡机场为 1 个小时车程。全州各县（市）、景区、景点之间公路四通八达，兰海高速、沪昆高速、厦蓉高速、银百高速、惠兴高速、道新高速等高速公路贯穿州境，全州高速公路通车里程达 1 101 千米，在省内居前列，实现了县县通高速。贵广高铁（贵阳—广州）、沪昆高铁（上海—昆明）、湘黔铁路、黔桂铁路、株六铁路穿境而过。龙洞堡机场和荔波机场分别在黔南的北部和南部，航空交通便利。境内 3 个（乌江、江界河、红水河）内河航运港口可直通长江、珠江，近达重庆、广西，远达上海、广州。全州已形成集铁路、公路、水运、航空于一体的立体交通体系。

## 四、旅游资源概述

黔南山青峰奇、风光绚丽，名胜古迹众多，民族文化悠久，民俗风情浓郁，旅游资源十分丰富。黔南州的旅游资源主要包括喀斯特景观资源、民族文化旅游资源、地质旅游资源、生物旅游资源。2007 年，荔波作为中国南方喀斯特的一部分列入世界自然遗产名录。

### （一）喀斯特景观资源

黔南州是中国最具代表性的喀斯特地形地貌集中区域，这一区域很多喀斯特景观享誉国内外，集“山、水、林、湖、瀑”为一体，以“雄、奇、险、秀、幽”著称。茂兰喀斯特森林国家级自然保护区和荔波樟江国家级风景名胜区、都匀斗篷山国家级风景名胜区、瓮安江界河国家级风景名胜区、独山紫林山国家森林公园是其中的典型代表。尤其是世界自然遗产地茂兰国家级自然保护区和樟江国家级风景名胜区中的大七孔、小七孔景区，山、水、洞、林、湖、瀑布都有极高的观赏价值和科研价值，享有“地球上喀斯特地区独一无二的绿色宝库”的盛誉。另外还有惠水燕子洞、穿洞瀑布、百鸟河风景区、龙里猴子沟、福泉石林等著名景区。

民族文化旅游资源：黔南居住着布依、苗、汉、水、侗、瑶、回、彝、壮、土家、仡佬等多个民族。各民族用自己的聪明才智在创造美好家园的同时创造了绚丽多姿的民族文化，形成了各具特色的风土人情。积淀着深厚文化底蕴的节日庆典和娱乐活动，美不胜收的民族民间工艺和民居建筑，编织成了一幅幅色彩斑斓的风情画，成为黔南独具特色的旅游资源。早在宋代就作为贡品的苗族蜡染和侗族的侗锦以及苗族侗族的刺绣、具有鲜明特点的民族服饰和首饰等，都具有很高的艺术价值和收藏价值。民族建筑在中国建筑史上占有重要的一席之地。苗、侗、水、瑶、畲等民族的干栏式吊脚楼，土家族的衙院庄园，侗族的鼓楼、花桥都具有鲜明的民族特色和很高的艺术价值。这里有国家非物质文化遗产惠水好花红、枫香印染技艺、平塘打猴鼓舞、水族马尾绣、水族端节、水书习俗、水族剪纸等，还有中国民间文化艺术之乡贵定新铺乡、福泉牛场镇、独山兔场镇、独山本寨乡、独山基长镇。

（二）地质旅游资源

黔南是一个沉积岩的王国，震旦、寒武、奥陶、志留、泥盆、二叠、三叠各时代地层发育完好，化石门类繁多，不少典型剖面是研究沉积岩相不可多得之地。除泥盆系、石炭系有部分碎屑岩（砂页岩）外，均为晚溶碳酸盐岩石，故岩溶特别发育，地貌千姿百态。以地质奇观石、球状硅质岩、岩溶峡谷、瀑布、岩溶生态等地质遗迹为特色的平塘国家地质公园集中了以上地质地貌特征，是黔南地质旅游资源的集中体现。

（三）生物旅游资源

黔南州以山地和丘陵为主，境内植物茂盛，动物繁多，生物旅游资源丰富。全州有万亩以上草场 33 片，森林面积 0.79 平方千米，这些草场和森林是开展草原旅游和森林旅游的良好场所。全州有野生植物 1 700 余种，其中药用植物 1 000 多种，具有旅游商品开发价值的有天麻、杜仲、三七、艾纳香、龙胆草、金银花、刺梨等 58 种。全州还有野生动物 400 多种，其中属国家一、二、三类珍稀动物的有华南虎、云豹、猕猴、麝、大鲵（娃娃鱼）、穿山甲等 30 余种。

## 第二节　中部四市县主要景区

中部四市县包括都匀市、福泉市、独山县和瓮安县。

### 一、都匀斗篷山—剑江风景名胜区

2004 年，该风景区被国务院公布为国家级风景名胜区。

斗篷山—剑江风景名胜区北距省会贵阳市 140 千米，西南距樟江风景名胜区 110 千米，南距广西 120 千米，交通便利。

风景区地处苗岭山脉南侧，平均海拔 938 米，属亚热带湿润气候，由斗篷山景区、剑江景区、螺蛳壳景区、都柳江景观区和凤啭河景区组成，总面积 266.8 平方千米。景区以剑江河为纽带，一头连接距都匀市中心区仅 20 千米、海拔 1 961 米、自然生态良好的斗篷山，一头连接富于山水桥城风光的都匀市。优美原始的自然山水风光与城镇融为一体，构成了人和自然共存、共融共乐的良好区域，是贵州省南线旅游很有发展前景的风景名胜区。

风景区以斗篷山、剑江河、喀斯特溶洞等自然景观和剑江山水桥城风光为主，旅游资源丰富、集中，景观类型多样。这里奇峰异谷、险滩深潭、流泉飞瀑展布其间。自然景点有：绝顶天池、九天落水、犀牛戏瀑、九门迷宫、石滩古林、万亩猎场、五百里观音洞等近 40 个。人文景点有：古堡遗址、明永历皇帝陵、柳天成墓、黔桂古驿道、扶纲墓、陶氏墓群、小冲崖墓、上谷领穴棺葬、张翀摩崖、文峰塔等以及百子桥、遇仙桥等。100 多座集古代桥梁和现代桥梁于一体的山水桥城风光，形成了景区的一大特色。

## 二、瓮安江界河风景名胜区

2009 年，该风景区被国务院公布为国家级风景名胜区。

江界河风景名胜区地处贵州腹地瓮安县境内，总面积 392 平方千米，集观赏性、娱乐性、科教性和革命传统教育于一体。风景区位于两广、湖南公路入川的必由地段，交通方便。

风景区内地貌复杂多样，山地、丘陵、盆地相间分布，江界河贯穿期间。“震天动”是著名景点，江中激浪排空，暗流旋涡盈江，吼声如雷震耳，两岸绝壁，巍峨耸峙，崇山峻岭蜿蜒起伏，景观层次丰富。穿洞河水帘洞是另一著名景点，其瀑布高 6 ~ 8 米，瀑布宽 50 米，景观蔚为壮观，其水帘洞长 50 米，恰似一座天然的隧道式桥梁，自古以来就是商旅交通的重要通道，被列为中国十大水帘洞之一。景区内还有以瀑布、跌水著称的猴跳岩，有喀斯特石林景观——石门坎，有集水、旱溶洞特色为一体的溶洞景观——老鹰洞等自然景观。景区内的朱家山是贵州省保存较好、较大的次生性常绿阔叶林区之一，生态环境优美。这里有国内罕见的特大古树和众多珍稀植物，是进行科学考察、科普文化教育等活动和生态旅游的理想场所。

风景区内著名的人文景观有江界河大桥、“猴场会议”旧址。江界河大桥建于两岸绝壁上，全长 461 米，主孔跨径 330 米，桥距江面 263 米，桥宽 13.4 米，是世界上目前跨径最大的桁式拱桥。1935 年红军长征经过瓮安时，在今天的草塘镇召开了“猴场会议”，这是为召开遵义会议而做的重要的前期工作。

## 三、瓮安朱家山国家森林公园

2004 年，该森林公园被国家林业局公布为国家森林公园。

朱家山国家森林公园位于贵州中部乌江畔的瓮安县境内，由朱家山、映山红、塔坡、西坡、江界河 5 大景区组成，总面积 48.882 平方千米，森林覆盖率为 92.1%。各景区内森林风景资源独特多样，完好地保存着地球同纬度上独有的常绿阔叶原始森林，包含喀斯特地貌所特有的溶洞群落，拥有惊、险、雄、奇的乌江峡谷风光和举世闻名的江界河桁式组合大桥。

## 四、独山紫林山国家森林公园

2004 年，该森林公园被国家林业局公布为国家森林公园。

紫林山国家森林公园位于贵州高原苗岭以南向广西丘陵过渡的斜坡地带，坐落于独山县东北，距黔南州府都匀 48 千米，省城贵阳市 128 千米。公园总面积 35.29 平方千米，森林覆盖率 92.57%，由紫林山、深沟、翠泉 3 个景区构成，有翻天印、将军石、观音石、观音瀑布等代表性景点。公园内设有网球场、游泳池及各种游乐设施，是贵州省内旅游服务接待设施最完善的国家森林公园。

## 五、都匀青云湖国家森林公园

2005 年，该森林公园被国家林业局公布为国家森林公园。

青云湖国家森林公园位于都匀市内，是一个集森林景观、水体景观和民族风情等景观资源于一体的城市后花园，由青云湖、石门湖、螺丝壳高山草甸 3 大景区组成，总面积 29.8 平方千米，森林覆盖率 90.7%。公园内天然次生林面积大，物种多样，常绿阔叶林绿染峰岭沟谷，珍稀植物、古木名树点缀其间，山花野卉争奇斗艳，秋叶烟霞如诗如画，隆冬玉树琼枝晶莹剔透。

## 六、福泉洒金谷风景名胜区

风景区内的福泉古城垣，2006 年被国务院公布为全国重点文物保护单位。

洒金谷风景名胜区位于清水江源头地带的福泉市境内。北起福泉古城，南至马场坪湘黔铁路旁，东至叠翠山，西达仙影岩，南北长 10 千米，东西宽 2 ~ 4 千米，面积约 30 平方千米。

风景区内有深近百米的喀斯特裂谷，有险峻的悬壁栈道；有著名的古城、古桥和古驿道；有幽深的洒金谷古巷、暗河；还有许多关于张三丰的传说。这里的景色可用奇、险、古、幽 4 字来概括。

福泉古城垣是景区一处独具特色的人文景观，是研究贵州古代政治、军事的一个场所。古城垣始建于明洪武十四年（1381 年），初为土城，建文三年（1401 年）改为石城，全长 4.7 千米。成化年间（1465—1487 年），指挥张能在西门外建水城，引河水入城内，并辟小西门与之相连，以解决城内人畜饮水。万历三十一年（1603 年），水城外又增筑外城，将河围于城内，人称小西门水城。至此，福泉古城，崇宏雄丽，“论贵东城郭因，不能不以平越（今福泉）为冠也”。小西门水城由内城、水城和外城三道城墙构成。内城蜿蜒于山腰；水城筑于山麓沙河畔；外城横卧于沙河之上，用两座石拱桥相接，围河于城内，又称桥上城。桥下皆设铁栏闸门，切断水上通道，以防外盗由水道袭城，这是该城的最大特点，具有很高的历史价值和科研价值。水城和外城依坡而筑，巍然耸立，并有上百级石阶可登城头，内外三道城墙层层相连，上下贯通，气势雄伟壮观，被誉为“贵州的八达岭”。加之水城相依，城因水而多姿，水因城而成趣，有较高的观赏价值。

### 七、葛镜桥

2006 年，葛镜桥被国务院公布为全国重点文物保护单位。

葛镜桥位于福泉市城东南 2.5 千米处，桥长 52 米，宽 5.5 米，高 30 米，横跨在麻哈江两岸绝壁之上。桥在绝壁之上起拱，借江心一礁石下脚，设计绝妙，用料考究工艺精湛，历经 400 多年，坚固如初。著名桥梁专家茅以升在其主编的《中国桥梁技术史》中评价其为“工程艰巨，雄伟壮观，为西南桥梁之冠”。

葛镜桥又称“豆腐桥”，一说是因为造桥所用石料“方不足尺，形如豆腐”而得名。但还有另外一种说法，相传麻哈江为明代京滇古驿道必经之地，两岸绝壁千尺，江水汹涌，每当春夏便洪水暴涨，给过往行人带来诸多不便。明万历年间，黔人葛镜以积善为怀，决心造桥便民，以利往来。起初葛镜两次建桥失败。仙人张三丰外出云游到此处得知葛镜两次造桥未成，于是托梦给葛镜，说要在江岸石壁上写有“砥柱”二字的地方下脚，并要在鸡叫之前，让福泉城每户人家磨一箱豆腐搬到麻哈江边，桥才能建成。葛镜顿时领悟。最终张三丰利用法术将豆腐点化成石料，帮助葛镜在洪水到来之前成功建桥。为此葛镜桥又称“豆腐桥”。

葛镜桥的桥下，一蓬古藤飘然垂下，犹如一张硕大的垂帘，呈半月形直落水面。江面，江水汹涌，波光涟涟。古桥、古藤与流水相映生辉，形成一道美丽的风景线；桥上，两端石块铺成的古驿道直冲云霄。桥面中间有一行光亮的石块，两侧的石缝长满短草。桥栏则杂草掩映，古藤缠绕。这一切宛如一幅天然的古画。

## 第三节　南部四县主要景区

南部四县包括三都县、荔波县、平塘县和罗甸县。

### 一、荔波樟江风景名胜区

1994 年，该风景区被国务院公布为国家级风景名胜区；2015 年，被评定为 5A 级旅游景区。

樟江风景名胜区位于荔波县南部，景区总面积约 118.8 平方千米，核心区面积为 34.8 平方千米，由小七孔景区、大七孔景区、水春河景区和樟江风光带组成，具有代表性的景源有 48 处，其中特级景源 4 处、一级景源 6 处、二级景源 10 处、三级景源 16

处、四级景源 12 处。景区以典型、丰富、集中的喀斯特原始森林为基础，以千姿百态、独具特色的地貌景观，神奇茂密的原生植被，珍稀罕见的生物群种，绮丽多姿的真山真水为特色，以田园风光和底蕴浓厚的少数民族风情为补充，特色鲜明，神秘奇特。

风景名胜区以喀斯特地貌和樟江水系的水景、浩瀚苍茫的森林为主体。其水，有形态各异、气象万千的瀑布群，有翠绿的湖泊，有湍流翻飞的急滩、长浪，有涓涓如练的小溪，整个水景呈现出动静相间、刚柔并济的特色。其林，以原始性强、集中连片的喀斯特森林为主，有漏斗森林、洼地森林、盆地森林和举世罕见的喀斯特水上森林。随着季节的变换和晨、昏、晴、雨、雾、雪的不同气候，呈现出色彩绚丽、动人心魄的景象。整个樟江风景名胜区，集瀑布、激流、暗河、湖泊、峡谷、溶洞、森林为一体，兼容奇、幽、险、峻、雄、秀。

### （一）小七孔景区

小七孔景区位于荔波县城西南 30 千米的嵯峨群山中，全长 12 千米。景区融山、水、林、洞、湖为一体，天然巧成，以精巧、秀美、古朴、幽静著称。

景区主要由以下景点组成：

#### 1. 小七孔桥

小七孔桥横跨响水河，由条石砌成，桥高 5.5 米，长 40 米，宽 2.5 米，建于清道光十五年（1835 年），是清代和民国时期荔波通往广西南丹的交通要道。从古桥上俯视水面，碧水清澈见底，犹如照镜；仰视则古树遮天，一片片绿叶重重叠叠、果串垂挂，伸手可摘。两岸碧树繁花、浓郁如盖，古树成荫，清幽雅致，藤葛交织桥边，枝叶交融覆盖桥上。桥畔原有一块“万古兴桥”碑，刻有“群山岩浪千千岁，响水河桥万万年”之句。

距响水河不远的孟塘河上横跨着一座七孔拱桥，桥下拱洞宽敞，农用木船可从孔下驶过，被称为“大七孔桥”。在大七孔桥的映衬下，响水河上的七孔拱桥显得秀丽玲珑，因此被称为“小七孔桥”。大、小七孔桥成为荔波县的一对风景姊妹桥。

#### 2. 涵碧潭

响水河与樟江河交汇前，一坝堵水汇成涵碧潭，又名七孔塘，是典型的喀斯特景观。小七孔桥横跨潭腰，如玉带缠身，潭尾浪花飞溅，潭边古木森森，从两边向中伸展迎合，水潭中的小岛上，吊竹丛生，苇草如蓬，绿树成荫。清澈如镜的潭水把群山、古树、桥景、绿荫一并映入水中，倒影粼粼，波光烁烁，山水潭景，分外迷人。潭脚坝下的滚水帘瀑与平静如壁的江水交相辉映，又呈天然美景。樟江水清，响水更洁，大雨过后樟江水浊，响水河依然清澈如常，汇合处依旧泾渭分明，这也是喀斯特森林的特殊水文效应形成的奇观。

#### 3. 响水河谷

小七孔风景区内的喀斯特暗河明流，河床为层层岩石叠积，沿山脚公路溯流而上约 20 米，响水河便出现层层叠叠的落差，这段河床全长 1.6 千米，落差就达 110 米，因而跌水瀑布多达 68 级。水声隆隆，波浪滔滔，数里之外可闻水声，故有响水河之名。河谷两岸群峰耸峙、谷底河水奔流，四周古树参天，浓荫蔽日，绿色罩地。在这高山深谷间，流水飞溅，涌泉奔腾，与伏流暗河汇到一起，构成层层叠叠的大小跌水和瀑布、险滩深潭。多级的跌水形成奇特的动态水景。

4. 龟背山原始森林

响水河伏流出口洞就在龟背山脚下，龟背山原始森林是典型的喀斯特森林奇观的缩景。森林密藏、古树参天，林中珍稀树种、奇花异草遍布，如翅荚木、龟背竹、虾脊兰、腺叶山矾等盘结丛生，还有苔藓争艳，一片碧绿。

5. 水上森林

在响水河的一段喀斯特洼地森林的河床中，生长着许多河滩冬青树，树根就扎在河床的岩石缝中生长，不少树根被激流冲刷，裸露水面，奇形怪状。其生态之奇特绝无仅有，其风景之优美令人称绝。在水上森林游览可看到林水交融，互为依存的奇景，让游客真切感受在激流中攀越树枝、涉水河床、跨越跳磴的情趣。这里的喀斯特洼地森林，溪水潺潺，终年不涸。瑶族人从这里引清泉经 4 千米路程到瑶山乡供人畜饮用，因此，这里的水源被人们称做“瑶池”。瑶池四周青峰环绕，林中流水淙淙，如人间仙境。

6. 鸳鸯湖

在卧龙村西南部，有两个水面相连的喀斯特盲谷湖，像镶嵌在喀斯特森林中的一对硕大光亮的碧玉，其中一颗布依语称叫“王盘”，一颗叫“王玛”，现称鸳鸯湖。命名的依据是其两湖并连相依，如同鸳鸯双栖。

鸳鸯湖水面积约 0.2 平方千米，水深处达 30 米，水色碧绿，明洁如镜。湖周围土岸、石岸相间，岸高处达七八米，低处仅一二米，还有几处坡岸长满灌木水草，一直浸入湖中。泛舟湖上，只见岸边古树参天，老干虬枝与攀附其上的藤萝、苔藓，一起低垂湖面。阳光透过林荫，树影波光交织，山风拂来，林啸声、水流声、鸟鸣声悦耳旷心，令人陶醉。最迷人的是湖西南区，几个岛屿之间，巷岔交织，迂回开合，宽窄交错；狭窄处如水上林荫巷道，宽阔处如水上森林天窗，交错处如湖里迷宫，野趣无穷，被称为“喀斯特森林的绝景”。

### （二）大七孔景区

大七孔景区气势恢宏，雄浑险峻，主要有以下景点：

1. 大七孔桥

大七孔桥横跨于孟塘河（又名打命河）上，是一座七孔、大型石桥，因有七孔俗名大七孔桥。桥高 7 米，宽 4.5 米，长 35 米，修建于清道光二十七年（1847 年），落成于清道光三十年（1850 年），为当地绅民捐建，所以又称“万善桥”。后因桥被洪水冲毁一孔，交通中断，清光绪三年（1877 年），重新修复改名为双溪桥。大七孔桥是新中国成立前荔波县境内第一大石拱桥，是近代通往广西南丹的重要桥梁，也是旅游区的特色桥梁和景物之一，桥畔有《双溪桥序》石碑。

2. 天生桥

方村河伏流出露不远，有一座横跨河两岸的天然巨岩，俗称天生桥，又谓仙人桥，高 60 米，厚 10 米，桥孔宽 20 多米，河水过桥后，还形成了 2 米多高的宽大瀑布。

仰观桥孔，只见巨型钟乳悬挂，桥脚、桥侧的裂隙石缝长出绿色灌木，藤萝花卉缠裹桥身，形成五颜六色的自然大彩桥。桥下瀑前水激浪涌，小船不能靠近，必须停船，把船扛在肩上攀登危岩，越过瀑布，又才放船逆流行舟在暗河峡谷之中。此景惊险，别具一番风险乐趣。有诗赞道："蛟龙腾云下人间，心随白浪舞翩翩。五岳苏杭不堪恋，天生桥下做神仙。"

3. 地峨峡

这是方村河进入暗河河道前的一段明流，是一处宽 50 米、高 100 多米的深幽河谷。两岸悬崖峭壁上生长着各种奇树异草，涨水期河流汹涌澎湃，枯水时潺潺细流；人沿峡谷行，有惊无险。因为峭壁上可进入暗河的小径旁有密密的小树挡着，行人不必担心掉下河去，步入此景，情趣无穷。

4. 地峨宫

宫中神秘莫测，上有天窗，仰望可见日光晕目。侧有裂隙通外，观之又如一弯孤月，星星相伴。湖中有沙滩，滩上有棵大树直立，如定海神针。湖边暗河出水处形成 20 米高的大瀑布。

### （三）水春河景区

素以秀丽著称的樟江，是珠江上游源头河流之一。从荔波县城一侧的时来大坝顶端入口，上溯至布依族古寨——水春的 6 千米河段，被称为水春河，是樟江风光最为秀丽的一段。

水春河的段首至段尾，落差 100 余米。清澈犹如碧玉的江水，沿着弯弯曲曲的河床流淌，时而柔若轻纱，静若平潭，时而奔如射箭，时而跌宕如瀑，其变化多端，即使在山区河流中亦属鲜见。更为增色的是，此河两岸峭峰秀挺，纤巧玲珑。岸间多古树，杉、松、樟密布不绝，倒影重重，使江水更为深绿。林间杂花四季纷呈，各种鸟类活跃其间。河中段有一龙王洞，陡壁傲立，别具雄姿。

水春河两岸绝壁夹峙，怪石突兀。岩壁上天然形成的奔马和绿毛龟，像凝固的浮雕。乘一叶轻舟顺流而下，但觉云在水底飘，人在画中游。这里的水春河漂流被称为"黔桂第一漂"，吸引了大量的中外游客。

景区内的水扒水族村、水春布依村亦成为人文景点。水家村寨民风古朴，民间艺术文化独具特色，民歌意深情长，酒文化、鱼文化、木雕石刻别有风采。水春布依村是水春河十里峡谷唯一的布依村寨，杆栏式房屋建筑，自然条件良好，俨然是一个自给自足的“小桃花源”。

## 二、茂兰喀斯特森林自然保护区

1988 年，保护区被国务院公布为国家级自然保护区；1996 年，被列入世界“人与生物圈保护区网”，成为世界级自然保护区。

茂兰喀斯特森林自然保护区位于荔波县的东南部，分布于荔波县的洞塘、永康、立化、翁昂 4 个乡的 13 个村的范围内，面积 211 平方千米。保护区正处在云贵高原向广西丘陵盆地过渡的斜坡地带，东南面与广西的环江县毗邻。

茂兰喀斯特森林是世界上同纬度地区仅存下来绝无仅有的成片集中、原生性较强、相对稳定的喀斯特森林生态系统，是我国和世界上珍贵的喀斯特森林资源。保护区主要植被为常绿、落叶阔叶混交林，森林覆盖率达 92%。

茂兰喀斯特不仅地貌奇特，而且处在中亚热带向南亚热带的过渡地带，加之局部地貌变化小，小环境类型复杂，形成森林植物群落物种组成的复杂性和生态环境的多样性，从中亚热带植物到南亚热带植物都有分布，同时还发现了 34 个植物新种和新变型。这在世界喀斯特地区都是罕见的，堪称喀斯特的“绿色宝石”，是植物学、生态学、林学难得的天然实验室和宝贵的基因库，具有重要的科研和保护价值。

保护区内各种喀斯特地貌形态和碧绿的森林融为一体，“下有石林，上有森林”，别具一格。在绵延起伏的喀斯特峰丛峰林之上，林海浩瀚，古木参天，遮天蔽日。奇峰怪石，千姿百态，到处山清水秀，流水潺潺，鸟语花香，生机盎然，展现出一派景色秀丽的喀斯特自然风光。

我国是世界上喀斯特山地分布最广的国家，而且大部分分布在我国热带和亚热带地区，受东南海洋季风的影响，气候虽然优越，但由于喀斯特基岩裸露，土壤稀少，生境十分严酷，森林相当脆弱。许多地区几经破坏之后，至今已演变为荒山石漠，而茂兰喀斯特由于亚热带原生森林的大面积覆盖，却形成了独特的水文地质特点，具体表现在森林滞留水与喀斯特水所形成的水文地质二元结构，极大地改善了地下水及地表水的循环交替条件，明显地显示出喀斯特森林的水文效应，一反常态地改变了喀斯特干旱缺水的面貌，提高了水土保护能力，从而有效地阻止了喀斯特旱涝交加的频繁灾害。

## 三、平塘风景名胜区

2009 年，风景区被国务院公布为国家级风景名胜区。其中，平塘掌布“藏字石”景区，同年评定为 4A 级旅游景区。

平塘风景名胜区位于平塘县境内，总面积 174.2 平方千米。风景区冬无严寒，夏无酷暑，年平均气温 17°C。

风景区以河流、森林组成，原生态极强，融山、水、洞、林、竹、瀑、石为一体，具有很高的观赏价值和科学考察价值。风景区总体上分为平舟、龙塘、甲茶、西凉大 4 片，共 58 个景物景观。4 大片区景物景观各具特色：平舟片区以世外桃源般的村寨田园和河谷风光为主；龙塘片区是山、水、峡谷、洞、林、湖、瀑集于一身融为一体；甲茶片区以瀑布、竹林和亚热带南国风光为主要特色；西凉片区（拉安峡谷）的特点则是以滩多湍急的峡谷和保持完美的原始森林为主。其中在掌布乡，一块巨石从山上滚落到峡谷底部时摔裂成两半，在摔裂的石壁上竟然出现由珊瑚、海绵化石组成的“中国共产党”5 个清晰可辨的大字，可谓地质奇观，人们将其称为“藏字石”，成为景区的核心景点。

风景区多在布依族聚居区，民俗民情，充满着古朴、神秘独特的情调，沿河仍有转动的大水车，仍在使用的石碾、石磨、石碓，以及延续千年以上的古老的手工造纸作坊，还有能歌善舞、好酒宴客的村民。

## 四、三都尧人山国家森林公园

2001 年，该森林公园被国家林业局公布为国家森林公园。

尧人山国家森林公园位于三都水族自治县城东南约 10 千米处。公园内峰岭连绵，幽谷叠翠，山高谷深，悬崖处处，瀑布众多，原始森林浩瀚无垠，植物种群极为丰富，仅木本植物多达 430 余种，其中银杏、鹅掌楸、福建柏、南方红豆杉、香樟、楠木等林木是国家一、二级保护植物；还有木莲、黄檀、丝栗、木荷等贵重的用材树种。高质量、高品位的生态环境，将大自然的神奇、古、野、幽在有限的时空，向游客充分展示自己不可替代的鲜明特色。

森林公园附近的产蛋崖、风流草、斗鱼等地文等生物奇观为公园增添了神秘色彩。独特的水族风情、多彩的神话传说更使公园“景”上添花，引人入胜。

## 五、怎雷村

2010 年，怎雷村被国家建设部和文物局公布为中国历史文化名村。

怎雷村位于三都水族自治县都江镇，距三都县城 41 千米，与都江古城垣排常隔河相望。

“怎雷”是水语，意思是一个高山脚下的寨子。顾名思义，怎雷村村域地貌山高坡陡，坡峰高耸入云，河沟深割削壁，坡与坡之间形成“V”形状，故有“隔山喊能听，走要一早晨”之喻。这里属于苗岭山脉，山体破碎崎岖，怎雷寨前寨后不远处都是陡峭的山崖，而怎雷所在之地是一个大大的缓坡，这个大缓坡被两个村寨、连片的梯田和树木占据着。高处的叫怎雷上寨，住的是水族，低处的叫怎雷下寨，住的是苗族，层层梯田将两个寨子分隔开来。

怎雷上寨是个有着 200 多年历史的老寨。地道的民居、饮食，特有的节庆活动，神秘的水书“鬼师”，还有服饰、歌舞、工艺、婚姻、丧葬、礼仪等，怎雷上寨几乎集中了水族所有的文化元素。值得一提的是，怎雷上寨民居多为抬梁式建筑，即先用木柱和木枋搭成架子并铺上木板建成一个平台，再在平台上用木柱和木枋搭成上一层，上下两层的立柱各自独立。抬梁式建筑在贵州本就非常少见，怎雷上寨现存 5 栋百年以上的抬梁式老屋，更是珍贵。

## 六、三都都柳江风景名胜区

三都都柳江风景名胜区位于三都县东北部，距都匀市 87 千米。风景区总面积约 127 平方千米，最佳游程约 40 千米，是集文化、观光、旅游、探险、科考、休闲、漂流为一体的综合型风景区。

都柳江为榕江县城内的第一大河流，发源于黔南州独山县，流经榕江县的兴华、定威、八开、都江、古州、都什、八吉入从江县，境内全长 77.3 千米，自然落差 84.5 米，集雨面积 6 700 平方千米（县境内集雨面积 1 050 平方千米），多年平均流量 145 立方米/秒，历为黔桂两省水上交通的枢纽。昔日都柳江航道百舸争流，古州码头日均停泊船只 300 余艘。

都柳江属珠江流域西江水系，山岭对峙，水流湍急，河槽随山势曲折，深藏于高山之中。其间溪流瀑布、峡谷沙滩兼容，峰峦绵延、梯田层层、林海苍茫、云雾环绕，鸟语花香，自然风光秀美。两岸分布着星星点点的苗族、水族村寨，民族风情浓郁。

## 七、姑鲁寨产蛋崖景区

景区距三都县城 7 千米，景区内原生态水寨依山而居，屋舍俨然，“人楼居，梯而上”，古越人卯榫“干栏”式建筑，再现百年民居古朴庄重；写水书、说水语、着水衣、唱水歌、跳水舞传承着淳厚之水族风习；地质奇观“产蛋崖”与民俗风情相得益彰，冰冷的石壁每隔 30 年就会自动掉落出一些与恐龙蛋相似的“石蛋”，尽显民族生态旅游的奇异风采。2010 年被评为国家 AAA 级旅游景区。

## 八、罗甸大小井风景名胜区

罗甸大小井风景名胜区位于罗甸县东北部的董当乡境内，距罗甸县城 23 千米，总面积 38.3 平方千米。风景区主要由溶洞群组成，响水洞、狮子洞、月亮洞等近百个大大小小、典型的虹吸管状洞穴相连，融山、水、洞为一体，形成了山中有洞，洞中有伏流、瀑布的奇特景观。溶洞大厅，千姿百态的钟乳石、石笋等，构成了一座雄伟壮丽的地下宫殿。

## 九、平塘天眼景区

景区位于平塘县西南部，距县城 50 千米，拥有世界上最大的、500 米口径球面射电望远镜，是中科院国家天文台与贵州省共建国家重大科技项目。500 米口径球面射电望远镜。台址相当于 30 个标准足球场面积，是人类直接观测遥远星系的行星、寻找类似太阳系或地球的宇宙环境，以及潜在智慧生命的重要设施，在航天工程及其他领域具有广泛用途。

大射电望远镜镶嵌在喀斯特锥峰之间，其宏大的球面造型，与峰峦叠嶂的喀斯特峰丛洼地及峰丛漏斗互为映衬，营造出一幅当代科技与地质文化融为一体的稀世胜景，成为全球独一无二的旅游景观。

景区配套打造了平塘天文科学文化园，建设有游涡星系广场、中轴迎宾广场、FAST 访客服务中心、天文体验园、暗夜观星园、天文教育园、天文时光村、平塘星酒店综合体、星辰主题酒店、天文风情客栈、光影天街、万国风情美食街、星空旅游乐场、欢乐葡萄园、科旅度假园等项目，集科普参观、度假休闲、文化体验为一体。

## 第四节　环贵阳四县主要景区

环贵阳四县包括龙里县、贵定县、惠水县和长顺县。

### 一、龙里龙架山国家森林公园

2006 年，龙里龙架山国家森林公园被国家林业局公布为国家森林公园。

龙架山国家森林公园位于龙里县城郊，距离龙里县城 1.5 千米，总面积 60.79 平方千米。公园内延绵起伏的山脉好似群龙飞舞，因此得名龙架山。园区内从省内外引种定植各类植物 500 多种，其中有国家一级保护植物银杉、珙桐、梵净山冷杉、银杏和水杉等 35 种；国家二级保护植物秃杉、福建柏等 71 种，定植的珍稀植物达 8 万多株，众多的珍稀植物形成了大面积的珍稀植物园。这里是国家林业局批准建立的贵州高原濒危植物繁育中心。园内设有溜索、卡丁车场、碰碰车场、滑草场、草地自行车场以及有温室盆景园，还有各种旅游接待设施如餐饮、住宿、旅游观光车等，是贵州省内设施最完善的国家森林公园之一，被誉为省会贵阳近郊生态旅游明珠。

### 二、龙里猴子沟风景名胜区

龙里猴子沟风景名胜区位于龙里县城南 13 千米，距贵阳市 30 余千米，集高山草原、峡谷、民族文化、古洞棺葬为一体。由于特殊的地理环境，风景区有多种生态类型（峡谷森林生态系统、高山草甸生态系统、高山草甸湿地生态系统、高山强风生态系统等），是科学考察、生态旅游、教育学习的好场所。

龙里草原总面积 60 平方千米，由五里坪、亮山坪等 10 多个大小草坪组成，其中千亩以上草坪 9 个，最大的亮山坪面积 8 平方千米，五里坪 4.667 平方千米，草原地势平坦，天际线分明，为云贵高原第二平台，海拔高度 1 500 ~ 1 700 米。草原除万亩草场外，均为原始草植被，还生长着数百亩成片的白杜鹃、大白杜鹃，数量最多、花期最长的要数野牡丹科的朝天罐，花期从 6—11 月，历时近半年之久，在草原的马郎坪上，可朝观云海、日出，还可以看到稀罕的佛光。天气晴朗的晚上，可在白泉山顶遥看贵阳灯火。草原上建有玛格诺吉草原度假村草原城、鹿园度假村，开辟有骑马、射箭、烤全羊等民族风情娱乐项目。

草原周边居住着万余苗族同胞，有浓郁的民族风情。炸哨的哨口，古营盘下的古战场。在草原上的岳家寨，还居住着部分被称为民族英雄后裔的岳姓汉族，其家谱可追溯到岳飞祖父。其服饰、习俗还保留有部分宋代遗风，至今还保存有两座武略将军墓。

草坪之间的大峡谷就是猴子沟峡谷，因野生猕猴多而得名。该景区面积约 36 平方千米，分为国翁、宝合冲、纸厂、鬼洞谷几条峡谷。峡谷内生着 10 多种竹子，当地人祖祖辈辈利用竹资源，采用传统的造纸方法手工操作造纸赖以生存。在峡谷内还生长着几百亩方竹与少量实心竹。峡谷内 500 余种木本植物除部分原生林外，多为次生森林，覆盖率为 100%。大面积的森林覆盖，使峡谷内水资源丰富，经省环保监测中心测试为优质天然饮用水。峡谷除奇山秀水、绿树翠竹外，还有四季交替盛开的野花，能治百病的药草以及猕猴、苏门羚等几十种野生动物。整个风景名胜区除草原和峡谷外，还有飞龙洞、冠山、果里洞棺葬、莲花洞等几个独立景点。

### 三、长顺杜鹃湖—白云山风景名胜区

长顺杜鹃湖—白云山风景名胜区位于长顺县城西北 18 千米，距省会贵阳市 87 千米，风景区总面积 148 平方千米，主要由杜鹃湖景区、白云山景区组成。

#### （一）杜鹃湖景区

杜鹃湖湖长 7 千米，湖面 88 万平方米，最宽处 1 千米，港汊深幽。杜鹃湖为高山湖泊，湖周群山环绕，远山连绵起伏，近山倒映水中，山顶云烟雾绕，山下微波拂岸，水天一色，山水一体。整个杜鹃湖森林覆盖近 90%，山岭上密布丛生，杨梅、毛栗、猕猴桃满山皆是。每年春季 2—5 月，杜鹃花漫山红遍，荡舟湖上，花影婆娑，清风徐徐，令人神往。5—7 月又是杨梅收获的时候。7—9 月，满山的野茅栗，种类繁多的各种香菌，一派金秋硕果。不管什么季节来到杜鹃湖垂钓、采野果，凭吊先人遗址，或度假休闲，总给人一种心旷神怡的野趣。

#### （二）白云山景区

白云山是黔中腹地佛教圣地，为贵州佛教发源地，贵州四大佛教名山之一，又以明建文皇帝此山落发为僧的传奇故事，给人以发思古之幽情。因此今天的白云山依然留有宗教文化与宫廷文化神韵组合的痕迹，这在国内较罕见。景观有山门遗址、白云

寺前殿遗址、白云寺等。

风景名胜区除杜鹃湖和白云山外，还有火连靥、狸凤塘瀑布群、青龙山、麻洞葬、下洞飞瀑、下格凸河峡谷等景观。

## 四、惠水涟江—燕子洞风景名胜区

惠水涟江—燕子洞风景名胜区位于惠水县，距省会贵阳约 50 千米。景区总面积 140.9 平方千米，最大的特点是以涟江河流域的各水系、森林资源组成原生态较强的生态环境，融山、水、洞、瀑布、峡谷、林、竹为一体，构成了极为壮观的河谷风光和峡谷风光。

整个景区主要由涟江大坝景区和燕子洞景区组成。

### （一）涟江大坝景区

涟江大坝是一个冲积平原，面积 79 平方千米，蒙江、丹水河、冷水河、鱼梁河相继汇入涟江，两岸苍松映碧水，松涛和水声，柳叶低垂，翠竹丛生，坝子里稻浪滚滚，沃野万顷，溪河纵横，田畴阡陌。

涟江河下游的海里峡谷，河水三次入洞成伏流，雄踞三座险峻的天生桥，两岩绝壁如削，藤竹似瀑，河谷风声呼啸，河水涛声如雷。

### （二）燕子洞景区

燕子洞洞高 216 米，宽 40 米，是迄今为止发现的国内溶洞口最高的岩溶洞穴。至燕子洞口，抬头仰视，溶洞高与天接。燕子洞分水、旱两个部分，左侧为阴河，河水从幽深的洞中流来；右侧为旱洞，进口处是一个开阔空旷的大洞厅，高近 200 米，宽 30 ~ 40 米。沿着洞厅往里走，地上全是大小不等、层层叠叠的垮塌巨石，洞壁钟乳、石幔千姿百态。到洞厅尽头，则四处皆为石壁，阴河已变成洞中伏流。每年春暖花开，数以百万计的白腰雨燕凌空飞舞，遮天蔽日，鸣声震谷，蔚为壮观。

## 五、金海雪山旅游景区

2006 年，金海雪山旅游景区被评定为全国农业旅游示范点。

金海雪山旅游景区位于贵定县音寨村，辖音寨、洛海、竹林堡、麦懂等 14 个自然村寨，是典型的布依民族村寨群落。每年三四月份，景区内万亩金色的油菜花和千顷雪白的李花交相辉映，景象蔚为壮观，金海雪山景区由此得名。盛夏时节，冰脆香甜的酥李漫山遍野，青山绿水，田野葱郁，是一个消夏避暑的好去处。

## 六、惠水仙人桥洞葬

2013 年，惠水仙人桥洞葬被国务院公布为全国重点文物保护单位。

仙人桥洞葬即石头寨洞棺葬，位于惠水县摆金镇长新村石头寨一溶洞内，溶洞为河谷间喀斯特峰丛穿洞，分别为上洞和下洞。当地老百姓称上洞为棺材洞，下洞因洞顶山体似天然桥梁，被称为仙人桥。

仙人洞为东西向，洞口高约 50 米，宽约 25 米，洞顶岩层厚约 10 米，洞深约 100 米。紧靠洞口的河谷两岸石壁陡峭，涞阳河自洞下暗河流出。洞内崖壁如屏，北壁约 30 米高处，岩层向内凹陷，形成长约 80 米、宽 8 米、高约 20 米的石台，棺木有序地放置在石台上，多顺崖壁走向层层叠放，少则 1 层，多则达 7 层。洞南壁的缝隙处亦有少量棺木残留，总的棺材数量约为 650 余具。石头寨岩洞葬保留了贵州古代苗瑶民族的主要葬俗形式，对于研究苗瑶民族的历史、文化具有重要价值。

## 七、黔南水族墓群

2013 年，黔南水族墓群被国务院公布为全国重点文物保护单位。

黔南水族古墓群主要分布在三都县南部和荔波县北部水族聚居区，重要的墓葬有：三都县水龙乡引朗石板墓 11 座、九阡镇水懂村大寨石板墓 1 座、九阡镇水板村上水达古墓 45 座和荔波县水甫古墓群 300 座，其中水甫古墓群于 2006 年清理并复原。几处墓地虽然分属两个县，但集中在一个南北约 50 千米，东西约 30 千米范围内，形成一个不可分割的统一整体。

水族古墓群是珍贵的民族文化遗产，是展示水族丰富多彩的民族文化的百科书。墓葬分地下和地上两部分，以地上部分最具民族特色。

水族墓葬形制奇特，类型多样，反映着丰富多彩的民族习俗和丧葬文化特点，特别是墓上的雕刻图案从不同侧面反映着水族与各民族和平共处、相互吸收的历史，不仅具有重大的科研价值，还具有较高的工艺美术价值。

# 第十章　黔西南布依族苗族自治州旅游业

## 第一节　黔西南布依族苗族自治州概况

### 一、基本情况

黔西南布依族苗族自治州成立于1982年5月1日，全州现辖2市、6县、1区，即兴义市、兴仁市、安龙县、贞丰县、普安县、晴隆县、册亨县、望谟县和义龙新区。州内居住着汉族、布依族、苗族、彝族、回族等35个民族，2019年年末总人口368.81万人，其中少数民族人口占全州总人口的比例接近一半。2020年生产总值1353.4亿元，同比增长4.7%；全年农村居民人均纯收入6 343元，比2019年增长10.5%；城镇居民人均可支配收入21 290元，比2019年增长13.4%。

黔西南州位于东经104°35′~106°32′、北纬24°38′~26°11′，地处珠江上游、黔滇桂3省（区）结合部，是3省（区）重要的物资集散地和商贸中心。东与黔南布依族苗族自治州相连，南与广西壮族自治区的隆林、田林、乐业3县隔江相望，西与云南省富源、罗平县接壤，北与安顺市和六盘水市毗邻。全州辖区面积1.68万平方千米，其中山地占总面积的66.1%，丘陵占22.5%，河谷坝子占11.4%。

黔西南州地处云贵高原山地向广西丘陵过渡的斜坡地段，地势由北向东南倾斜，呈阶梯状分布，最高点海拔2 207.2米，最低点海拔275米。整个地形地貌可分为低山侵蚀山地峡谷区、岩溶高原槽坝区、岩溶侵蚀高原区、岩溶侵蚀山地区和岩溶侵蚀山地河谷区5种类型。

全州属中亚热带湿润季风气候，热量丰富，雨量充沛，雨热同季。年降雨量1 200~1 500毫米，年平均日照1 500小时，无霜期280~350天。由于州内地势起伏较大，气候呈垂直分布，从低到高分别呈现南亚热带、中亚热带和温暖带等气候带。

黔西南州的自然景观集雄、险、奇、幽、秀于一体，拥有迷人的喀斯特峰林、峡谷、瀑布、湖泊等景观。

### 二、历史沿革

今黔西南布依族苗族自治州辖地，早在殷代就已开发。经历代演变，到清雍正五年（1727年）在此置南笼府，清嘉庆二年（1797年）改称兴义府，1914年废府建置，属贵（黔）西道；1923年，裁道，各县直隶省；1935年，黔西南一带划为贵州省第三行政督察区，专署驻兴仁县城。1949 年 12 月 19 日，黔西南和平解放，1950 年设兴仁专区；1951 年专署移驻兴义县城，1952 年更名兴义专区，1956 年撤销兴义专区，1965 年恢复，1970 年改为兴义地区。1981 年 9 月 21 日，经国务院批准撤销兴义地区，置黔西南布依族苗族自治州。1982 年 5 月 1 日正式建州，州府驻今兴义市。

## 三、交通

南（宁）昆（明）铁路、324 和 320 国道、汕（头）昆（明）高速、镇（宁）胜（境关）高速、晴（隆）兴（义）高速、惠（水）兴（仁）高速、望（谟）安（龙）高速公路、关（岭）兴（义）高等级公路横贯州境，长（沙）昆（明）铁路客运专线黔西南段已经建成运营。兴义机场已开通北京、上海、重庆、广州、昆明、贵阳等航线，西南水运出海中通道基本建成，西南成品油管道工程建成投用，初步形成集公路、铁路、水运、航空、管道为一体的综合运输网络。

## 四、旅游资源概述

黔西南州盛产黄金，又称“金州”，境内山川秀美、景色迷人、旅游资源富集，在全州 1.68 万平方千米土地上，汇聚了一百多处高品质的自然和人文景区（点），不仅密集度高，而且独特性强。黔西南州的旅游资源主要包括喀斯特景观旅游资源、历史遗迹旅游资源、民族文化旅游资源、地质旅游资源、工业旅游资源。

### （一）喀斯特景观旅游资源

州内以国家级风景名胜区和国家地质公园、国家森林公园为代表的喀斯特自然景观，其原始丰富、奇异多姿的特点为世界罕见。其中万峰林和马岭河峡谷是喀斯特地貌的杰出景观，兴义国家地质公园是以喀斯特锥峰地貌景观和贵州龙动物群古生物化石产地为特色的地质公园，国家森林公园仙鹤坪是珍稀植物的王国和开展生态旅游的胜地。另外还有国家级水利风景区贞丰三岔河和省级风景名胜区兴义云湖山、贞丰双乳峰等奇特的喀斯特自然风光。

### （二）历史遗迹旅游资源

黔西南有厚重的历史文化，安龙招堤、何应钦故居、刘氏庄园、南龙古寨、“二十四道拐”等人文景观和历史遗迹，都有极高的人文历史价值。其中“二十四道拐”景区是国家重点文物保护单位，是全国不多的保存完好的抗战文化遗产；兴义市下五屯的刘氏庄园是国内占地面积最大的“屯堡”式建筑群，是贵州省级重点文物保护单位，其完整性在国内已不多见。

### （三）民族文化旅游资源

布依族音乐“八音坐唱”有“声音活化石”“天籁之音”之称，享誉海内外。彝族舞蹈“阿妹戚托”被誉为“东方踢踏舞”。布依族“八音坐唱”、布依铜鼓十二则、查白歌节、土法造纸、布依戏、布依族勒尤、布依族高台狮灯舞被列入国家级非物质文化遗产名录。设于刘氏庄园内的贵州民族婚俗博物馆是全国唯一少数民族婚俗博物馆，该馆现有传情媒介、恋爱信物、婚礼用品、新婚盛装、洞房设施、生育用具等方面的藏品 681 件，将知识性与趣味性有机结合，寓教于乐。

### （四）地质旅游资源

贵州龙动物群化石的古生物多样性、生物个体埋藏以及三叠纪水生爬行动物延续性在全国乃至世界都极为罕见，具有极高的科考价值。盘江奇石种类多样，形态各异，在奇石收藏界享有盛誉，州府所在地兴义市被中国观赏石协会命名为“中国观赏石之乡”。

### （五）工业旅游资源

黔西南境内利用得天独厚的资源优势建设的工业基地，可使游客尽情欣赏、了解黄金开采冶炼、水力发电、白酒加工、生物制药、煤炭化工的过程和原理，体验“中国金州”和西部山区特色工业的独特内涵。其中贵州醇酒厂是全国工业旅游示范点和 2A 级旅游景区。

# 第二节　西部四市县主要景区

西部四市县包括兴义市、兴仁县、晴隆县和普安县。

## 一、马岭河—万峰湖风景名胜区

1994 年，马岭河—万峰湖风景名胜区被国务院公布为国家级风景名胜区；2009 年，被评定为 4A 级旅游景区。

马岭河—万峰湖风景名胜区位于兴义市城东 14 千米处，总面积 344 平方千米，是一个以雄、奇、险、秀为特色的自然风景区。这里东距贵阳 334 千米，西距昆明仅 321 千米，是理想的衔接黄果树瀑布与云南路南石林的黄金旅游点。

马岭河—万峰湖风景名胜区根据谷、峰、湖自然景观特点，划分为马岭河峡谷、万峰林、万峰湖 3 大景区。

### （一）马岭河峡谷景区

马岭河又名清水河，发源于乌蒙山脉，中游因两岸有马别大寨和马岭寨而名为马岭河，流入南盘江，在兴义市境内河长约 80 千米，离兴义市市区最近的一段长约 7 千米，是最令人叫绝的一段。

从兴义市的马岭桥下车，沿河下行，马岭河犹如一条银线，把 10 多个景点串了起来，让游人仿佛走进一条神奇秀美的天然画廊，感到佳景迭来、美不胜收。依次下去，这里有峡口两侧巨崖对峙，峭壁撑天，危峰坠水的彩崖峡；有大自然狂放洒脱，不拘章法的石刻艺术画廊天赐石窟；有摄魂惊魂的回峰崖；有清秀、幽深的五里幽谷；有充满传奇色彩的夫妻树和姊妹泉……最引人注目的，要算马岭河峡谷景区中最风光的一段——瀑布群和壁挂崖。

马岭河峡谷瀑布，以成群结伴、流光溢彩、袅袅婷婷的绰约风姿，堪称贵州一绝。据考察，在长约 7 千米的马岭河峡谷两岸，分布着长流瀑布和汛期瀑布 60 余条，尤其在峡谷下游地段的壁挂崖一带仅约 2.5 千米的峡谷中，瀑布就有 13 条之多，形成一片有众多水流争奇斗艳的瀑布群。这片瀑布群，有的如白练悬挂，有的如银纱轻抖，有的如万马腾哮，有的如珍珠飞洒。水流有大有小，响声有起有伏，仿佛在合奏一部雄浑的山水交响乐。

谷底是一座巨大的天然浴场，当阳光透过迷蒙的水雾时，浴场敞亮起来，浮卧在水雾上的彩虹光彩四溢，形成著名的霞光浴场。

在这一河段上游和下游两岸的岩页壁挂，多姿多彩的瀑布与瑰丽辉煌的钙华沉积浑然一体。这种钙华成堆成串，参差不齐，洋洋洒洒，绵延数里，蔚为大观。这壁挂，有的似蕉叶长挂，有的似牛肝悬吊，有的如丝瓜累累，有的如花束倒垂。

马岭河峡谷的形成原因，是风景区广泛分布着三叠系碳酸盐可溶岩，马岭河从河源至河口长约 100 千米的流程内，落差近千米。河流水量充沛，下切能力强，于兴义城东海拔 1200 米的坦荡平川上沿着岩石裂隙，切割出一条狭窄幽深的地缝峡谷。两岸众多的支流因水量较干流小，下切速度滞后于干流，形成了众多高逾百多米的瀑布坠落于深谷之中的奇特景观。喀斯特地区的河水含碳酸钙很重，在跌落过程中迅速释放出二氧化碳，析出的碳酸钙则凝结在崖壁上。随着时间的推移，碳酸钙物质越贴越厚，面积越来越大，遂形成规模宏大的碳酸钙钙化。

从马岭镇再往下有一段 5 千米的河床，两岸长满了茂密的植物，大树一样的仙人掌从峭壁缝中长出，远远望去，像一串串晶莹透亮的珍珠。更使人感到神奇的是，在夏秋季节、雨后初晴之夜，深山峡谷中会升起燃烧的萤火，银光满谷，顿时如同白昼，很快又会消失，使人感到仿佛进入了梦幻世界。清咸丰年间，兴义知县蒯关保为马岭河峡谷奇绝的风光题诗一首，其中 4 句是：云奇石更奇，奇绝画难比；写奇惟有诗，诗在空山里。

马岭河峡谷漂流旅游为西南一绝，目前开放的漂流共分为 3 段，第一段清水河至马岭镇段有 36 千米，马岭镇至百里画廊 12 千米，百里画廊至赵家渡 22 千米，四季宜漂。在漂流线上共经历 18 个滩、20 个湾、30 个潭，可观赏两岸天然画廊达 200 万平方米，欣赏 13 条千姿百态的大、小瀑布群及奇特的钙华壁挂。

### （二）万峰林景区

万峰林景区位于马岭河峡谷风景区中下游沿岸，是典型的喀斯特峰林地貌，峰林高达 600 余米。这里奇峰异立，“单雄拔笋，峭峰离立，参差森列”。

由于受深切河谷的影响，东西峰林景观各异，东峰林以峥嵘巍峨的喀斯特峰丛为特征，这里奇峰密集丛生，峰峦拥簇，重重叠叠，构成气势磅礴、雄伟壮丽的立体画卷。茫茫峰林间，深邃的喀斯特漏斗洼地星罗棋布，峰壑高低起伏，神秘幽深莫测。西峰林是坦荡的高原喀斯特景观，盆地中群峰挺拔俊秀，千姿万态，若连似断，错落有致，喀斯特潭、泉频繁出川，清泉曲绕。盆地良田万亩，村寨房舍星罗，俨然一幅“峰内有谷，谷内有峰；峰里有田，田里有峰；峰下有寨，寨里有峰”的山水画卷。

### （三）万峰湖景区

万峰湖位于云贵高原崇山峻岭向广西过渡的南盘江大裂谷断层地带，系 1977 年国家重点水电工程——天生桥高坝电站建成蓄水后形成的人工湖。其航道长 128 千米，湖水面积 176 平方千米，湖内上千座峰林构成了上千个岛和半岛。这里的布依族、苗族村寨依山傍水，微风袭来，粼波荡漾，山伏寨隐，奇景迷人，是全国少有的水上游览区。目前马岭河峡谷景区已开发了独具特色的垂直观光旅游线。

## 二、兴义国家地质公园

2004 年，兴义国家地质公园被国土资源部公布国家地质公园。

兴义国家地质公园位于南盘江北岸的兴义市中南部，总面积 350 平方千米，外围保护区面积 1 000 平方千米。

公园地势为东南低而西北高，海拔 625 ~ 2 207 米，属中亚热带湿润季风气候，年平均气温 16.1°C。园区内江河纵横，地表、地下径流充沛。公园大地构造位置处于扬子陆块西南缘，主要的褶皱断裂形成于燕山期；区域地质构造属黔西南普安旋扭变形区，断裂褶皱复杂。

兴义国家地质公园是一个以对生物演化有重大历史意义的海生爬行动物化石产地和典型的喀斯特锥峰地貌景观组合为中心内容的地质公园，包括顶效贵州龙景区、乌沙贵州龙景区、马岭河峡谷景区、西峰林田园风光区、东峰林景区、泥凼石林区、坡岗岩溶生态区及万峰湖 8 个景区。

在整个园区内，贵州龙动物群化石及其产地包括顶效和乌沙两个景区。驰名中外的贵州龙动物群化石，因动物群产地面积宽、物种新、藏量丰，使兴义被誉为“龙的故乡”。贵州龙动物群化石再现了 2.4 亿年前贵州龙动物群的生活形象和生态环境，它比恐龙蛋化石早 1 亿年，这在全国乃至亚洲都是独特和罕见的，具有重大科研和开发利用价值。马岭河峡谷、万峰林、坡岗岩溶生态区、泥凼石林等是我国锥形喀斯特发育最典型、连片分布最广、喀斯特地貌类型最多的地区。

兴义国家地质公园气候宜人，人文景观丰富，民族风情淳朴浓郁，有保存完好的南龙布依古寨八卦寨，“布依八音”古乐；有何应钦故居、王电轮将军故里摩崖、刘氏庄园（内建有贵州民族婚俗博物馆）、鲁屯石牌坊群、万屯汉朝墓群以及被命名为兴义人的“猫猫洞”“张口洞”古人类文化遗址等人文景观，构成一个集自然景观、生物化石、人文景观、民族风情于一体的高品位、深内涵的地质公园，具有极大的旅游观赏、休闲度假和地学科普价值。

## 三、兴义万屯墓群

2013 年，兴义万屯墓群被国务院公布为全国重点文物保护单位。

兴义万屯汉墓群位于兴义市万屯镇新桥村北，为东汉时期墓葬。在新桥、张屯与贾家坝等 3 地 2 平方千米范围内分布着 17 座古墓，除 2 座墓葬封土不存，其余皆保存较好，墓呈圆形，高 1.5 ~ 2.5 米，直径 6 ~ 15 米。1975—1991 年发掘 9 座，有砖室、石室墓，其中，兴义 M8 出土的铜车马是我国汉代文物中的佳品。从已发掘墓葬看，该墓群墓葬种类多，有土坑、砖室、石室和砖石混合等形制，而且墓葬规模大，结构复杂，出土了铜车马、提梁铜壶、陶质水塘稻田模型、镂空铜豆、五铢、汉砖等珍贵文物数百件。墓葬年代为东汉中晚期。

从墓葬形制和出土文物分析，该墓群与位于北侧的兴仁交乐汉墓群、贵州腹心地带的清镇平坝、安顺宁谷汉墓群以及重庆地区汉墓有较密切联系，因而它对探讨汉中央王朝对贵州地区的开发、郡县的设置和汉移民的来源等都是极为重要的资料。墓内出土的珍贵文物如铜车马、提梁壶、镂空铜豆、陶质水塘稻田模型等已为贵州省博物馆镇馆之宝。这些文物除具有较高的历史科研价值外，本身又具有较高的艺术价值。

## 四、刘氏庄园

2013 年，刘氏庄园被国务院公布为全国重点文物保护单位。

刘氏庄园坐落于兴义城南 2 千米的下五屯，是民国时期贵州省省长刘显世、滇黔边务督办刘显潜的故里。庄园南北长 360 米，东西宽 130 米，占地 0.046 9 平方千米，由大小 13 座四合院组成。现存忠义祠、花厅、宗祠、书斋、刘显潜居室、家庙、校场坝、部分城垣、炮楼及法式建筑各一栋，宏伟壮观。至今主体建筑基本保持原貌，为贵州省最大的庄园。

刘氏庄园始建于清嘉庆十二年（1807 年），是一组别具特色的中西合璧建筑，也是古建专家和现代建筑家研究我国南方民居祠宇建筑的重要依据。刘氏庄园的题刻文字，正草隶篆兼备，正楷苍劲端庄，草书飘逸自如，隶书劲遒峭拔，篆书严谨浑厚，是珍贵的书法艺术品。诸多木雕石刻图案，巧妙地融合了地方景物和民族民间生活，具有浓郁的民族特色和地方特色。1989 年在此地建起了“贵州民族婚俗博物馆”，使民族文化的色彩得到进一步丰富。

## 五、鲁屯牌坊群

2013 年，鲁屯牌坊群被国务院公布为全国重点文物保护单位。

鲁屯石牌坊群位于兴义市区东北 40 千米的鲁屯。鲁屯是一个历史悠久、秀美宁静的小镇。鲁屯牌坊原有四座，现存其三，均为四柱三间五楼式结构。其中位于鲁屯街中岔路口的黄氏坊最为精致绝妙。此坊建于清道光年间，高、宽均为 7 米，铆榫结构，牢而坚固。坊底为束腰须弥座，四柱立于须弥座上。8 根八棱方柱，均用完整的石料加工而成。四柱各面均阴刻有楹联，文字对仗工整，书体楷隶兼有，刻艺细致洗练，尤以明间中柱楷书题联，堪称对联中的佳作，上联为“白马山高尉为竹箭松心节错根盘光日月”；下联为“青塘水净濯出冰肌玉骨怀芳履洁被恩蒙”。四柱护耳均系伏狮抱鼓式，耳高 1.42 米，鼓厚 0.22 米，鼓面直径 0.65 米，分别浮雕荷花、钟鹿、松虎、鹿鹤等图案 18 幅，构图新颖，想象丰富，造型生动，栩栩如生。狮子系伏卧状，昂首翘尾。护耳，蹬石，浮雕四季花草，如见草动，如闻花香。整座牌坊的造型、结构、工艺、图案之巧，充分体现了劳动人民卓越的智慧和才能，实为一件精美的古建艺术珍品。两座李氏坊，一前一后，紧紧相邻，挺立在鲁屯街口半月池侧，规模、造型、格调与黄氏坊略同，唯题刻内容有异。

## 六、交乐汉墓群

2006 年，交乐汉墓群被国务院公布为全国重点文物保护单位。

交乐汉墓群位于兴仁县城西南雨樟镇交乐村。交乐汉墓群墓葬大约在东汉和帝（89—105 年）前后，晚至桓帝（147—167 年）、灵帝（168—189 年）时期。据有关专家初步考证，墓群多达 100 余座。贵州省博物馆对其中 5 座墓进行发掘，为砖室墓、石室墓及砖室和石室同冢 3 类。2 号墓为砖室“大”字形室墓，分甬道、正室、左耳室、右耳室。1、4 号为砖室“凸”字形墓室，3 号墓为方框形石室墓，5 号墓为砖室与石室同冢。发掘出土的文物有铜盘、铜碗、铜带钓鱼台、环首铜刀、残铜刀、铜鸡及摇钱树座等。另还有五铢钱、漆盘、银器、琥珀、狮饰、烧料耳当、小骨铜串珠、玉牌等。

时至今日，交乐汉墓群出土的主要文物有铜车马、连枝灯、抚琴俑、巴郡守丞印、巨王千万印、带盖刻花铜奁、铜俑、五铢钱纹铜碗、摇钱例、刻花铜瓶、铜甑、陶灶、水池田园模型、陶摇钱树座等。交乐汉墓中出土的文物，均具有较高的研究价值。在目前贵州 5 件汉墓出土 1 级文物中，就有抚琴俑、铜车马和连枝灯 3 件是从交乐汉墓中发掘出来的。

## 七、二十四道拐抗战公路

2006 年，二十四道拐抗战公路被国务院公布为全国重点文物保护单位。

晴隆是黔滇公路的必经之地，二十四道拐就在距县城约 1 千米处的莲城镇五一村半官坡。这段公路从山顶到山脚，蜿蜒崎岖，共有 20 余个弯道，当地人称作“二十四道拐”。

第二次世界大战期间，美国的援华物资经过滇缅公路到达昆明以后必须要经二十四道拐的滇黔线才能送到前线和重庆。二十四道拐成了中缅印战区的交通大动脉，承担着国际援华物资的运输任务。日寇曾多次派飞机对二十四道拐公路进行轰炸，欲截断黔滇咽喉。太平洋战争爆发后，美国陆军准将约瑟夫·史迪威受任美军中缅印战区总司令兼盟军中国战区总参谋长，美陆军部长史汀生要求史迪威维持滇缅公路的运输，并致力于改进中国陆军的战斗效能。1942 年，美国的公路工程部队 1880 工兵营进驻贵州晴隆修筑滇黔公路，驻扎在沙子岭 3 千米处（又称美国车站），由连长麦顿负责，用美国制造的水泥砌挡墙，对二十四道拐进行维修，在当地群众的配合下，完成了修路任务，保证了运输畅通。美国工兵一直驻守到日军无条件投降后一个多月才逐渐撤离。1945 年，第一批由美军驾驶的车队通过中印公路到达重庆，蒋介石在重庆发表《中印公路接通的意义》讲话，将滇黔公路重新命名为“史迪威公路”，晴隆二十四道拐由此而随史迪威公路载入史册。

美军抢修后保留至今的二十四道拐公路，全长 4 千米，有效路面宽约 6 米，山脚第一道拐与山顶第二十四道拐间的直线距离约 350 米，垂直高度约 250 米，坡的倾角约 60°，驱小汽车由下至上，爬完 24 拐约需 8 分钟，由上至下约 6 分钟。虽坡陡弯急，但视线明朗开阔，驾驶人心绪平稳，无惊恐之感。现在由县公路局养护，仍可通车，但只有很少车辆通行。

二十四道拐抗战公路是第二次世界大战时期中印公路上的“生命线”，中缅印战区的交通大动脉，是世界反法西斯战争和中国抗日战争的历史见证，在公路修筑史上也具有重要的历史考古价值。特别难得和值得庆幸的是，由于公路改道，这一段“24 道拐”完整地保存了它的历史原貌，使其历史价值更为显现。

## 八、铜鼓山遗址

2013 年，铜鼓山遗址被国务院公布为全国重点文物保护单位。

铜鼓山遗址位于普安县青山镇营盘村陈家龙滩东约 500 米的铜鼓山山顶，遗址总面积 4 000 平方米，保护范围总面积 41 420 平方米。铜鼓山遗址是战国—西汉时期一个铸造铜器（以兵器为主）的手工作坊遗址，其北半区主要是铸造铜器的作坊区，南半区主要是生活区。

贵州省博物馆考古人员曾两次对铜鼓山遗址进行发掘，共清理房址 4 座、窑址 1 座、灰坑 11 个和活动面、火塘、大量零散柱洞等遗迹，出土较完整的陶器、石器、青铜器、铁器、玉器和冶铸青铜器的陶石范模 500 余件，陶器碎片 1 万余片。

铜鼓山遗址是贵州境内经过正式发掘的唯一一处战国秦汉时期青铜冶铸遗址，具有重大的学术科研和保护价值，不仅对探讨古夜郎文明提供了重要实物资料，还可部分解决广泛流行于贵州西部、云南、广西甚至东南亚地区部分青铜器的产地问题。这些青铜器造型和风格均具有明显的地域特征，可能构成一个地域性考古学文化。

## 九、泥凼石林风景名胜区

泥凼石林风景名胜为省级风景名胜区，位于兴义城南部 45 千米处。石林长达 20 千米，总面积约 20.1 平方千米。东起戴家坝，西至小寨 20 千米的带石，比较集中的有凤坡湾、戴家坝、陇戛、弯子头、小寨、扎门等石林区。

泥凼石林奇峰异石，既可独立成景，又可相映成趣，石林密密层层分布在山坡上。由于是薄片型石林，穿孔多，造型生动奇特，游人从不同角度望去能看到玲珑剔透、变化万千的美妙画面，使它同相距不远的路南石林一起成为两颗媲美于南盘江畔的风景明珠。

从奇峰怪石的疏密分布上来看，泥凼石林又可划为戴家坝和陇戛两大片。戴家坝的缓坡上，一棵棵石笋、石柱拔地而起，形态各异。附近溶洞壁上一条由石钟乳形成的浮雕式石龙，与一块卧虎石遥相对峙，构成“石龙对石虎”的佳妙境界，把游人的思路带进优美的民间传说中去。与戴家坝石林毗连的陇戛石林，雄奇壮丽，远望如密集的山城。这片石林奇峰迭起，“擎天柱”直插云天，“利剑峰”锋利如剑，“武士峰”“姑嫂石”“醉翁石”栩栩如生，还有众多峰石形若动物。游人在薄峰相夹而成的“一线天”内漫步，或在巨石拱建而成的“桥洞”下穿行，再进入可容十几人的“别有洞天”中小憩，令人妙趣横生、游兴大增。由六座石峰组成的“山川”二字，雄伟挺拔，令人叫绝。

泥凼附近一带山高谷深，海拔不同，气压悬殊，在夏秋之季，这里是观云海、看日出的理想之地。

何应钦故居也位于泥凼石林风景区内。

## 十、鲁布革风景名胜区

鲁布革风景名胜区为省级风景名胜区，位于兴义市西部，总面积约 200 平方千米，是贵州省西部旅游区连通云南风景区的一个重要的中途游览区，具有重要的意义。

景区从威舍镇起至鲁布革镇的三江口止，在 76.8 千米长的河段上，有悬崖、峭壁、岩溶、植被、文物等景观奇特，具有雄、奇、险、幽、秀等特点。

风景名胜区内的人文景观有：红军医院遗址，毛泽东、周恩来长征时休息过的寡妇桥，贺子珍负伤的威舍战场，石达开、徐霞客到达的老江底仙修桥遗址。还有闻名中外的鲁布革地下水电站，以及三江口处。这是黄泥、多依、清水江三条河流注入南盘江的汇合处，贵州的布依寨、云南的水族寨、广西的壮族寨隔河相望，风光秀丽，民风古朴，是得天独厚的民族风情荟萃之地。

## 十一、兴仁放马坪风景名胜区

兴仁放马坪风景名胜区为省级风景名胜区，位于兴仁北面的下山镇境内，距县城 24 千米，风光旖旎，素有“高原塞外”之称，总面积 19.66 平方千米，其中有天然草场 14 平方千米，有天然林 5.66 平方千米。草场处于云贵高原向广西低山陵过渡的斜坡地带，地貌奇特。这里的俊山秀水是大自然在贵州高原上精心雕琢的杰作，在这充满无尽的活力与生命色彩的绿原平畴间镶嵌出处处胜景，让人领略诗的意境、画的绚烂。

无以言说的钟灵奇气使兴仁的山河美轮美奂、瑰丽神奇，在季节的交替与时空的延伸里，展示着不朽的神趣和魅力。放马坪上有马乃屯古营盘遗址，这是明末清初马乃营土司龙吉兆反清的大本营。这里地势高峻，四周皆是悬崖峭壁。清顺治十七年（1660年），马乃营土司龙吉兆率众在此依山就势垒筑石墙，建立营盘，使其成为一座攻守俱佳、屯兵上千的反清大本营。游人漫步于马乃兵营遗址内，只见繁草丛生，垒石陈横，泉水不涸，道路依稀可辨，恍若走进了300多年前那段血雨腥风、刀光剑影的悲壮历史中去。

放马坪山顶草原北端，是一块面积约0.06平方千米的山顶平地，远远望去，犹如放马坪上微微抬起的龙头。距草场4千米，有一天然竖井，上口约200米，深达486米；在草场西南约1千米有一溶洞，叫大白龙洞，冬季暖和异常，洞中有泉水。更令人惊叹叫绝的是，放马坪上还有一个天然湖泊——洗马塘，蓝天下，湖水幽蓝一片，仿佛镶嵌在山顶草原上的一面明镜。

## 十二、晴隆三望坪风景名胜区

晴隆三望坪风景名胜区为省级风景名胜区，位于晴隆县大厂镇境内，主要有11个景点景群。

三望坪是三片相连的中高山台地草甸草原，呈台阶状由西向东渐次升高，南有高岭林海拥绕，北接上马场村寨和田园风光，平均海拔1 530米，最高点三望坪海拔1 849米，面积20.5平方千米。其中，台地面积约14.2平方千米。台地上，草场起伏如茵，广阔无边，牛羊成群，天然草甸百色千姿，组合如锦。春季山花遍野，杜鹃如血；夏季五彩缤纷，铺青叠翠，凉爽宜人，为避暑佳境；秋日天高气清，花红艳欲滴，地如锦缎，色彩绚丽无比；冬天茫茫大地一片银妆，成为贵州省少有的雪原风景。四时景观殊异，美不胜收；一日中云起云落，阴晴无常，具有高山草原特有的气象特征和魅力。

## 十三、猫猫洞古人类遗址

猫猫洞是旧石器时代晚期文化遗址，距今约1.2万年，位于兴义市市区东北19千米，在顶效镇西南1千米处。

猫猫洞是远古人类长期生息、繁衍、劳动的地方。在这里出土了7件珍贵的形态与山顶洞人相似的人类化石，4 000多件石制品及数量众多的哺乳动物化石。考古工作者已将猫猫洞出土的人骨化石定名为“兴义人”，又根据其留下的出土数量可观的骨、角器，丰富用火遗迹，以及遗址出自厚2.5米的完整遗物特征，把此地命名为“猫猫洞文化”。《中国古人类画集》一书对猫猫洞遗址的发现做了极高评价：“它的文化面貌在国内是罕见的，在一个遗址内出土人类化石之多、石器材料之丰富、骨器数量之大、制作之精致，在华南旧石器时代晚期是首屈一指的，在全国也十分突出。”猫猫洞遗址对探讨旧石器时代晚期人类的区域性文化的起源、发展和分布等方面，都有不可估量的价值。

猫猫洞对面 200 多户布依族聚居的马别大寨中，有一棵 12 人手拉手才能合抱的千年古榕，宛如巨伞，占地面积 300 多平方米，是贵州省珍稀古树之一。

## 十四、何应钦故居

何应钦故居位于兴义市城南 45 千米的泥凼。故居分为两处，一处在泥凼石林的风波湾林区，一处在泥凼镇政府驻地。两处房屋建筑均为一楼一底青瓦结构。风波湾的故居，依山势筑石为堡，占地 6 666.67 平方米，房屋于堡内、石垣上设有炮口枪洞，如遇攻击，可依堡自守。石堡好像建在一条“回龙转向”的龙头之上，易守难攻，坚固沉稳。堡内建筑由正厅、两厢、花园、鱼池等构成。泥凼街上的故居，与风波湾处相距 1.5 千米，坐落于山腰，由前厅、两厢及正厅构成四合大院，均一楼一底。院中天井用石板镶嵌。院内石雕木刻图案多达百余幅，其中尤以刻在窗下石裙板上的“鱼跃鸢飞”4 字最为引人注目。其书为行书阴镌，每字约 60 厘米见方，书法游刃如龙、俊迈洒脱，刻艺深浅得宜、洗练细致，堪称书法佳作。此建筑始建于清光绪年间，占地 3 000 余平方米，建筑面积 2 560 平方米。

故居两处环境各异，站在风波湾建筑的石堡处，举目四望，群山连绵起伏，重峦叠翠；有时烟云锁于群山之腰，座座山顶好似千岛腾云，美不可言。立于街上正厅院前远眺，前临桂北丘陵，千山万壑，浩瀚无垠。民间传说这千峰万岭，好似百万雄兵，后面大山犹如统兵大将，何氏故居为将台，又称“大将点兵”。

## 十五、贵州龙博物馆

贵州龙博物馆位于顶效开发区绿荫村，于 2003 年建成，目前馆址面积 7 333.33 平方米，建筑面积 800 平方米，展厅面积 150 平方米，贵州龙化石保护区面积 20 平方千米，核心保护区面积 5 平方千米。贵州龙博物馆以科普、陈列、采集、研究贵州龙等古生物化石为宗旨，全面展示三叠纪贵州龙动物群化石。

兴义顶效绿荫村是亚洲首次发现贵州龙化石的地方。1957 年 5 月，中国地质博物馆胡承志先生在兴义顶效绿荫村发现该动物化石，后经中国科学院古脊椎动物与古人类研究所所长杨钟健教授研究，命名为“贵州龙科贵州龙属胡氏贵州龙”。此后，科研人员在同一地区采集到大量贵州龙化石。胡氏贵州龙是生活在距今 2.4 亿年前的爬行类动物，属于爬行纲、鳍龙目、贵州龙科的贵州龙属。

贵州龙动物群是从早三叠世末期到晚三叠世早期的一个持续时间长，门类齐全的海生古动物群，包括鱼龙类、海龙类、幻龙类、楯齿龙类和原龙类。贵州龙动物群化石遗址位于兴义市区顶效镇绿荫村，产出地主要在浪务山化石剖面、光堡堡化石点、柏香林化石点及赶场丫口等地。其中光堡堡化石点，柏香林化石点及赶场丫口化石点连成一片，范围较广。

## 十六、兴义雨补鲁天坑景区

雨补鲁出自彝语，为低洼之地的意思。雨补鲁天坑是国家 3A 级景区，位于于兴义市清水河镇联丰村。联丰村是一个有 600 多年历史的古寨，是《爸爸去哪儿》等影视剧拍摄基地。全村 126 户人家住在坑底周围，坑寨奇丽，石屋、石墙、石路、树林、修竹，天然成趣。

雨补鲁天坑呈喇叭花形，底部平坦，高低差 600 多米。其坑周围奇峰林立。沿着石板路，走进雨补鲁，路旁是石墙青瓦的房子，繁茂的林木，艳丽的鲜花，好一幅美丽的田园风光图。村口有一棵大榕树，像是一位饱经风霜的老者，在迎接八方来客，又像是在娓娓讲述雨补鲁的故事。

天坑东边半山上有一泉水，除满足坑寨人家人畜饮水之外，还浇灌坑内 13.33 万平方千米良田；西边有一落水洞，将多余之水排出。

雨补鲁天坑曾被地质学家称为华夏已发现的天坑之首。

## 十七、兴义马家河湿地公园

马家河湿地公园位于贵州省黔西南州兴义市桔山新区，由兴义体育中心、富康国际会展中心、中央湿地公园 3 部分组成，是国家 3A 级旅游景区。

之所以将其称为“马家河湿地公园”，是因为在桔山大道最北端有一条河流从景区川流而过，此河原名为“马家河”，故而有了如今的马家河湿地公园。

马家河湿地公园建有游泳馆、网球馆、足球场、篮球馆、会议中心、儿童乐园、现代艺术展区、自行车竞技区、草坪风筝区、婚庆摄影区、河滨野餐区、湿地植物展区、欢乐水岸等设施。

## 十八、兴义山地旅游暨户外运动大会会址

兴义山地旅游暨户外运动大会会址是国家 3A 景区，地处兴义市景峰大道，距离市区 5 千米。景区现在共分为两个景点，一是户外会演中心，二是万峰林国际会议中心。会址功能主要有户外会演、赛事活动举办、国际会议等。

2016 年被贵州省政府正式确定为“国际山地旅游暨户外运动大会永久性会址”。

旅游资源类型为现代风格建筑观光游览体验，其特色主要表现为文艺会演、会议承办、现代建筑风格等。两个相连的会场相辅相成，构成了国际山地旅游暨户外运动大会会址景区的总体架构。

## 十九、兴义贵州醇景区

贵州醇景区位于贵州省黔西南布依族苗族自治州兴义市贵醇新路，是一个集观光游览、主题娱乐、餐饮购物、休闲度假和生态人居为一体的综合型旅游目的地。景区

占地面积为 1.646 7 平方千米，拥有樱花园、梅花园、民族文化美食园、奇香楼、通灵阁、爱情长廊、丘比特广场、红枫林大道、七彩广场、紫柳花海等多个相互联系又相互独立的景点，被誉为“兴义市人民的会客厅”。

景区主要分为两个部分，一个是河谷区，另一个是花海区，有纳灰河、奇香楼、糊涂桥等。种植的苗约 400 万株，选用的苗主要以适用园区景观和本地天气为主，还有山楂、茶梅、红叶石楠、栀子花等。走在栈道上看着沿途潺潺的流水，轻躺在地的落叶和各色各样的小花，栈道的长约为 5 000 米。景区优质的自然资源不仅为人们提供了休闲娱乐的好去处，还诞生了全国知名的低度白酒——贵州醇。游客可以在“酒知道”博物馆中多维度地了解贵州醇酒历史，感知中国酒文化的清晰背景及其深刻内涵。与此同时，游客还可以体验其独特的制酒工艺流程，参观“窖池”“酒海”等众多真实工作场景。

主要的景点景观如下：

贵州醇酒文化体验区：位于景区北面，建于 20 世纪 90 年代，占地面积 10 000 余平方米，为窖酒生产车间、曲药制作车间、原酒存放车间。现设置有酒知道博物馆、酒文化小品、自然观光区等。

樱花园：位于北停车场左侧，园区中有日本樱花、云南樱花、皱菊樱、寒樱、寒绯樱、河津樱等 20 余个樱花树木品种，在每年的三四月份盛开。

梅花园：位于听瀑亭右侧，主要栽种花种为蜡梅。每年 1 月至 2 月底，是梅花盛开的季节。

丘比特广场：以丘比特传说为故事背景建立的花海广场。

爱情长廊：建立于 2016 年年初，是用心形钢材搭建成的爱情长廊。两侧种有三角梅、紫藤、蔷薇，灯笼花，炮仗花等多种藤蔓植物。待各种植物爬满廊架之时，恋人十指相扣走过长廊，享受着爱情带来的点点浪漫时光，惬意之至，象征爱情的发展过程。相爱的两个人需要相互携手走过五彩缤纷的世界跨过绚丽多彩的海洋才能到达爱情的花海，故取名“爱情长廊”。

许愿山：位于爱情花海旁许愿山顶，山顶有观景平台，可俯瞰山脚下的爱情花海与多彩花海。许多游客游览至此，俯瞰山下浪漫的爱心花海，常常情不自禁许下美好的愿景，表达对美好生活的期望。

蘑菇街：一条定位在中高端消费群体的步行街道，一共有 16 幢蘑菇屋。

红枫林大道：位于西南道路两侧，长达 4 000 米。

风雨桥：于 2016 年年底建成，是由实木料筑成的亭子。这是以布依建筑风格来设计建设的，该座建筑不用一根钉子，全都由木料卯榫衔接，横穿竖插而修建完成。棚顶盖有坚硬严实的瓦片，外露的木质表面涂有防腐桐油，两旁设有栏杆、长凳。因为行人过往能躲在其中躲避风雨，故名为“风雨桥”。

听瀑亭：位于樱花林、梅花林、风雨桥三岔路口，2009 年景区建设初期就已建设修葺，属南北派系古风建筑。

通灵阁：建成于 2001 年，位于纳古河龙潭瀑布上游，阁楼式仿古园林建筑三楼一底，阁内主营素食，周边有当地特色名优小吃。

畏因桥：建于通灵阁楼前河岸。佛说：菩萨畏因，凡人畏果。指凡人只怕恶果，不知果起源于因，平常任意胡为，以图一时快乐，不知何时苦因。菩萨则不然，平常谨身护持，戒慎于初。既无恶因，便无恶果。这就叫明因识果，故取名“畏因桥”。

龙潭瀑布：1998 年景区建设已初具雏形，原贵州醇酒厂的 3000 员工在纳古河沿岸植柳种竹，开通栈道，在两山之间造渠引水，筑堤造坝，锁住清流，形成今天的瀑布奇观。

纳古龙潭：贵州醇酒生产的取水点，位于龙潭瀑布之下。潭水清澈见底，犹如一块透明碧绿的翡翠，配合周边植物环抱，令人顿生清雅脱俗之感。潭中偶有小鱼往来翕忽，似与游者相乐。

民族文化美食园：园区内树木全为松树环绕，于 2000 年年初建设，后逐步完善设施与建设，在传统烧烤的基础上增添了海鲜烧烤和傣味烧烤。

不愧天酒楼：根据李白诗《月下独酌四首》中的“天若不爱酒，酒星不在天。地若不爱酒，地应无酒泉。天地既爱酒，爱酒不愧天”命名。

日月亭：位于松林桥左侧一小山上，站于此亭，抬头可看到日月亭，顺着木栈道走到日月亭，松林桥将纳古河分成了上下游两个部分。河的上游像月亮，下游像太阳，因此取名“日月亭”。

主要游玩项目如下：

阳光梦幻王国：位于不愧天酒楼旁，拥有四环过山车、“W”形滑板（梦幻飞车）、星际飞碟、大摆锤、豪华旋转木马、空军一号、音乐翻滚船（音乐飞船）、碰碰车、迪斯科、攀岩、丛林过山车（太空滑车）、太空漫步、大转杯、激战鲨鱼岛、空中巡游、自控飞机、海盗船、酷宝王国、摇头飞椅等游乐设备。

阳光丛林历险乐园：位于民族文化美食园傣味烧烤旁，一楼主要是模拟山地体验运动项目，有狩猎英雄、赛马场、街头篮球、模拟赛车等；二楼主要是碰碰车、蹦床等儿童益智休闲游乐设备区。

## 二十、兴仁绿荫河景区

兴仁县绿荫河景区位于贵州省黔西南州兴仁市巴铃镇西北部的绿荫河社区，是国家 3A 级旅游景区，紧邻镇政府，距县城 20 千米，总面积 11.07 平方千米。绿荫河社区地处云贵高原向广西丘陵过渡的斜坡面上，地势较高。境内多为残丘坡地，海拔 1 174~1 410 米，最高点位于与该村东南面的山顶处，海拔 1 410 米，最低点位于该村西北部绿荫河河谷，海拔 1 174 米，相对高差 236 米。境内出露地层为三叠纪下、中统的飞仙关组、永宁镇组、关岭组等，其地表形态多为丘陵、坝子。第四纪沉积、堆积层较厚，土壤多为第四纪母质发育的黄壤和灰岩风化残积的黄色石灰土，耕层较厚，土壤肥沃。

绿荫河景区以其优越的自然条件和地理条件，开发旅游产业，现有农家乐 4 家，绿荫河社区的旅游基础设施还在不断完善之中。社区的建设，极大地吸引着外来游客，每天驱车来这里观光旅游、欣赏田园风光的游客络绎不绝。

## 二十一、兴仁薏品田园食药康养旅游小镇

薏品田园食药康养小镇为国家3A级景区，位于贵州省兴仁市城南街道境内，距兴仁市区1千米，距兴义市64千米，占地面积0.42平方千米，是一个以薏仁米产业为基础，一、二、三产耦合式发展的综合性项目，是“中国薏仁生态经济区”的引擎性项目，旨在配合薏仁米田园主题小镇、帝贝本土主题文化酒店、帝贝温泉度假村、薏仁米交易中心以及现代化医院等周边项目及兴仁其他生态产业的发展，凭借“中国薏仁米之乡”“中国长寿之乡”的金字招牌，把“薏品田园”打造成集商业、餐饮、休闲、养生、举办文娱活动于一体的全方位休闲度假中心。

兴仁市是布依族聚居区域，景区围绕布依文化建设，蕴含布依文化特色的文化广场，独具特色建筑风格，是本景区的一大亮点。景区内有包含现代化气息的大型医院、特含商业气息的薏仁米交易中心、独具特色的健身步道、休闲酒店、温泉度假区以及特有的布衣广场、农家乐等景致，是集商业、休闲养生、文化熏陶、健身娱乐于一体的综合度假中心。景区呈现出一幅“山水相依、产城相融、农旅相生、景田相望”的生态文明新画卷，是贵州极具特色及发展潜力的旅游景区之一。

## 二十二、兴仁鲤鱼坝景区

兴仁鲤鱼坝景区位于兴仁市屯脚镇境内，距市区15千米，交通方便，游客逐年增多，已成为云、贵、川3省西线旅游的一个亮点，是兴仁开发条件最佳的旅游资源。鲤鱼坝苗族风情体验区已成为以黔西南州苗族民俗风情为主题的时尚观光与休闲度假旅游相融合的苗族文化主题旅游产品；成为以观光、养生、休闲、创作基地为内涵的黔西南原生态苗族文化展中心的旅游产品系列和大旅游产业。

鲤鱼坝苗族风情体验区民族文化丰富，主要有优美动听的山歌和板凳舞，每逢节日，男婚女嫁，村民们都会围在一起对山歌，跳板凳舞。传统工艺主要有制作苗族银首饰、苗族服装和刺绣等。

2000年以来，兴仁市以该村寨苗族历史文化为依托，举办了10余届“八月八”苗族风情节。1991—2012年，到鲤鱼坝苗寨观光的国内外宾客近80万人次。2000年，鲤鱼坝被列为黔西南州“金州十八景”之一。

## 二十三、兴仁马金河景区

马金河旅游景区是全省100个旅游景区之一，是国家3A级旅游景区，位于兴仁市区以北，距市区4.5千米。景区规划面积30平方千米，规划总投资3亿元，涉及城北街道办事处锁寨、大桥河、丰岩、黄土佬、丫桥等5个村（居）。境内晴兴高速、惠兴

高速两条公路从村南北通过，在村西交汇，马金河流域贯穿全境，沿河林海，环境清雅，山环寨、水绕村、自然村寨浑然一体。

景区整个生态产业经济圈突出石漠化治理和生态保护、开发，突出生态、经济和社会效益的统一。近期开发包括三大产业组团，六小基地配套，三小风情村镇项目，集精品水果、中草药种植、休闲养生、生态养殖、乡村旅游等开发为主。同时，以基地布点、以交通串线，串点成线，织线成面，建设集生态产业、旅游观光、休闲娱乐、度假养生等于一体的生态旅游基地。

## 第三节　东部四县主要景区

东部四县包括贞丰县、安龙县、册亨县和望谟县。

### 一、安龙仙鹤坪国家森林公园

2005 年，安龙仙鹤坪国家森林公园被国家林业局公布为国家森林公园。

安龙仙鹤坪国家森林公园位于安龙县境内，公园的东部以安龙和册亨的县界为界，南部以安龙和册亨县的县界及南盘江为界，西部接安龙县德卧镇、木咱镇、324 国道坡脚至安龙段、新安镇界、钱相乡界，北部接龙山镇界和贞丰县县界。公园行政区域涉及安龙县兴隆镇、平乐乡、笃山乡、坡脚乡和钱相乡，总面积 90.65 平方千米，园内森林覆盖率 70%。

安龙仙鹤坪国家森林园内动物资源较丰富，据不完全统计达 300 多种，分别隶属于哺乳纲、鸟纲、爬行纲、两栖纲、鱼纲、昆虫纲、寡足纲、腹足纲、甲壳纲、蛛形纲、多足纲等。

仙鹤坪国家森林公园多为常绿落叶阔叶混交林，植物种类丰富，群落结构完整，植被为原始次生林，植被覆盖率均大于 80%，有众多珍稀植物和奇花异草。

公园内有中草药近千种，常见的有竹节人参、黄檗、杜仲、朱砂莲、蛇莲、黄草、八角莲、天南星、粗毛淫羊藿、岩豇豆、云南石仙桃、花椒和首乌等。

### 二、贞丰双乳峰旅游景区

2013 年，贞丰双乳峰旅游景区被评定为 4A 级旅游景区。

双乳峰旅游景区位于贞丰县城境内，离县城 9 千米，占地 0.4 平方千米，海拔 1 265.8 米，相对高度约 261.8 米。

旅游区由双乳峰、石林、原生态布依文化区、国家级非物质文化遗产区、贞观寺、名人碑林、盐海水上娱乐中心、湖滨浴场、野营露宿等景区或景观组成，是人们亲近自然、休闲度假的绝佳之地。其中双乳峰堪称绝景，“横看成岭侧成峰，远近高低各不同”，观看双乳峰在不同的角度会呈现出不同的景观。双乳峰下有连绵的肥田沃土，有呈玉带状的三岔河，养育了这一方百姓。当地的布依族一直把双乳峰当作“大地母亲”和“生命之源”。

## 三、龙广观音洞遗址

2013 年，龙广观音洞遗址被国务院公布为全国重点文物保护单位。

龙广观音洞遗址位于安龙县龙广镇七星村平广寨观音坡一天然溶洞内，是一处新、旧石器时代过渡时期的古人类文化洞穴遗址，距今 6 千年至 1 万余年之间，遗址面积约 1 200 平方米。

观音洞遗址发现于 1985 年春，1990—1991 年首次发掘，1995 年、1996 年进行了第二、三次发掘。几次发掘共出土打制石器、磨制石器、骨器、陶片、人类和动物遗骸等各类遗物 20 余万件，以及大量用火遗迹。其中人类遗骸 30 余件，石制品数以万计，骨制品近百件，陶片 20 余件，动物遗骸数量最多，有 20 多个属种。

该遗址填补了贵州新石器时代早期文化的空白，对探索贵州乃至中国新、旧石器时代过渡问题具有着重要价值。

## 四、安龙明十八先生墓

2013 年，安龙明十八先生墓被国务院公布为全国重点文物保护单位。

明十八先生墓在安龙县城天榜山下，是埋葬为南明永历小王朝而死节的 18 位朝内官员的古墓。墓区约 4 000 余平方米，由墓区、祠堂、摩崖 3 个部分组成，依次渐高，四面高墙围护。墓园依山势逐级向上。墓前是一座 4 米高、6 米宽的大石坊四柱三门，坊上刻有“岿然千古”，左右分刻“成仁”“取义”8 个大字，是贵州省著名书法家陈恒安先生补书，坊上镌刻松、梅、竹、兰花卉浮雕。墓前有小石坊一座树于大石坊之后，上刻“明十八先生之墓”7 字，坊柱、坊幅上刻云龙、狮子，刻工精细，形态生动。坊后即墓，以细砖块石镶砌成圆形，直径 2 米，封土高 2.5 米。

南明隆武二年（1646 年）秋，唐王朱聿键政权宣告崩溃，丁魁楚、程式耜等拥立桂王朱由榔在广东肇庆即帝位，次年改元永历。在清军的不断进攻下，小朝廷辗转迁到贵州安龙。因有大西农民军做支柱，抗清形势有所发展。但农民军内部的矛盾和永历朝廷的党争也日渐加剧。秦王孙可望专横跋扈，滋长了割据野心，朱由榔遂于永历六年（1652 年）11 月定计诏李定国回师，保卫安龙，不慎谋泄。永历八年（1654 年）3 月，孙可望派心腹郑国招大学士吴贞毓等 18 人，诬以“欺君误国，盗宝矫诏”罪，全部处死，史称“十八人之狱”。遗骸丛葬于北关马场。朱由榔移驻昆明后，对安龙死难诸人分别予以赠恤，并建庙勒碑，表曰“十八先生成仁处”。清乾隆六十年（1795 年）建十八先生专祠和多节亭，尔后多次进行维修。对于这段 300 多年前的公案，历代史家有褒有贬，毁誉不一。

## 五、贞丰三岔河风景名胜区

贞丰三岔河风景名胜区为省级风景名胜区，位于贞丰县者相镇境内，地处黄果树景区到云南路南石林的风景旅游线上。

三岔河因纳摩河、者坎河、纳孔河相汇合而得名。周围林木茂密。每年秋天，层林尽染，俨然是一幅美丽的油画。

三岔河的西面有一个小湾，是纳摩河的水道，筑了水坝，水渐渐地漫上来，像一条绿色的玉带缠在山野之间，两岸的树木遮天蔽日，有的树木低矮成丛。纳摩河的水来源于一个深深的纳达龙洞，终年不息。

1958 年，贞丰县的布依、苗、回、汉等各族人民数万人，拦 3 条河，断去流向，筑坝而形成了一个风景如画、清幽静雅的人工湖——三岔湖，蓄水 700 万立方米，灌溉良田 10.05 平方千米。三岔湖并不大，因山势的缘故，湖呈“S”形，湖水终年碧绿。三岔湖中有两根石柱从湖中钻出，远远看去，如一对含情脉脉的恋人，人们赐以“浪消石”的美称。浪消石的左侧便是莲花岛，岛是一座清清静静的石山，石如莲花，完全被深绿的湖水包围着，恰似开在湖中的一朵石莲。岛上有天然的石凳、石桌、石椅、石街、石门坎、石窟、石洞，还有石鹅、石鸡、石狮、石牛、石马等。湖岸，临者相镇一山，还有一“虎”字崖，字高 3.77 米、宽 1.75 米，笔势流畅，雄健苍劲，刻工精细。虎字崖的石壁上刻满了众多不同字体的“虎”字，堪称湖光山色中的人文奇景。

## 六、安龙招堤风景名胜区

安龙招堤风景名胜区为省级风景名胜区，位于安龙县县城东北面，面积约 5 平方千米，由招堤、金星山、亭、阁、荷池、魁星山、绿海、溶洞等景点构成。

1694 年，安龙镇游击招国遴为防止水患、保护城垣、培植风水，捐资倡导在修建堤坝，为纪念为民谋利的招国遴，遂取名“招堤”。

招堤横亘在陂塘海子上，南边连着金星山。建堤以后，人们不断在堤侧开辟水面，遍植荷花。海子的绿波和招堤荷花的韵味，形成了自然绝妙的胜景。又加固堤岸，种植行道树，行行垂柳，蓊蓊郁郁。每当盛夏，招堤中荷叶长得层层拥拥，在阳光照耀下，透着柔和青光。海子中建有 200 多米的回桥，回桥上建有 5 座湖心亭，中心一座“醉荷亭”匾额为现代著名书法家肖娴所题。

堤南的金星山上，有历年所修的亭台楼阁。这些亭台楼阁全依自然地形而设，错落有致，使招堤有了一组典雅的建筑。一览亭为卷棚式石木结构，有四楹石柱长廊。涵虚阁三层三檐六角，屹立于小山之顶，凌空而出，雄伟壮观。半山亭为三面石柱小亭，依崖临池，小巧典雅。亭台楼阁，前人留下的楹联、题咏甚丰。这些楹联、题咏或描青山秀水之雅趣，或发思乡恋土之幽情，读来令人荡气回肠。特别引人注目的是道光年间所建的半山亭，亭中的石壁上，镌刻有后来成为中国近代洋务运动首领的张之洞的《半山亭记》。张之洞作《半山亭记》时，年方十一，将招堤四时风光描绘得惟妙惟肖，文惊四座，成为安龙文化历史上的一段美谈。半山亭的一副楹联，也超群出众："携酒一壶到此间畅谈风月，极目千里有几辈能挽河山。"

## 七、兴义府试院

兴义试院位于安龙县，是兴义科举考试的场所。安龙在清代先后为南笼府、兴义府城。

现存的兴义试院，建于清道光二十二年（1842年）。知府张锳首捐俸银千两，共集银3万余两，征召能工巧匠，建成左右辕门、石坊、万寿宫、提调所、府学公所、各学公所、头门、魁星阁、号房、大堂、二堂、澄熙堂、红杏山房、他山楼、议事亭、植桂轩、观海楼等建筑，合计209间。兴义府试院不仅规模宏阔，而且建筑群布局有致、工艺精湛，吸收了我国古代园林建筑的优点，是清代兴义府劳动人民智慧的结晶。

试院内楹联众多，不少出于名家手笔，有较高的艺术价值，因而当时号称"甲于天下"。清同治年间，试院诸多建筑毁于兵火，仅存大堂、议事亭及号舍数间。清光绪十五年（1889年），知府邹元吉建议修复，府属各县筹集白银16 000多两，重建房舍数间，拟恢复旧观，因科举停废，未能竣工。1912年府城议会筹办中学，定于试院基址校舍，着手修建。1926年春，建成省立盘江中学，后改为县立安龙中学。

## 八、安龙山地户外运动示范公园

安龙山地户外运动示范公园是国内第一座融极限运动、户外休闲、旅游度假、餐饮会议为一体的综合性山地户外运动公园，也是国家体育总局授牌的全国首个山地户外运动示范公园。园区坐落于贵州省黔西南州安龙县笃山镇，占地面积10平方千米，规划有近30个山地户外运动及休闲游憩功能区，以及高品质的游客服务中心、精品度假酒店、艺术观景平台等配套服务设施。运动项目的设置全面覆盖了国际山地户外运动的多个领域，兼顾各年龄段及体能层次的人群，充分发挥了山地资源价值，饱含地域风格与户外运动文化精髓。

主要开设的运动项目如下：

空中项目包括直升机观光、滑翔伞、动力滑翔伞、热气球。

岩壁项目包括自然岩壁攀岩、栈道攀岩、人工岩壁攀岩、空中冒险乐园。

地面项目包括徒步、登山、山地越野跑、露营、山地自行车、ATV越野车、房车露营。

水面项目包括皮划艇、垂钓。

洞穴项目包括探洞等。

此外，公园内还建有熔岩美术馆、蕉叶餐厅、仙人掌酒吧、红点西餐厅、海尾咖啡、磐石会议中心、自行车租赁站等相关的基础配套设施。

## 九、望谟新屯布依寨景区

新屯布依寨是国家级3A级景区，位于贵州省黔西南州望谟县中部，距县城10千米，交通便利，地处东经106.6°，北纬25.15°，距贵州省省会贵阳248千米。这是一个传统的布依族村寨，有悠久的民族文化传统，在长期的历史发展中，各族人民共同创造了丰富的民族文化，造就了秀丽的自然风光和丰富多彩的民族风情，有着浓厚的民族文化底蕴，被称为“布依族说唱之乡”。

## 十、贞丰县贞丰古城景区

贞丰古城是国家3A级景区，景区占地0.201 9平方千米，规划总投资37.438 5亿元。“大西门”“明清一条街”等当地人世代生活的老街区，也在此次项目中，做了地下排水等改造。当地人在街区中生活、经营小生意，给人浓郁古朴感受，又不乏生活气息。保存较为完好的文昌宫等历史建筑，似乎诉说着古老的故事。而精美的夜间照明让人觉得“惊艳”。来参观的游客说，这里美得像乌镇，却更加古朴神秘。不过，古城虽然古老，生活却很现代：重庆火锅、酒吧、酸汤鱼等时尚餐饮，可以让游客瞬间感受现代生活的便利。

贞丰古城原称“珉谷”，原是布依族先民的古集镇，起始于汉代之前，持续经历了汉、魏、晋、南北朝、唐、宋、元、明、清若干朝代。

古城项目包括：新建的商业配套区，改造的历史文化街区，恢复建设的县衙、文庙、城隍庙、观音寺、天主教堂、望海楼、阁楼、大西门、小西门、南门、马二元帅府、文昌宫、两湖会馆等历史古迹；新建的游客中心、公共卫生间、休闲广场、民宿酒店、美食广场、酒吧街、茶馆、客栈等基础设施。

走进古城，青石板铺装的街面，两侧房屋清一色的红漆雕花木窗，各家店铺上方安放的牌匾，沿街高挂的红灯笼，开始向人们传递出古城浓浓的商业气息。

为了更好地保护和开发贞丰老城区，进一步提升它潜在的旅游价值，贞丰县人民政府于2015年4月30日正式启动了贞丰布依古城旅游项目；2016年5月，古城项目一期建设——明清一条街升级改造工程正式开工，现已完工。这里将成为中国唯一一座布依族特色古城。

## 十一、贞丰县北盘江大峡谷景区

北盘江大峡谷景区位于贵州省贞丰县，景区面积约150平方千米。关兴公路犹如一条彩带，将这片风景区串成了一幅雄伟、壮阔、多姿、斑斓的画卷。穿行在北盘江峡谷景区，让人惊叹大自然鬼斧神工的同时，心灵也会受到极大的撼动和洗礼。

北盘江流经贞丰县的7个乡镇，在境内形成了一条94千米长的大峡谷，为贵州的峡谷之最。这条峡谷集峰林、溶洞、怪石、瀑布、伏流、花滩、旋塘和原始森林植被于一体，既有长江三峡的秀丽险峻，也有美国科罗拉多大峡谷的雄奇壮美。在这一段峡谷中，还萦绕着远古壁画、古城遗址等夜郎文化之谜，以及铁索桥、摩崖石刻、古驿道等人文景观。可以说，北盘江大峡谷是贵州西部旅游线上的一个新的亮点，也是“迂回曲折的画廊”和“两岸猿声啼不住，轻舟已过万重山”的再现。特别是关兴高等级公路上的北盘江特大桥，桥长388米，大桥高486米，是亚洲同类桥中的第一高桥，给人再现“一桥飞架南北，天堑变通途”的感觉，从大桥上俯瞰深邃幽长的大峡谷，给人一种“天沟地缝”的感觉。近千米高、几千米长的斧削绝壁犹如波澜壮阔、气势磅礴的巨幅长廊壁画，特别是在雾气朦胧、烟云缭绕的时候，更是给人一种仙境般的感觉。

## 十二、册亨福尧福寨景区

册亨福尧福寨国家3A级旅游景区位于册亨县城南部，距县城18千米，平均海拔1 054米。景区内林地面积14 400平方米，森林覆盖率高达91%，1998年被国家绿化委员会评为“全国造林绿化千佳村”。“福尧”用布依语念“feadyeeuh”，是大鹏展翅的意思。福尧福寨所在的地方像一只大鸟的头部，东西两侧连绵起伏的山峰像大鸟左右两翼。站在寨子对面远远望去，寨子就像一只展翅欲飞的鲲鹏，因此而得名。

福尧福寨坐落于茫茫林海之中，布依文化底蕴浓厚，民风淳朴，景区以“福”为主线，写“福文”、种“福树”、办“福事”，着力打造“福地”、培育“福业”、建设“福家”，是游客朋友们体验福文化、森林徒步、休闲养生的乡村旅游好去处。

## 十三、册亨县陂鼐古寨景区

陂鼐古寨景区位于冗渡镇威旁村西北部，地处册亨安龙两县交界处，主要居住着明代迁入的布依族王、李两姓人家600余人。布依语“陂”即为水井，“鼐”则指板栗树，意为两姓人同饮板栗树的井水生息繁衍。古寨依山傍水，气候宜人，有八古遗存：古驿道、古桥、古树、古墙、古祠、古房、古庙、古井，是保护得较好的一个布依族传统村落。

这里群山苍翠，岭峪起伏，小河蜿蜒，四季长流，湛蓝与柔白的幻化间绘出一片灵动的美景；这里四季佳景；这里如遇晴天，映入眼帘的是“蓝白青绿相间”；这样的景色正符合当地民族服饰的主色；这里如遇雨季，映入眼帘的便是“山水墨画，人间仙境”。陂鼐古寨近看可观古韵元素，远望可赏青山绿水环绕，走进寨中可感受到浓郁的布依民族文化、淳朴的民族风情，品尝独具特色的布依美食等。这里的古寨不仅保存了原有的古香古色，还结合了现代元素，可谓是“一眼览尽古今”之美。

## 十四、册亨县万重山景区

册亨县万重山景区位于册亨县城西北部，现隶属于册亨县纳福街道办秧庆村，距离册亨县城 15 千米，平均海拔 1 400 米，地处土山和喀斯特地貌相连接之间，山体景观复杂多变，自然地貌独特，气候凉爽宜人，辖区内有海拔高达 1 498 米的“西南天山”，早晨可观太阳，傍晚可览九天星斗。这里自然生态环境完好，气候温和，自然风光宜人，适合健康养生、避暑休闲、度假疗养和山地运动。

万重山的山前山后融合了两个别样的景色，这里不仅远离城市的喧嚣，还有“蓝天白云，青山绿水”环绕，身临此景，可谓是“抬头可顶蓝天、伸手可抚摸白云”，是摄影爱好者、登山爱好者、旅游爱好者的首选之地。曾有游客这样称赞过万重山：“江南千条水，云贵万重山。五百年后看，云贵胜江南。”

## 十五、册亨县岩架布依文化风情园

册亨县岩架布依文化风情园是贵州省 100 个旅游景区之一，2017 年 12 月，经黔西南布依族苗族自治州旅游景区质量等级评定委员会评定为国家 3A 级旅游景区，地处珠江上游西江水系北盘江畔，是册亨贞丰望谟三县交界的夹角地带，年平均气温 20.5°C。北盘江航道经岩架南下可直达广东。岩架港是贵州省南下出海通道，千吨级港口之一，高速公路国道航运聚集于此，核心区有几个天然半岛。

这里的村寨依山傍水，自然风光秀丽；有纯天然绿色食品；是垂钓者的天堂，是露营等户外运动的好去处；布依人热情好客，民族风情浓郁。

这里布依文化底蕴深厚，民风民俗独特；有“垂钓小镇”之美誉；自然风光令人流连忘返：有宁静美丽的港湾和广阔的江面、有优美如画的沿江亚热带风光、有四面环水的天然半岛、有“金州十八景之一”的洛凡燕子洞、有神秘深邃的符形文字古遗。

这里的早晨，空气清新，站在江边可感受迎面吹来的阵阵凉风。傍晚，远处一缕青烟，凉爽的微风中带着一丝暖意，深红的晚霞撒向波光粼粼的江面，一排排野钓夜光倒映在江面上，一个个露营帐篷支在江边的芭蕉树下，形成了一道道美丽的风景线，让平静的江面瞬间有了生机与活力。